药物分析实验

主　编　慈　薇
副主编　杨　凌　杨　晶
主　审　吴曙光　贾志敏
编写者　（按姓氏笔画为序）
尹　荼　（第二军医大学）
许　宏　（南方医科大学）
余克强　（南方医科大学）
张　鑫　（南方医科大学药学院）
李亦蕾　（南方医科大学南方医院）
杨　凌　（南方医科大学南方医院）
杨　晶　（南方医科大学珠江医院）
陈　燕　（上海市第六人民医院）
周　伟　（南方医科大学）
夏志祥　（南方医科大学）
曹　旭　（南方医科大学）
慈　薇　（南方医科大学药学院）
雷　岚　（济南军区药品仪器检验所）

军事医学科学出版社
·北　京·

内容提要

本书以普通高等教育"十五"国家级规划教材为基础，结合我国药品检验的实际情况，介绍了药物分析实验的基础知识，编写了十八个验证性实验和四个设计性实验，并选编了药物分析实验中经常涉及的方法、细则等作为附录。

本书还特别根据每个实验的特点设计了实验记录单和检验报告单，可供学生直接使用。本书非常适于作为药学专业本科、专科药物分析实验教材。

图书在版编目(CIP)数据

药物分析实验/慈薇主著.
-北京:军事医学科学出版社,2006
ISBN 7-80121-779-9

Ⅰ.药… Ⅱ.慈… Ⅲ.药物分析-实验-高等学校-教材
Ⅳ.R917-33

中国版本图书馆 CIP 数据核字(2006)第014867号

出　版:军事医学科学出版社
地　址:北京市海淀区太平路27号
邮　编:100850
联系电话:**发行部**:(010)63801284
63800294
编辑部:(010)66884418;66884402转6210,6216,6213
传　真:(010)63801284
网　站:http://www.mmsp.cn
印　装:京南印装厂
发　行:新华书店

开　本:787mm×1092mm 1/16
印　张:16.5(3.75单面)
字　数:317千字
版　次:2006年4月第1版
印　次:2006年9月第2次
定　价:20.00元

前　　言

药物分析是药学专业教学计划中设置的一门主要专业课程，是一门实践性、应用性很强的方法学科。其实验课程是药物分析教学中不可缺少的组成部分，是培养学生掌握基本操作技能的重要教学环节。为提高教学效果，作者以普通高等教育“十五”国家级规划教材为基础，根据理论课授课内容，结合药品检验工作的实际情况，编写了本教材。

全书主要内容包括三个部分。第一部分为绪论，主要介绍实验的目的要求及基本知识，具体包括实验目的、实验要求、实验室安全守则、化学试剂简介、专用术语与规定。第二部分为具体实验内容，共编写了十八个验证性实验和四个设计性实验。验证性实验设置上主要依照理论课授课次序，依据《中国药典》(2005 版)，选择各典型药物的质量分析方法作为实验内容，药品来源上尽量选用常见药品，药物剂型上尽量选用各种不同剂型，并根据实际工作需要，设置了生物样品分析、复方制剂分析、医院药房快速检验等实验内容。设计性实验，仅给出实验目的要求、实验药品，要求学生自行查阅文献，设计实验内容，独立完成实验，得出实验结论，完成实验记录与实验报告。第三部分为附录，主要介绍了实验中涉及的方法、规则等，其具体内容主要选自《中国药典》(2005)附录、《中国药品检验操作标准规范》(2005)。

本书编写的指导思想是：加强学生对理论课基本知识的理解与掌握，与药品检验实际工作情况紧密结合。为加强学生对基本理论的理解与掌握，实验内容上较多地设置了各种分析情况的比较，例如原料药与制剂分析内容、分析方法的比较，同一药品不同分析方法的比较，同一药品同一方法不同终点确定方式的比较等。实践证明，对各实例的异同分析可以加深学生对基本理论知识的理解，建议教师要求学生自己思考，并在课前课后重点讲解。考虑到尽量结合实际工作，本书的实验内容主要以《中国药典》(2005)为基础，实验药品尽量选择临床常用药品，亦即药检常见检品，剂型虽尽量选用各种剂型，但仍以常见剂型如片剂、注射剂、胶囊剂为主，书中各实验皆附有原始记录与检验报告，其格式内容主要参考药品检验报告，形式与常见实验报告不同，授课中请教师具体讲解正确书写方式，要注意的是，虽然书中已附有原始记录，但限于篇幅，只能记录主要的实验现象与数据，实际教学中，必须要求学生自行准备一本已编页码的实验原始记录，详细记录实验过程、步骤、现象、数据等，书中所附原始记录与检验报告，可让学生在实验中及实验后填写、上交。

此外，为使学生了解各实验从实验准备到给出实验结论的全过程，书中详细介绍了仪器试药的选择、试液的配制、滴定液的标定等实验准备工作，建议教师根据实际情况安排学生参与实验准备工作，以培养学生独立完成完整实验内容的能力。

最后，对在编写过程中提供帮助的南方医科大学药学院各位老师表示衷心的感谢。

由于编者水平有限，书中难免有疏漏、错误之处，恳请读者批评指正。

编　　者

2006 年 2 月于南方医科大学药学院

目　录

绪　论

实验目的

药品是用于诊断、预防、治疗疾病，增强体质的一种特殊商品，药品质量的好坏直接关系到用药的安全、有效，关系到人的健康与生命安全。因此，为了确保用药的安全、合理、有效，必须从药品的研制、生产、供应和使用等过程全面控制药品质量。

《药物分析》是一门综合性应用学科，其实践性很强。《药物分析实验》是运用各种科学方法、分析技术，研究和检验各种药物（天然药物、化学合成药物、抗生素、生化药物等）及其制剂质量的实践性课程，是《药物分析》课程教学的重要组成部分。其内容主要是各种分析方法在药物分析中的实际应用，此外，还包括药品质量标准的制订以及分析方法评价等。

《药物分析实验》课程旨在培养学生的实际动手能力、书面表达能力以及科学思维能力，培养学生严肃认真、实事求是的科学态度，培养学生独立开展药物分析工作的能力。通过《药物分析实验》课程的教学，要求学生认真验证理论课讲授的相关药物分析理论，加深对药物分析学科基本理论和专业知识的认识与理解，熟悉《中国药典》常用的分析方法和实验技术的基本原理，正确掌握各种分析方法的操作技术，熟悉常用分析仪器的正确使用方法，为从事药品质量研究与检验、新药研究开发、临床药物分析等工作奠定坚实的基础。

实验要求

扎实的基本操作技能是进行药品质量控制工作与科学研究的基本条件，学生应该珍惜实验课程的实际训练机会，实验过程中仔细、认真，勤动手，勤思考，在整个药物分析实验课教学过程中，应该做到：

1. 通过实验验证药物分析的基本理论，加深对专业知识的理解。
2. 复习实验教材中各类代表性药物的分析方法，熟练掌握各种分析方法的操作技术。
3. 培养独立开展药物分析工作的能力。
4. 养成严肃认真的工作作风和实事求是的工作态度。
5. 原始记录是实验报告的重要组成部分，养成尊重原始记录的科学态度。

具体到每一节实验课，参加实验课教学的学生必须做到：

一、课前做好预习工作

课前应复习理论课上讲解过的实验原理与操作要点，明确该次实验的目的与要求。

预先熟悉实验内容、步骤、方法，推导实验中涉及的计算公式。

尽量找出实验可能的误差来源及消除方法,预估实验中可能发生的问题及处理办法。

二、课中仔细认真操作

1. 实验中一定要确保安全。使用水、电、煤气及易燃、易爆、有毒、腐蚀性试剂时应特别小心。时刻注意防火、防爆。保证实验室气流通畅。发现事故苗头(如闻到煤气味、发现电路线上有电火花等)或发生事故时及时报告,不懂时千万不要擅自处理。

2. 开始实验操作后,要随身携带一本编有页码的实验记录本,实验过程中,应及时、准确、完整地记录原始数据、现象及操作。实验记录应忠于事实,如实地反映实验中的操作、现象、数据等,不得编造或篡改。实验记录不得用铅笔书写,可用钢笔或圆珠笔书写,要求字迹清楚。实验记录本绝对不准撕页。实验记录本绝对不得涂改,涂改的原始记录将视为无效,如实验记录有误,以能看清原来写错的记录为基础,可在写错处打上双横线,在旁边空白处写上正确记录。原始记录应直接记于实验记录本上,决不允许记在纸条上、称量纸上、滤纸上、手掌上,也不允许记在其他本子上再誊写,更不允许暂时记在脑子里等有空时一起记录。

3. 实验中应仔细、认真,要严格按照实验规程操作,认真练习操作技术,细心观察实验现象,如实记录原始数据,出现问题时及时咨询带教老师。

4. 爱护公物,节约使用,移物归位。小心使用仪器,损坏仪器应及时报损、登记,精密仪器用毕应登记签名。公用仪器、药品或试剂应在指定位置取用,不要拿回自己实验台处。残液应倒入指定的废液缸中,切勿直接倒入水槽。可回收利用的废溶剂应回收至指定容器中。

5. 实验中注意避免试剂及药品的污染。取用时仔细观察标签,取出的试剂与药品不要再倒回原瓶,取用完毕应随手加盖,不要盖错瓶盖。若操作不当,发生试剂或药品污染,应按规定及时处理,并立刻报告老师。

6. 实验课不得旷课,未经允许不得私下相互调课,实验期间不得擅自离开实验室;进行讲义指定内容以外的实验或重做实验须经老师批准。

三、课后及时清理台面,总结实验

1. 实验完毕应立刻清理:电子仪器关闭,拔去电源插头,放于指定位置;玻璃仪器按要求洗净后放回原处;剩余试剂药品按规定处理,擦净实验台面,洗液盖好瓶盖收放妥当;抹布、刷子洗净置于原处,几凳橱柜整理归位。经老师同意后离开实验室。

2. 值日生应负责整理公用试剂台面及公用试剂,处理废液缸中废液,打扫地面卫生,清除垃圾,检查水、电、煤、门窗等安全事宜,经老师同意后离开实验室。

3. 认真总结实验结果,得出相应结论,按指定格式填写实验报告并于规定时间上交。

实验室安全守则

在药物分析实验中,频繁使用水、电、煤气,经常使用腐蚀性、易燃、易爆或有毒的化学试剂,大量使用易损的玻璃仪器,常常使用电子仪器,有时还会使用高压气体钢瓶,为确保实验的正常进行,保证实验人员的人身安全,在实验过程中,必须严格遵守以下实验室安全守则:

1. 进入实验室,应着实验服、戴实验帽(长发者应将头发收拢于实验帽内),进行具有一定危险性的实验(如氧瓶燃烧实验)时,应穿戴防护衣物(如防护眼镜、防护面具、防护口罩、防护手套)。

2. 严禁在实验室内饮食,吸烟;严禁将饮用水、食物带入实验室放置;严禁以实验用容器代替水杯、餐具使用;任何试剂、药品不能触及皮肤,固体药品应以药匙取用,不得用手抓取,任何试剂、药品不能直接闻味,不得入口尝试;实验完毕,必须洗净双手。

3. 进入实验室后应尽快熟悉实验室环境,确定水、电、煤气的阀门位置、掌握其开关方法。水、电、煤气一经使用完毕,应立即关闭水龙头、煤气开关,拔掉电插头。遇到停水时应立即关闭自来水龙头,以防来水后跑水。冷凝装置使用完毕后,应及时关闭冷却水。使用电器设备时,应特别仔细,切不可用潮湿的手或导电物品碰触电闸、电器开关及其他带电仪器。已经确定漏电的电器绝对不得使用,以免触电。电器或导线着火时,首先应立刻切断电源,再行灭火,灭火可采用沙、二氧化碳灭火器或干粉灭火器,禁止使用水或泡沫灭火器等导电液体灭火,禁止使用四氯化碳灭火器灭火(灭火时由于高温作用产生的有毒光气属窒息性毒剂,已禁止生产使用)。离开实验室时,应再次确认已关闭水、电、煤气的开关。

4. 酒精灯应以火柴点燃,不得直接接火,以免酒精溢出引燃。点燃的火柴使用后立即熄灭。酒精灯使用完毕后,立刻用灯帽盖上,不得用口吹灭。用试管加热药品时,管口不准朝向任何人,以免药品喷出伤人。实验过程中万一发生火灾,不要惊慌,首先尽快切断电源或燃气源,再根据起火原因针对性灭火:①酒精及其他可溶于水的液体着火时,可用水灭火。②有机溶剂或油类着火时,绝不能用水灭火,这反而会造成火势蔓延,应用沙土隔绝氧气扑灭火焰。③衣服着火时,切忌奔跑,应就地躺下滚动,同时用湿衣服在身上抽打灭火。如果发生烫伤,应在实验室简单处理(以冷水冲洗 15 至 30 分钟至散热止痛再以生理盐水擦拭,或在烫伤处涂抹黄色的苦味酸溶液或烫伤软膏)后去医院医治。但严重者应立刻送医院治疗。

5. 使用浓酸、浓碱及其他具有强烈腐蚀性的试剂时,应特别小心,切勿溅在皮肤或衣服上,眼睛更应注意保护。取用完毕后应立即加盖。使用浓硝酸、盐酸、硫酸、高氯酸、氨水时,均应在通风橱内操作,决不允许在实验室加热。稀释这些试剂(特别是浓硫酸)时,应将其沿管壁缓缓倒入水中,绝不能反向操作,否则会引起迸溅。使用浓酸、浓碱时,如不小心溅到皮肤或眼内,应立即用水冲洗,然后用 5% 碳酸氢钠溶液(酸腐蚀时采用)或 5% 硼酸溶液(碱腐蚀时采用)冲洗,最后用水冲洗。若无上述处理液且情况紧急不容拖延时,立即用大量蒸馏水或自来水冲洗,再立刻送医院治疗。溴灼伤时,应立即以石油醚或苯洗去溴液,或先以水冲洗,再用稀碳酸氢钠溶液或硼酸溶液洗涤。溅到实验台面上或地上的液体要用水稀释后擦掉。

6. 一些有机溶剂(如乙醚、乙醇、丙酮、苯、三氯甲烷等)极易引燃,必须远离明火与热源(如电炉),使用完毕后应立即盖紧瓶塞,放在阴凉处保存。低沸点的有机溶剂不能直接在火焰上或热源上加热,应在水浴上加热。

7. 爆炸性物质、氧化性物质,必须远离明火与热源(如电炉),存放取用时,不得受热、摩擦、撞击。热、浓的高氯酸遇有机物常易发生爆炸,如果试样为有机物时,应先用浓硝酸加热,使之与有机物发生反应,有机物被破坏后,再加入高氯酸。银氨溶液久置后变成氮化银,也易爆炸。某些氧化剂(如氯酸钾、硝酸钾、高锰酸钾等)或其混合物不能研磨,否则将引起爆炸。

8. 有毒物品(汞盐、砷化物、氰化物、重铬酸钾、钡盐、铅盐等)使用时应特别小心。金属汞易挥发,通过呼吸道进入人体内逐渐积累会引起慢性中毒,做金属汞的实验时不得把金属汞洒落在实验台上或地上,一旦洒落必须尽可能收集起来,并用硫磺粉盖在洒落的地方,使金属汞转变成不挥发的硫化汞。氰化物不能与酸接触,一旦接触会产生氢氰酸(剧毒),氰化物的废液应倒入碱性亚铁盐溶液中使其转化为亚铁氰化铁盐类,再作废液处理。实验时如有毒气或特殊气味气体(如 H_2S、HF、Cl_2、CO、NO_2、SO_2、Br_2等)发生,实验应在通风橱内操作。有毒药品严禁进入口内或接触伤口。剩余的废液严禁倒入水槽中,应倒入废液缸或老师指定的容器中。

9. 实验中应注意自我保护。绝对不允许随意混合或研磨各种化学药品,以免产生有害气体或发生爆炸或其他意外事故。严格按照实验流程操作,不得自行更换实验流程。倾注药剂或加热液体时,不要俯视容器,以免试液溅出导致意外。确需确定气体嗅味时,不得俯向容器嗅闻气味,面部应远离容器,用手将逸出容器的气流慢慢地扇向自己的鼻孔。取用药品试剂时,先看清楚标签标注,是否具有危害。实验室所有试剂、药品,均不得擅自携出实验室外。

10. 使用玻璃仪器时应注意轻拿轻放,以免破损造成伤害。如果发生割伤,应立刻取出伤口中的残余玻璃屑,用蒸馏水洗净,涂上碘酒或其他消毒剂,必要时送医院治疗。

11. 进行仪器分析实验时,应在阅读仪器操作规程或经老师讲解后再动手操作,不得随便拨弄仪器,以免损坏或发生其他事故。使用时应严格遵守操作规程。仪器使用完毕后,将仪器各部分归位,关闭电源。

12. 使用高压气体钢瓶时,应严格按照操作规程操作。钢瓶应远离热源并以链条固定。可燃性气体、有毒性气体与氧气的钢瓶,一定要分开贮存。钢瓶在更换前仍应保持一部分压力。

化学试剂简介

化学试剂通常以其含有杂质的多少来划分,其等级世界范围内并无统一规定,各大型试剂生产厂家(如德国 Merck、瑞士 FLUKA 等)多有自己的具体标准,在我国,常用试剂通常按其杂质多少分为四个等级,具体情况见表 1。

表1　常用化学试剂等级

等级	中文名称	英文名称	符号	标签颜色
一级试剂	优级纯(保证试剂)	guaranteed reagent	G. R	绿色
二级试剂	分析纯	analytical reagent	A. R	红色
三级试剂	化学纯	chemical reagent	C. P	蓝色
四级试剂	实验试剂	laboratorial reagent	L. R	棕黄色

以上试剂,在药物分析实验中,用得较多的是二级试剂,即分析纯试剂。但除上表中所列试剂外,药物分析实验还经常使用一些其他等级试剂,如基准试剂、色谱纯试剂、光谱纯试剂等。通常情况下,基准试剂的纯度相当于或高于一级试剂,常作为滴定分析的基准物质。色谱纯试剂专门用于色谱分析,指在最高灵敏度下测定无杂质峰。光谱纯试剂专门用于光谱分析,指光谱分析法测不出其杂质含量或其杂质含量低于某一规定限度。

实验中应根据要求择取适当的试剂,不能为求节约随意降低试剂标准,而影响分析结果的准确度,但更当避免盲目追求高纯度而造成的浪费。例如:配制洗液时,仅需工业用重铬酸钾及硫酸即可,若用二级试剂并无意义徒然浪费;应用光谱法进行分析时,采用光谱纯试剂即可,没有必要使用价格昂贵的色谱纯试剂。

试剂若系易燃、易爆、有毒、放射性物品,标签上会有相应标志,取用时应注意观察,以免因误操作导致实验事故。

专用术语与规定

1. 溶解度是药品的一种物理性质。药品的近似溶解度以下列名词术语表示(表2)。

表2　溶解度名词术语说明

项　目	说　　明
极易溶解	系指溶质1 g(ml)能在溶剂不到1 ml中溶解
易溶	系指溶质1 g(ml)能在溶剂1~10 ml中溶解
溶解	系指溶质1 g(ml)能在溶剂10~30 ml中溶解
略溶	系指溶质1 g(ml)能在溶剂30~100 ml中溶解
微溶	系指溶质1 g(ml)能在溶剂100~1 000 ml中溶解
极微溶解	系指溶质1 g(ml)能在溶剂1 000~10 000 ml中溶解
几乎不溶或不溶	系指溶质1 g(ml)在溶剂10 000 ml中不能完全溶解

[试验法]　除另有规定外,称取研成细粉的供试品或量取液体供试品,于25℃±2℃一定容量的溶剂中每隔5分钟强力振摇30秒钟;观察30分钟内的溶解情况,如无目视可见的溶质颗粒或液滴时,即视为完全溶解。

2. 鉴别项下规定的试验方法,仅反映该药品某些物理、化学或生物学等性质的特征,不完全代表对该药品化学结构的确证。

3. 检查项下包括反映药品的安全性与有效性的试验方法和限度、均一性与纯度等制备工艺要求等内容;对于规定中的各种杂质检查项目,系指该药品在按既定工艺进行生产和正常贮藏过程中可能含有或产生并需要控制的杂质(如残留溶剂、有关物质等)。

供直接分装成注射用无菌粉末的原料药,应按照注射剂项下相应的要求进行检查,并应符合规定。各类制剂,除另有规定外,均应符合各制剂通则项下有关的各项规定。

4. 制剂的规格,系指每一支、片或其他每一个单位制剂中含有主药的重量(或效价)或含量(%)或装量。注射液项下,如为"1 ml: 10 mg",系指1 ml中含有主药10 mg;对于列有处方或标有浓度的制剂,也可同时规定装量规格。

5. 贮藏项下的规定,系对药品贮存与保管的基本要求,以下列名词术语表示(表3)。

表3　药品贮存与保管名词术语说明

项　目	说　　明
遮光	系指用不透光的容器包装,例如棕色容器或黑纸包裹的无色透明、半透明容器
密闭	系指将容器密闭,以防止尘土及异物进入
密封	系指将容器密封以防止风化、吸潮、挥发或异物进入
熔封或严封	系指将容器熔封或用适宜的材料严封,以防止空气与水分的侵入并防止污染
阴凉处	系指不超过20℃
凉暗处	系指避光并不超过20℃
冷处	系指2~10℃
常温	系指10~30℃

6. 标准中规定的各种纯度和限度数值以及制剂的重(装)量差异，系包括上限和下限两个数值本身及中间数值。规定的这些数值不论是百分数还是绝对数字，其最后一位数字都是有效位。

试验结果在运算过程中，可比规定的有效数字多保留一位数，而后根据有效数字的修约规则进舍至规定有效位。计算所得的最后数值或测定读数值均可按修约规则进舍至规定的有效位，取此数值与标准中规定的限度数值比较，以判断是否符合规定的限度。

7. 原料药的含量(%)，除另有注明者外，均按重量计。如规定上限为100%以上时，系指用药典规定的分析方法测定时可能达到的数值，它为药典规定的限度或允许偏差，并非真实含有量；如未规定上限时，系指不超过101.0%。

制剂的含量限度范围，系根据主药含量的多少、测定方法、生产过程和贮存期间可能产生的偏差或变化而制定的，生产中应按标示量100%投料。如已知某一成分在生产或贮存期间含量会降低，生产时可适当增加投料量，以保证在有效期(或使用期限)内含量能符合规定。

8. 标准品、对照品系指用于鉴别、检查、含量测定的标准物质。标准品与对照品(不包括色谱用的内标物质)均由国务院药品监督管理部门指定的单位制备、标定和供应。标准品系指用于生物检定、抗生素或生化药品中含量或效价测定的标准物质，按效价单位(或μg)计，以国际标准品进行标定：对照品除另有规定外，均按干燥品(或无水物)进行计算后使用。

标准品与对照品的建立或变更其原有活性成分和含量，应与原标准品、对照品或国际标准品进行对比，并经过协作标定和一定的工作程序进行技术审定。

标准品与对照品均应附有使用说明书，标明质量要求(包括水分等)、使用期限和装量等。

9. 法定计量单位名称和单位符号如下(表4)。

表4　法定计量单位名称和单位符号

名称	单位					
长度	米(m)	分米(dm)	厘米(cm)	毫米(mm)	微米(μm)	纳米(nm)
体积	升(L)	毫升(ml)	微升(μl)			
质(重)量	千克(kg)	克(g)	毫克(mg)	微克(μg)	纳克(ng)	
压力	兆帕(MPa)	千帕(kPa)	帕(Pa)			
动力黏度	帕秒(Pa·s)					
运动黏度	平方毫米每秒(mm^2/s)					
波数	负一次方厘米(cm^{-1})					
密度	千克每立方米(kg/m^3)	克每立方厘米(g/cm^3)				
放射性活度	吉贝可(GBq)	兆贝可(MBq)	千贝可(kBq)	贝可(Bq)		

10. 滴定液和试液的浓度，以mol/L(摩尔/升)表示者，其浓度要求精密标定的滴定液用“XXX滴定液(YYY mol/L)”表示；作其他用途不需精密标定其浓度时，用“YYY mol/L　XXX溶液”表示。以示区别。

11. 温度以摄氏度(℃)表示(表5)。

表5　温度名词术语说明

项　目	说　明
沸水	除另有规定外,均指98～100℃
热水	系指70～80℃
微温或温水	系指40～50℃
室温	系指10～30℃
冷水	系指2～10℃
冰浴	系指约0℃
放冷	系指放冷至室温

12. 百分比用"%"符号表示,系指重量的比例;但溶液的百分比,除另有规定外,系指溶液100 ml中含有溶质若干克;乙醇的百分比,系指在20℃时容量的比例。此外,根据需要可采用下列符号(表6)。

表6　百分比名词术语说明

项　目	说　明
%(g/g)	表示溶液100 g中含有溶质若干克
%(ml/ml)	表示溶液100 ml中含有溶质若干毫升
%(ml/g)	表示溶液100 g中含有溶质若干毫升
%(g/ml)	表示溶液100 ml中含有溶质若干克

13. 液体的滴,系在20℃时,以1.0 ml水为20滴进行换算。

14. 溶液后标示的"(1→10)"等符号,系指固体溶质1.0 g或液体溶质1.0 ml加溶剂使成10 ml的溶液;未指明用何种溶剂时,均系指水溶液;两种或两种以上液体的混合物,名称间用半字线"-"隔开,其后括号内所示的":"符号,系指各液体混合时的体积(重量)比例。

15. 所用药筛,选用国家标准的R40/3系列,分等如表7。

表7　药筛等级说明

筛号	筛孔内径(平均值)	目号
一号筛	2 000 μm ±70 μm	10目
二号筛	850 μm ±29 μm	24目
三号筛	355 μm ±13 μm	50目
四号筛	250 μm ±9.9 μm	65目
五号筛	180 μm ±7.6 μm	80目
六号筛	150 μm ±6.6 μm	100目
七号筛	125 μm ±5.8 μm	120目
八号筛	90 μm ±4.6 μm	150目
九号筛	75 μm ±4.1 μm	200目

粉末分等如表8。

表8　粉末分等说明

项目	说　明
最粗粉	指能全部通过一号筛,但混有能通过三号筛不超过20%的粉末
粗粉	指能全部通过二号筛,但混有能通过四号筛不超过40%的粉末
中粉	指能全部通过四号筛,但混有能通过五号筛不超过60%的粉末
细粉	指能全部通过五号筛,并含能通过六号筛不少于95%的粉末
最细粉	指能全部通过六号筛,并含能通过七号筛不少于95%的粉末
极细粉	指能全部通过八号筛,并含能通过九号筛不少于95 %的粉末

16. 乙醇未指明浓度时,均系指95%(ml/ml)的乙醇。

17. 计算分子量以及换算因子等使用的原子量均按最新国际原子量表推荐的原子量。

18. 试验中供试品与试药等“称重”或“量取”的量,均以阿拉伯数码表示,其精确度可根据数值的有效数位来确定,如称取“0.1 g”,系指称取重量可为0.06~0.14 g;称取“2 g”,系指称取重量可为1.5~2.5 g;称取“2.0 g”,系指称取重量可为1.95~2.05 g;称取“2.00 g”,系指称取重量可为1.995~2.005 g。

“精密称定”系指称取重量应准确至所取重量的千分之一;“称定”系指称取重量应准确至所取重量的百分之一;“精密量取”系指量取体积的准确度应符合国家标准中对该体积移液管的精密度要求;“量取”系指可用量筒或按照量取体积的有效数位选用量具。取用量为“约”若干时,系指取用量不得超过规定量的±10%。

19. 恒重,除另有规定外,系指供试品连续两次干燥或炽灼后称重的差异在0.3 mg以下的重量;干燥至恒重的第二次及以后各次称重均应在规定条件下继续干燥1小时后进行;炽灼至恒重的第二次称重应在继续炽灼30分钟后进行。

20. 试验中规定“按干燥品(或无水物,或无溶剂)计算”时,除另有规定外,应取未经干燥(或未去水,或未去溶剂)的供试品进行试验,并将计算中的取用量按检查项下测得的干燥失重(或水分,或溶剂)扣除。

21. 试验中的“空白试验”,系指在不加供试品或以等量溶剂替代供试液的情况下,按同法操作所得的结果;含量测定中的“并将滴定的结果用空白试验校正”,系指按供试品所耗滴定液的量(ml)与空白试验中所耗滴定液的量(ml)之差进行计算。

22. 试验时的温度,未注明者,系指在室温下进行;温度高低对试验结果有显著影响者,除另有规定外,应以25℃±2℃为准。

23. 试验用水,除另有规定外,均系指纯化水。酸碱度检查所用的水,均系指新沸并放冷至室温的水。

24. 酸碱性试验时,如未指明用何种指示剂,均系指石蕊试纸。

第一章　验证性实验

实验一　氯化钠原料药的质量分析

一、目的要求

1. 了解氯化钠原料药的鉴别方法。
2. 熟悉一般杂质检查的项目与意义。
3. 熟悉药物一般杂质检查的原理与方法，掌握其操作技能。
4. 掌握杂质限度试验的概念及其计算方法。
5. 熟悉吸附指示剂法测定氯化钠原料药含量的原理与方法，掌握其操作技能。
6. 掌握氯化钠原料药含量的计算方法。

二、仪器及试药

(一)器材

电热恒温干燥箱，酸度计，托盘天平(精度 0.01 g)，万分之一分析天平，扁形称量瓶，称量纸，药匙，铂丝，水浴锅，电炉，瓷蒸发皿，乳钵，纳氏比色管(25 ml、50 ml 各一套)，检砷器一对，量筒(5 ml、10 ml、50 ml)，量杯(50 ml、100 ml、500 ml、1 000 ml)，刻度吸管(1 ml、2 ml、5 ml、10 ml)，滤纸，玻璃漏斗，烧杯(50 ml、100 ml、500 ml、1 000 ml)，聚乙烯塑料瓶，玻璃塞的棕色玻瓶(100 ml，500 ml，1 000 ml)，锥形瓶(100 ml、250 ml)，容量瓶(50 ml)，脱脂棉，镊子，玻璃棒，酸式滴定管(50 ml)，碱式滴定管(50 ml)，温度计，湿度计

(二)试药

氯化钠原料药，纯化水，盐酸(分析纯)，冰醋酸(分析纯)，硝酸(分析纯)，硝酸银(分析纯)，浓氨溶液(分析纯)，二氧化锰(分析纯)，碘化钾(分析纯)，可溶性淀粉(分析纯)，溴麝香草酚蓝(分析纯)，氢氧化钠(分析纯)，硫酸(分析纯)，邻苯二甲酸氢钾(基准试剂)，酚酞(分析纯)，无水碳酸钠(基准试剂)，甲基红(分析纯)，溴甲酚绿(分析纯)，乙醇(分析纯)，亚硝酸钠(分析纯)，硫酸钾(分析纯)，氯化钡(基准试剂)，草酸铵(分析纯)，太坦黄(分析纯)，氧化镁(分析纯)，四苯硼钠(分析纯)，过硫酸铵(分析纯)，硫氰酸铵(分析纯)，硫酸铁铵(分析纯)，醋酸铵(分析纯)，硝酸铅(分析纯)，甘油(分析纯)，硫代乙酰胺(分析纯)，碘化钾(分析纯)，氯化亚锡(分析纯)，无砷锌粒(分析纯、过一号筛)，醋酸铅(分析纯)，溴化汞(分析纯)，糊精(分析纯)，荧光黄(分析纯)，氯化钠(分析纯)，碳酸钙(分析纯)

三、实验准备

1. 氯化钠原料药：根据所选试验项目，称取适量，研细待用。

2. 硝酸银试液：取硝酸银 17.5 g，加水适量使溶解成 1 000 ml，摇匀。置玻璃塞的棕色玻瓶中，密闭保存。

3. 氨试液：取浓氨溶液 400 ml，加水使成 1 000 ml，即得。

4. 碘化钾淀粉试纸：取滤纸条浸入含有碘化钾 0.5 g 的新制的淀粉指示液 100 ml 中，湿透后，取出干燥，即得。

5. 淀粉指示液：取可溶性淀粉 0.5 g，加水 5 ml 搅匀后，缓缓倾入 100 ml 沸水中，随加随搅拌，继续煮沸 2 min，放冷，倾取上层清液，即得。本液应临用新制。

6. 溴麝香草酚蓝指示液：取溴麝香草酚蓝 0.1 g，加 0.05 mol/L 氢氧化钠溶液 3.2 ml 使溶解，再加水稀释至 200 ml，即得。

7. 氢氧化钠饱和溶液：取氢氧化钠适量，加水振摇使溶解成饱和溶液，冷却后，置聚乙烯塑料瓶中，静置数日，澄清后备用。

8. 0.1 mol/L 氢氧化钠滴定液：取澄清的氢氧化钠饱和溶液 5.6 ml，加新沸过的冷水使成 1 000 ml，摇匀。

9. 0.1 mol/L 氢氧化钠滴定液的标定：取在 105℃ 干燥至恒重的基准邻苯二甲酸氢钾约 0.6 g，精密称定，加新沸过的冷水 50 ml，振摇，使其尽量溶解；加酚酞指示液 2 滴，用本液滴定；在接近终点时，应使邻苯二甲酸氢钾完全溶解，滴定至溶液显粉红色。每 1 ml 氢氧化钠滴定液（0.1 mol/L）相当于 20.42 mg 的邻苯二甲酸氢钾。根据本液的消耗量与邻苯二甲酸氢钾的取用量，算出本液的浓度，即得。

10. 0.05 mol/L 氢氧化钠溶液：取氢氧化钠滴定液（0.1 mol/L）25 ml，加新沸过的冷水使成 50 ml，摇匀。

11. 0.02 mol/L 氢氧化钠滴定液：取氢氧化钠滴定液（0.1 mol/L）10 ml，加新沸过的冷水使成 50 ml，摇匀。

12. 酚酞指示液：取酚酞 1 g，加乙醇 100 ml 使溶解，即得。

13. 0.1 mol/L 盐酸滴定液：取盐酸 9.0 ml，加水适量使成 1 000 ml，摇匀。

14. 0.1 mol/L 盐酸滴定液的标定：取在 270～300℃ 干燥至恒重的基准无水碳酸钠约 0.15 g，精密称定，加水 50 ml 使溶解，加甲基红－溴甲酚绿混合指示液 10 滴，用本液滴定至溶液由绿色转变为紫红色时，煮沸 2 分钟，冷却至室温，继续滴定至溶液由绿色变为暗紫色。每 1 ml盐酸滴定液（0.1 mol/L）相当于 5.30 mg 的无水碳酸钠。根据本液的消耗量与无水碳酸钠的取用量，算出本液的浓度，即得。

15. 0.02 mol/L 盐酸滴定液：取盐酸滴定液（0.1 mol/L）10 ml，加新沸过的冷水使成 50 ml，摇匀。

16. 甲基红－溴甲酚绿混合指示液：取 0.1% 甲基红的乙醇溶液 20 ml，加 0.2% 溴甲酚绿的乙醇溶液 30 ml，摇匀，即得。

17. 0.1% 甲基红的乙醇溶液：取甲基红 0.1 g，加乙醇使溶解成 100 ml，即得。

18. 0.2% 溴甲酚绿的乙醇溶液：取溴甲酚绿 0.2 g，加乙醇使溶解成 100 ml，即得。

19. 淀粉混合液：取可溶性淀粉 0.25 g，加水 2 ml，搅匀，再加沸水至 25 ml，随加随搅拌，放冷,加0.025 mol/L硫酸溶液2 ml、亚硝酸钠试液3滴与水25 ml,混匀。

20. 0.025 mol/L硫酸溶液:取硫酸1.5 ml,缓缓注入适量水中,冷却至室温,加水稀释至1 000 ml,摇匀。

21. 亚硝酸钠试液:取亚硝酸钠1 g,加水使溶解成100 ml,即得。

22. 稀盐酸:取浓盐酸234 ml,加水稀释至1 000 ml,即得。本液含HCl应为9.5%~10.5%。

23. 标准硫酸钾溶液:称取硫酸钾0.181 g,置1 000 ml量瓶中,加水适量使溶解并稀释至刻度,摇匀,即得(每1 ml相当于100 μg的SO_4)。

24. 25%氯化钡溶液:取氯化钡250 g,加水使溶解成1 000 ml,即得。

25. 稀硫酸:取浓硫酸57 ml,加水稀释至1 000 ml,即得。本液含H_2SO_4应为9.5%~10.5%。

26. 草酸铵试液:取草酸铵3.5 g,加水使溶解成100 ml,即得。

27. 氢氧化钠试液:取氢氧化钠4.3 g,加水使溶解成100 ml,即得。

28. 0.05%太坦黄溶液:取太坦黄0.05 g,加水使溶解成100 ml,即得。

29. 标准镁溶液:精密称取在800℃炽灼至恒重的氧化镁16.58 mg,加盐酸2.5 ml与水适量使溶解成1 000 ml,摇匀。

30. 稀醋酸:取冰醋酸60 ml,加水稀释至1 000 ml,即得。

31. 四苯硼钠溶液:取四苯硼钠1.5 g,置乳钵中,加水10 ml研磨后,再加水40 ml,研匀,用质密的滤纸滤过,即得。

32. 30%硫氰酸铵溶液:取硫氰酸铵30 g,加水使溶解成100 ml,即得。

33. 标准铁溶液:精密称取硫酸铁铵0.863 g,置1 000 ml量瓶中,加水溶解后,加硫酸2.5 ml,用水稀释至刻度,摇匀,作为贮备液。临用前,精密量取贮备液10 ml,置100 ml量瓶中,加水稀释至刻度,摇匀,即得每1 ml相当于10 μg Fe的标准溶液。

34. 醋酸盐缓冲液(pH=3.5):取醋酸铵25 g,加水25 ml溶解后,加7 mol/L盐酸溶液38 ml,用2 mol/L盐酸溶液或5 mol/L氨溶液准确调节pH值至3.5(电位法指示),用水稀释至100 ml,即得。

35. 7 mol/L盐酸溶液:取盐酸630 ml,加水使溶解成1 000 ml,即得。

36. 2 mol/L盐酸溶液:取盐酸180 ml,加水使溶解成1 000 ml,即得。

37. 标准铅溶液:称取硝酸铅0.160 g,置1 000 ml量瓶中,加硝酸5 ml与水50 ml溶解后,用水稀释至刻度,摇匀,作为贮备液。临用前,精密量取贮备液10 ml,置100 ml量瓶中,加水稀释至刻度,摇匀,即得每1 ml相当于10 μg的Pb标准溶液。

38. 硫代乙酰胺试液:取硫代乙酰胺4 g,加水使溶解成100 ml,置冰箱中保存,记为溶液A;取1 mol/L氢氧化钠溶液15 ml、水5.0 ml及甘油20 ml组成混合液,记为溶液B;临用前,取溶液B5.0 ml,加溶液A 1.0 ml,置水浴上加热20秒钟,冷却,立即使用。

39. 1 mol/L氢氧化钠溶液:取澄清的氢氧化钠饱和溶液56 ml,加新沸过的冷水使成1 000 ml,摇匀。

40. 碘化钾试液:取碘化钾16.5 g,加水使溶解成100 ml,即得。本液应临用新制。

41. 酸性氯化亚锡试液:取氯化亚锡20 g,加盐酸使溶解成50 ml,滤过,即得。本液配成后3个月即不适用。

42. 标准砷溶液：称取三氧化二砷0.132g，置1 000 ml量瓶中，加20%氢氧化钠溶液5 ml溶解后，用适量稀硫酸中和(pH7～8)，再加稀硫酸10 ml，用水稀释至刻度，摇匀，作为贮备液。临用前，精密量取贮备液10 ml，置1 000 ml量瓶中，加稀硫酸10 ml，用水稀释至刻度，摇匀，即得(每1 ml相当于1μg的As)。

43. 20%氢氧化钠溶液：取氢氧化钠20 g，加水使溶解成100 ml，即得。

44. 醋酸铅棉花：取脱脂棉1.0 g，浸入醋酸铅试液与水的等容混合液12 ml中，湿透后，挤压除去过多的溶液，并使之疏松，在100℃以下干燥后，贮于玻璃塞瓶中备用。

45. 醋酸铅试液：取醋酸铅10 g，加新沸过的冷水溶解后，滴加醋酸使溶液澄清，再加新沸过的冷水使成100 ml，即得。

46. 溴化汞试纸：取滤纸条浸入乙醇制溴化汞试液中，1小时后取出，在暗处干燥，即得。

47. 乙醇制溴化汞试液：取溴化汞2.5 g，加乙醇50 ml，微热使溶解，即得。本液应置玻璃塞瓶内，在暗处保存。

48. 荧光黄指示液：取荧光黄0.1 g，加乙醇100 ml使溶解，即得。

49. 0.1 mol/L硝酸银滴定液：取硝酸银17.5 g，加水适量使溶解成1000 ml，摇匀。

50. 0.1 mol/L硝酸银滴定液的标定：取在110℃干燥至恒重的基准氯化钠约0.2g，精密称定，加水50 ml使溶解，再加糊精溶液(1→50)5 ml、碳酸钙0.1 g与荧光黄指示液8滴，用本液滴定至浑浊液由黄绿色变为微红色。每1 ml硝酸银滴定液(0.1 mol/L)相当于5.844 mg的氯化钠。根据本液的消耗量与氯化钠的取用量，算出本液的浓度，即得。置玻璃塞的棕色玻瓶中，密闭保存。

四、实验原理及方法

(一)鉴别

本品水溶液显钠盐与氯化物的鉴别反应。

1. 钠盐的一般鉴别试验——焰色反应

实验原理：钠火焰光谱的主要谱线为589.0nm、589.6nm，显黄色。

实验方法：取铂丝，用盐酸湿润后，蘸取供试品，在无色火焰中燃烧，火焰即显鲜黄色。

2. 氯化物的一般鉴别试验

(1)方法一

实验原理：$Cl^- + Ag^+ \rightarrow AgCl\downarrow$

实验方法：取供试品溶液，加稀硝酸使成酸性后，滴加硝酸银试液，即生成白色凝乳状沉淀；分离，沉淀加氨试液即溶解，再加稀硝酸酸化后，沉淀复生成。

(2)方法二

实验原理：$2Cl^- + MnO_2 + 4H^+ \rightarrow Cl_2\uparrow + Mn^{2+} + 2H_2O$

$Cl_2 + 2I^- \rightarrow I_2\uparrow + 2Cl^-$

实验方法：取供试品少量，置试管中，加等量的二氧化锰，混匀，加硫酸湿润，缓缓加热，即产生氯气，能使湿润的碘化钾淀粉试纸显蓝色。

(二)检查

1. 酸碱度

实验原理：溴麝香草酚蓝指示液的变色范围为pH＝6.0～7.6(黄→蓝)，以其指示供试品溶液的酸碱度。

实验方法：取本品 5.0 g，加水 50 ml 溶解后，加溴麝香草酚蓝指示液 2 滴，如显黄色，加氢氧化钠滴定液（0.02 mol/L）0.10 ml，应变为蓝色；如显蓝色或绿色，加盐酸滴定液（0.02 mol/L）0.20 ml，应变为黄色。

2. 溶液的澄清度

实验原理：澄清度是检查药品溶液的浑浊程度，即浊度。药品溶液中如存在细微颗粒，当直射光通过溶液时，可引致光散射和光吸收的现象，致使溶液微显浑浊；所以澄清度可在一定程度上反映药品的质量和生产工艺水平。所谓澄清，即供试品溶液的澄清度相同于所用溶剂。澄清度检查详见附录Ⅰ－A。

实验方法：取本品 5.0 g，加水 25 ml 溶解后，溶液应澄清。

3. 碘化物

实验原理：药物中微量的碘化物经过氧化还原反应变为碘，碘遇淀粉试液显蓝色，由此判断供试品中碘化物含量是否符合限量规定。

实验方法：取本品的细粉 5.0 g，置瓷蒸发皿内，滴加新配制的淀粉混合液适量使晶粉湿润，至日光或日光灯下观察，5 分钟内晶粒不得显蓝色痕迹。

4. 硫酸盐

实验原理：药物中微量的硫酸盐在稀盐酸酸性条件下与氯化钡反应生成硫酸钡微粒，显白色浑浊，与一定量标准硫酸钾溶液在相同条件下产生的硫酸钡浑浊度比较，判断供试品中硫酸盐含量是否符合限量规定。

$$SO_4^{2-} + Ba^{2+} \rightarrow BaSO_4 \downarrow$$

实验方法：取本品 5.0 g，加水溶解使成约 40 ml；溶液如不澄清，应滤过；置 50 ml 纳氏比色管中，加稀盐酸 2 ml，摇匀，即得供试品溶液。另取标准硫酸钾溶液 1.0 ml，置 50 ml 纳氏比色管中，加水使成约 40 ml，加稀盐酸 2 ml，摇匀，即得对照品溶液。于供试品溶液与对照品溶液中，分别加入 25% 氯化钡溶液 5 ml，用水稀释至 50 ml，充分摇匀，放置 10 分钟，同置黑色背景上，从比色管上方向下观察、比较，供试品溶液所显混浊度不得较对照品溶液更浓，详见附录Ⅰ－B。

5. 钡盐

实验原理：$SO_4^{2-} + Ba^{2+} \rightarrow BaSO_4 \downarrow$

实验方法：取本品 4.0 g，加水 20 ml 溶解后，滤过，滤液分为两等份，一份加稀硫酸 2 ml，另一份加水 2 ml，静置 15 分钟，两液应同样澄清。

6. 钙盐

实验原理：$Ca^{2+} + C_2O_4^{2-} \rightarrow CaC_2O_4 \downarrow (pH \approx 4)$

实验方法：取本品 2.0 g，加水 10 ml 使溶解，加氨试液 1 ml，摇匀，加草酸铵试液 1 ml，5 分钟内不得发生浑浊。

7. 镁盐

实验原理：$Mg^{2+} + 2OH^- \rightarrow Mg(OH)_2 \downarrow$

实验方法：取本品 1.0 g，加水 20 ml 使溶解，加氢氧化钠试液 2.5 ml 与 0.05% 太坦黄溶液 0.5 ml，摇匀；生成的颜色与标准镁溶液 1.0 ml 用同一方法制成的对照品溶液比较，不得更深。

8. 钾盐

实验原理：$K^+ + [B(C_6H_5)_4]^- \rightarrow K[B(C_6H_5)_4]\downarrow$

实验方法：取本品5.0 g，加水20 ml使溶解，加稀醋酸2滴，加四苯硼钠溶液2 ml，加水使成50 ml，如显浑浊，与标准硫酸钾溶液12.3 ml用同一方法制成的对照品溶液比较，不得更浓。

9. 干燥失重

实验原理：干燥失重是指药物在规定条件下经干燥后所减失的重量，根据所减失的重量和取样量计算供试品干燥失重的百分率。干燥失重检查法主要控制药物中的水分，也包括其他挥发性物质如乙醇等。

实验方法：取本品，在130℃干燥至恒重，减失重量不得过0.5%，详见附录Ⅰ-C。

10. 铁盐

实验原理：铁盐在盐酸酸性溶液中与硫氰酸铵生成红色可溶性硫氰酸铁配位离子，与一定量标准铁溶液用同法处理后所呈的颜色比较，判断供试品中铁盐含量是否符合限量规定。

$$Fe^{3+} + 6SCN^- \rightarrow [Fe(SCN)_6]^{3-}\downarrow$$

实验方法：取本品5.0 g，加水溶解使成25 ml，移置50 ml纳氏比色管中，加稀盐酸4 ml与过硫酸铵50mg，用水稀释使成35 ml后，加30%硫氰酸铵溶液3 ml，再加水适量稀释成50 ml，摇匀。如显色，立即与标准铁溶液一定量制成的对照品溶液（取标准铁溶液1.5 ml，置50 ml纳氏比色管中，加水使成25 ml，加稀盐酸4 ml与过硫酸铵50 mg，用水稀释使成35 ml，加入30%硫氰酸铵溶液3 ml，再加入水适量稀释成50 ml，摇匀）比较，供试品溶液所显颜色不得较对照品溶液更深，详见附录Ⅰ-E。

11. 重金属

实验原理：重金属系指在实验条件下能与硫代乙酰胺或硫化钠作用显色的金属杂质，如银、铅、汞、铜、镉、铋、锑、锡、砷、镍、钴、锌等。重金属会影响药物的稳定性及安全性。由于生产中遇到铅的机会较多，铅在体内又易积蓄导致铅中毒，所以检查时以铅为代表。

所谓实验条件是指溶液的pH值，溶液pH值会直接影响重金属与显色剂反应是否完全，从而影响测定的准确度。一般情况下，溶于水、稀酸、乙醇的药物以硫代乙酰胺为显色剂，实验条件为pH=3.0~3.5，溶于碱而不溶于稀酸的药物以硫化钠为显色剂。

硫代乙酰胺在弱酸性（pH=3.5醋酸盐缓冲液）条件下水解，产生硫化氢，与重金属离子（以Pb^{2+}为代表）生成黄色到棕黑色的硫化物混悬液，与一定量标准铅溶液经同法处理后所呈颜色比较，判断供试品中重金属含量是否符合限量规定。

$$CH_3CSNH_2 + H_2O \rightarrow CH_3CONH_2 + H_2S \quad (pH=3.5)$$

$$Pb^{2+} + H_2S \rightarrow PbS\downarrow + 2H^+$$

实验方法：取本品5.0 g，加水20 ml溶解后，加醋酸盐缓冲液（pH=3.5）2 ml与水适量使成25 ml，置25 ml纳氏比色管中。另取标准铅溶液1.0 ml与醋酸盐缓冲液（pH=3.5）2 ml，加水稀释成25 ml，置另一25 ml纳氏比色管中。若供试品溶液带颜色，可在标准管中滴加少量的稀焦糖溶液或其他无干扰的有色溶液，使之与样品管颜色一致；再在两管中各加硫代乙酰胺试液2 ml，摇匀，放置2分钟，同置白纸上，自上向下透视，样品管所显颜色与标准管比较，不得更深，详见附录Ⅰ-E。

12. 砷盐

实验原理：砷盐为有毒物质，多由药物生产过程中使用的无机试剂引入，多种药物均要求检查砷盐。本实验采用古蔡（Gutzeit）法检查药物中微量的砷盐，其原理为金属锌与酸作用产生新生态的氢，与药物中微量砷盐反应生成具挥发性的砷化氢，遇溴化汞试纸，产生黄色至棕色的砷斑，与一定量标准砷溶液所生成的砷斑比较，判断供试品中砷盐含量是否符合限量规定。其反应式如下：

$$As^{3+} + 3Zn + 3H^+ \rightarrow 3Zn^{2+} + AsH_3\uparrow$$

$$AsO_3^{3-} + 3Zn + 9H^+ \rightarrow 3Zn^{2+} + AsH_3\uparrow + 3H_2O$$

$$AsO_4^{3-} + 4Zn + 11H^+ \rightarrow 4Zn^{2+} + AsH_3\uparrow + 4H_2O$$

$$AsH_3 + 3HgBr_2 \rightarrow 3HBr + As(HgBr)_3 \quad \text{（黄色）}$$

$$2As(HgBr)_3 + AsH_3 \rightarrow 3AsH(HgBr)_2 \quad \text{（棕色）}$$

$$As(HgBr)_3 + AsH_3 \rightarrow 3HBr + As_2Hg_3 \quad \text{（棕黑色）}$$

实验方法：取本品 5.0 g，加水 23 ml 溶解后，加盐酸 5 ml，置测砷瓶中，再加碘化钾试液 5 ml与酸性氯化亚锡试液 5 滴。室温放置 10 分钟后，加锌粒 2 g，立即将装妥的导气管密塞于测砷瓶上，并将测砷瓶置 25～40℃水浴中，反应 45 分钟，取出溴化汞试纸，将生成的砷斑与标准砷斑比较，不得更深，详见附录Ⅰ－F。

（三）含量测定——吸附指示剂法

实验原理：以硝酸银滴定液测定氯化钠含量，指示剂为荧光黄。到达化学计量点前，溶液中氯离子过量，吸附于生成的氯化银胶状沉淀表面使带负电荷（$AgCl\cdot Cl^-$），因此不吸附荧光黄指示剂的阴离子，此时，溶液显示指示剂阴离子的自身颜色黄绿色。一旦到达滴定的化学计量点，则溶液中稍过量的银离子会吸附于生成的氯化银胶状沉淀表面使带正电荷（$AgCl\cdot Ag^+$），进而吸附荧光黄指示剂的阴离子，导致荧光黄指示剂阴离子结构变化，同时颜色变为淡红色，指示滴定终点到达。反应式如下：

$$\underset{\text{（黄绿色）}}{AgCl\cdot Ag^+} + FIn^- \rightarrow \underset{\text{（淡红色）}}{AgCl\cdot Ag^+\cdot FIn^-}$$

实验方法：取本品约 0.12 g，精密称定，加水 50 ml 溶解后，加 2% 糊精溶液 5 ml 与荧光黄指示液 5～8 滴，用硝酸银滴定液（0.1 mol/L）滴定。每 1 ml 硝酸银滴定液（0.1 mol/L）相当于 5.844 mg 的 NaCl。

中国药典（2005）规定，本品按干燥品计算，含氯化钠（NaCl）不得少于 99.5%。

五、注意事项

鉴别实验：

1. 钠的火焰试验反应极灵敏，最低检出量约为 0.1ng 的钠离子；若由于试药和所用仪器引入微量钠盐时，均能出现鲜黄色火焰，故应在测试前，将铂丝烧红，趁热浸入盐酸中，反复数次，直至火焰不显黄色，再蘸取试样进行试验。并只有当强烈的黄色火焰持续数秒不退，才能确认为正反应。

杂质检查：

2. 操作顺序。因砷盐检查需在 25～40℃水浴中反应 45 分钟后方可观察现象，因此应先做砷盐检查，等待过程中做其他一般杂质检查。

3. 平行操作。对照品与供试品必须同时操作,实验条件应尽量一致,加入试剂的顺序、量等均应相同。观察时,两管受光照的程度也应一致。

4. 正确使用比色管。应选择玻璃质量好、配对、无色(尤其管底)、管的大小直径相等、管上的刻度高低一致的纳氏比色管进行实验。操作过程中,应对供试品管与对照品管做出适当标记,以免混淆。比色管使用完毕后应立即冲洗,避免久置。清洗过程中,应以清洁液荡洗除去污物,再依次用自来水、蒸馏水冲洗干净,不得用毛刷或去污粉等刷洗,以免产生划痕,损伤器壁影响比色。

5. 各一般杂质检查具体操作注意事项,详见附录Ⅰ。

含量测定:

6. 荧光黄指示液要求溶液的适宜 pH 值为 7 ~ 8,注意调节。

7. 氯化银胶体易于凝聚,应防止溶液中存在大量中性盐,滴定时注意时时振摇,滴定速度不宜过慢,同时避免强光照射。

六、计　算

1. 限量计算:

$$杂质限量=\frac{允许杂质存在的最大量}{供试品量}\times 100\%$$

$$杂质限量=\frac{V_{标准}\times C_{标准}}{W_{样}}\times 100\%$$

式中 $V_{标准}$ 为标准液体积,$C_{标准}$ 为标准液浓度,$W_{样}$ 为样品取样量。

2. 含量测定

本品为原料药,其含量测定计算公式为:

$$含量\% = \frac{FTV}{W_s}\times 100\%$$

式中,F 为所配制滴定液的浓度矫正因数;T 为滴定度,本实验中 1 ml 硝酸银滴定液(0.1 mol/L)相当于 5.844 mg 的 NaCl;V 为供试品消耗滴定液的毫升数;W_s 为供试品的称量重量。

七、思考题

1. 本实验中检查的杂质各属于哪种杂质?其检查目的是什么?

2. 本实验检查各杂质采用的是哪种方法?其主要原则是什么?

3. 砷盐检查中加入的各种试剂的作用分别是什么?

4. 根据本实验操作,计算氯化钠原料药中硫酸盐检查、镁盐检查、钾盐检查、铁盐检查、重金属检查、砷盐检查的杂质限量规定。

实验二　氧瓶燃烧法测定碘苯酯原料药含量

一、目的要求

1. 复习氧瓶燃烧法测定有机药物含量的基本原理。

2. 掌握氧瓶燃烧法的操作技能。

3. 掌握原料药含量测定的计算方法。

二、仪器及试药

(一)器材

电热恒温干燥箱,乳钵,药匙,万分之一分析天平,托盘天平(精度0.01 g),称量瓶,500 ml燃烧瓶,无灰滤纸,氧气瓶,刻度尺,剪刀,镊子,表面皿,胶头滴管,防护面罩,火柴,量筒(10 ml、50 ml),量杯(100 ml、1000 ml),滴定管,称量纸,烧杯(100 ml、250 ml),玻璃棒,玻璃漏斗,碘瓶(500 ml),刻度吸管(10 ml),容量瓶(50 ml),温度计,湿度计

(二)试药

碘苯酯原料药,纯化水,甲酸(分析纯),碘化钾(分析纯),可溶性淀粉(分析纯),氢氧化钠(分析纯),醋酸钾(分析纯),冰醋酸(分析纯),溴(分析纯),硫代硫酸钠(分析纯),无水碳酸钠(分析纯),重铬酸钾(基准试剂),硫酸(分析纯)

三、实验准备

1. 氢氧化钠试液:取氢氧化钠4.3 g,加水使溶解成100 ml,即得。

2. 溴醋酸溶液:取醋酸钾 10 g,加冰醋酸适量使溶解,加溴 0.4 ml,再加冰醋酸使成100 ml。

3. 0.1 mol/L硫代硫酸钠滴定液:取硫代硫酸钠26 g与无水碳酸钠0.20 g,加新沸过的冷水适量使溶解成1 000 ml,摇匀,放置1个月后滤过。

4. 0.1 mol/L硫代硫酸钠滴定液的标定:取在120℃干燥至恒重的基准重铬酸钾0.15 g,精密称定,置碘瓶中,加水50 ml使溶解,加碘化钾2.0 g,轻轻振摇使溶解,加稀硫酸40 ml,摇匀,密塞;在暗处放置10分钟后,加水250 ml稀释,用硫代硫酸钠滴定液(0.1 mol/L)滴定至近终点时。加淀粉指示液3 ml,继续滴定至蓝色消失而显亮绿色,并将滴定的结果用空白试验校正。每1 ml硫代硫酸钠滴定液(0.1 mol/L)相当于5.903 mg的重铬酸钾。根据滴定液的消耗量与重铬酸钾的取用量,算出本液的浓度,即得。室温在25℃以上时,应将反应液及稀释用水降温至约20℃。

5. 0.02 mol/L硫代硫酸钠滴定液:取硫代硫酸钠滴定液(0.1 mol/L)10 ml,加新沸过的冷水使成50 ml,摇匀。

6. 淀粉指示液:取可溶性淀粉0.5 g,加水5 ml搅匀后,缓缓倾入100 ml沸水中,随加随搅拌,继续煮沸2分钟,放冷,倾取上层清液,即得。本液应临用新制。

7. 稀硫酸：取浓硫酸 57 ml，加水稀释至 1000 ml，即得。本液含 H_2SO_4 应为 9.5% ~ 10.5%。

四、实验原理及方法

实验原理：有机卤素药物结构中的卤素与碳原子结合牢固，用常规方法难以测定。因此，必须采用适当的有机破坏方法将药物分子破坏，使有机结合状态的卤素转变为可测定的无机卤素化合物。氧瓶燃烧法是一种常用的有机破坏方法，它是指将有机卤素药物在充满氧气的密闭的燃烧瓶中燃烧，使有机分子被破坏，转变为无机卤化物并被吸收液吸收，再选择适当方法定量分析。详见附录Ⅱ－A。

碘苯酯为有机碘化物，采用氧瓶燃烧法有机破坏，转变为无机碘化物，再氧化为游离碘并定量地吸收于吸收液中，与氢氧化钠反应生成碘化物和碘酸盐，加入溴－醋酸溶液，则全部转化为碘酸盐，过量的溴以甲酸及通空气去除。加入碘化钾，使与碘酸盐反应析出游离碘，用硫代硫酸钠滴定液滴定，碘遇淀粉所显的蓝色消失即为终点。反应式：

$$I\text{-}C_6H_4\text{-}CH(CH_3)\text{-}(CH_2)_8\text{-}COOC_2H_5 \xrightarrow{O_2} I_2(I^-)$$

$$I_2 + 2NaOH \rightarrow NaIO + NaI + H_2O$$

$$3NaIO \rightarrow NaIO_3 + 2\ NaI$$

$$3Br_2 + I^- + 3H_2O \xrightarrow{CH_3COOH} IO_3^- + 6HBr$$

$$Br_2(\text{过量的}) + HCOOH \rightarrow 2HBr + CO_2\uparrow$$

$$IO_3^- + 5I^- + 6H^+ \rightarrow 3I_2 + 3H_2O$$

$$I_2 + 2Na_2S_2O_3 \rightarrow 2NaI + Na_2S_4O_6$$

实验方法：取本品约 20 mg，精密称定，置于无灰滤纸中心，按要求折叠后，固定于燃烧瓶铂丝下端的网内或螺旋处，使尾部露出。在燃烧瓶内加入氢氧化钠试液 2 ml 与水 10 ml 作为吸收液，并将瓶口用水湿润，小心急速通入氧气约 1 分钟，立即用表面皿覆盖瓶口，移置他处；点燃包有供试品的滤纸尾部，迅速放入燃烧瓶中，按紧瓶塞，用水少量封闭瓶口，俟燃烧完毕后，充分振摇，使生成的烟雾完全吸入吸收液中，俟吸收完全后，加溴醋酸溶液 10 ml，密塞，振摇，放置数分钟，加甲酸约 1 ml，用水洗涤瓶口，并通入空气流 3 ~ 5 分钟以除去剩余的溴蒸气，加碘化钾 2g，密塞，摇匀，用硫代硫酸钠滴定液（0.02 mol/L）滴定，至近终点时，加淀粉指示液，继续滴定至蓝色消失，并将滴定的结果用空白试验校正。每 1 ml 硫代硫酸钠滴定液（0.02 mol/L）相当于 1.388mg 的 $C_{19}H_{29}IO_2$。

中国药典（2005）规定本品含碘苯酯（$C_{19}H_{29}IO_2$）不得少于 97.0%。

五、注意事项

1. 通氧。燃烧瓶中氧气是否充足，对保证燃烧完全相当重要，应以大流量急速通氧，保证充足氧气；通氧气时注意安全，周围不能有明火。通氧时，用清洁的胶管接在氧气瓶出口处，另一端连接一根玻璃滴管；将玻璃滴管插入燃烧瓶吸收液上方，急速通氧约 1 分钟，并小心将玻璃管由吸收液上方逐渐移至瓶口，务使瓶内的空气排尽，但玻璃管不要触及瓶壁及液面，立即用表面皿覆盖瓶口,移置他处远离氧气瓶。

2. 瓶塞。点燃样品包燃烧时要压紧瓶塞,防止产生的热气顶冲瓶塞,烟雾逸出;燃烧后瓶内为负压,若瓶塞打不开,可微微加温,但温度不要太高,以免瓶塞冲出。

3. 防爆。整个操作务必小心防爆,为保证安全,样品燃烧时要有防爆措施,操作人员可戴防护面罩,也可用透明塑料或有机玻璃档板遮挡;在一般情况下,燃烧在瞬间完成,不致出现危险。点火燃烧操作应远离氧气瓶。

六、计　算

本品为原料药,其含量测定计算公式为:

$$含量\% = \frac{FT(V - V_0)}{W_s} \times 100\%$$

式中,F 为所配制滴定液的浓度矫正因数;T 为滴定度,本实验中 1 ml 硫代硫酸钠滴定液(0.02 mol/L)相当于 1.388 mg 的 $C_{19}H_{29}IO_2$;V 为供试品消耗滴定液的毫升数;V_0 为空白消耗滴定液的毫升数;W_s 为供试品的称量重量。

七、思考题

1. 除了本实验中采用的氧瓶燃烧法以外,通常采用的有机破坏方法还有那些?
2. 氧瓶燃烧法主要用于那些药物的有机破坏?
3. 应用氧瓶燃烧法时,如何选择适当的燃烧瓶?
4. 若待测定的药物取样量过大,一次燃烧不完全,该如何处理?

实验三　司可巴比妥钠胶囊的鉴别与含量测定

一、目的要求

1. 复习并掌握丙二酰脲类药物一般鉴别反应的实验原理。
2. 复习并掌握溴量法测定司可巴比妥含量的实验原理。
3. 掌握溴量法测定巴比妥类药物的操作方法。
4. 掌握胶囊剂的含量测定步骤及其计算方法。

二、仪器及试药

(一)器材

电热恒温干燥箱,万分之一分析天平,托盘天平(精度 0.01 g),称量瓶,称量纸,量筒(5 ml、10 ml、50 ml、100 ml),量杯(100 ml、250 ml、1 000 ml)胶头滴管,玻璃漏斗,滤纸,药匙,碘瓶(250 ml),刻度吸管(25 ml),小刷,滴定管,玻璃塞的棕色玻瓶,电炉,玻璃棒,温度计,湿度计

(二)试药

司可巴比妥钠胶囊,纯化水,无水碳酸钠(分析纯),硝酸银(分析纯),吡啶(分析纯),硫酸铜(分析纯),溴酸钾(分析纯),溴化钾(分析纯),盐酸(分析纯),碘化钾(分析纯),硫代硫酸钠(分析纯),重铬酸钾(基准试剂),硫酸(分析纯),可溶性淀粉(分析纯)

三、实验准备

1. 碳酸钠试液:取一水合碳酸钠 12.5 g 或无水碳酸钠 10.5 g,加水使溶解成 100 ml,即得。

2. 硝酸银试液:取硝酸银 17.5 g,加水适量使溶解成 1 000 ml,摇匀。置玻璃塞的棕色玻瓶中,密闭保存。

3. 吡啶溶液(1→10):取吡啶 1 ml,加水稀释至 10 ml,即得。

4. 铜吡啶试液:取硫酸铜 4 g,加水 90 ml 溶解后,加吡啶 30 ml,即得。本液应临用新制。

5. 0.05 mol/L 溴滴定液:取溴酸钾 3.0 g 与溴化钾 15 g,加水适量使溶解成 1 000 ml,摇匀,即得。置玻璃塞的棕色玻瓶中,密闭,在凉处保存。

6. 0.05 mol/L 溴滴定液的标定:精密量取本液 25 ml,置碘瓶中,加水 100 ml 与碘化钾 2.0 g,振摇使溶解,加盐酸 5 ml,密塞,振摇,在暗处放置 5 分钟,用硫代硫酸钠滴定液(0.1 mol/L)滴定至近终点时,加淀粉指示液 2 ml,继续滴定至蓝色消失。根据硫代硫酸钠滴定液(0.1 mol/L)的消耗量,算出本液的浓度,即得。室温在 25℃ 以上时,应将反应液降温至约 20℃。本液每次临用前均应标定浓度。

7. 碘化钾试液:取碘化钾 16.5 g,加水使溶解成 100 ml,即得。本液应临用新制。

8. 0.1 mol/L 硫代硫酸钠滴定液:取硫代硫酸钠 26 g 与无水碳酸钠 0.20 g,加新沸过的冷水适量使溶解成 1000 ml,摇匀,放置 1 个月后滤过。

9. 0.1 mol/L 硫代硫酸钠滴定液的标定：取在 120℃干燥至恒重的基准重铬酸钾 0.15 g，精密称定，置碘瓶中，加水 50 ml 使溶解，加碘化钾 2.0 g，轻轻振摇使溶解，加稀硫酸 40 ml，摇匀，密塞；在暗处放置 10 分钟后，加水 250 ml 稀释，用硫代硫酸钠滴定液（0.1 mol/L）滴定至近终点时。加淀粉指示液 3 ml，继续滴定至蓝色消失而显亮绿色，并将滴定的结果用空白试验校正。每 1 ml 硫代硫酸钠滴定液（0.1 mol/L）相当于 4.903 mg 的重铬酸钾。根据滴定液的消耗量与重铬酸钾的取用量，算出本液的浓度，即得。室温在 25℃以上时，应将反应液及稀释用水降温至约 20℃。

10. 稀硫酸：取浓硫酸 57 ml，加水稀释至 1000 ml，即得。本液含 H_2SO_4 应为 9.5% ~ 10.5%。

11. 淀粉指示液：取可溶性淀粉 0.5 g，加水 5 ml 搅匀后，缓缓倾入 100 ml 沸水中，随加随搅拌，继续煮沸 2 分钟，放冷，倾取上层清液，即得。本液应临用新制。

四、实验原理及方法

（一）鉴别

1. 钠盐的一般鉴别试验

本品的内容物炽灼后，残渣显钠盐的鉴别反应，详细方法参见实验一相关内容。

2. 丙二酰脲类的一般鉴别试验

本品内容物的水溶液显丙二酰脲类的鉴别反应：

（1）与银盐的反应

实验原理：巴比妥类药物的基本结构中含有酰亚胺基团，因此，在适宜的碱性溶液中，可与银盐反应，首先生成可溶性的一银盐，若继续加入过量的银盐溶液，则生成白色难溶性二银盐沉淀。其反应式为：

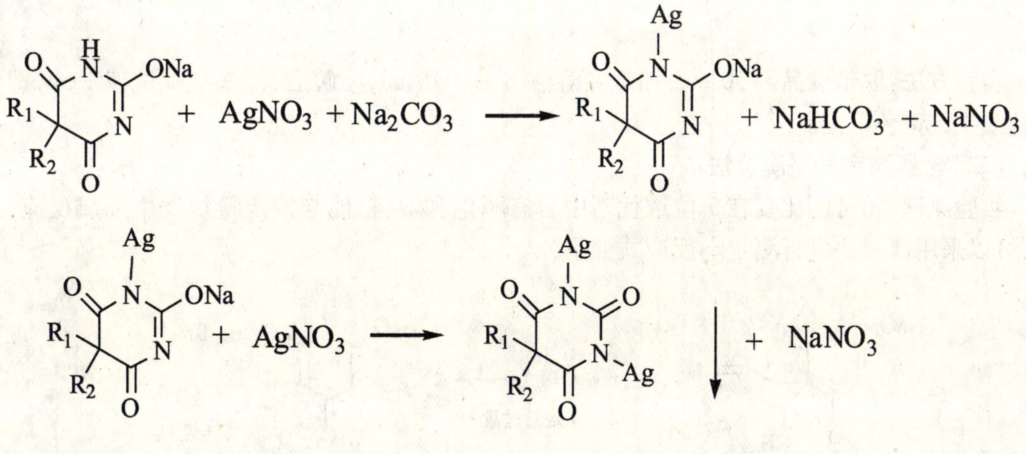

实验方法：取供试品约 0.1 g，加碳酸钠试液 1 ml 与水 10 ml，振摇 2 分钟，滤过，滤液中逐滴加入硝酸银试液，即生成白色沉淀，振摇，沉淀即溶解；继续滴加过量的硝酸银试液，沉淀不再溶解。

（2）与铜盐的反应

实验原理：巴比妥类药物的基本结构中含有酰亚胺基团，溶于碱性的吡啶溶液中会发生烯醇化异构，烯醇式结构与铜吡啶试液反应生成稳定的配位化合物，产生类似双缩脲的显色反应。在这一反应中，多数巴比妥类药物反应后会显紫堇色或生成难溶性紫色物质，但是含硫巴比妥类药物显绿色，因此，这一反应既可以用来鉴别巴比妥类药物，也可以用来区别巴比妥类药物与硫代巴比妥类药物。反应式如下：

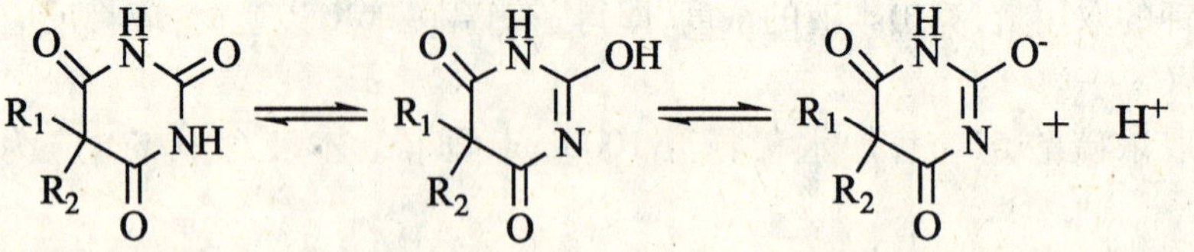

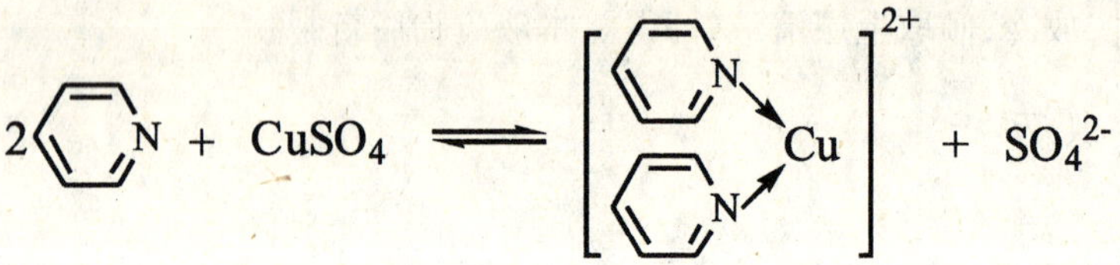

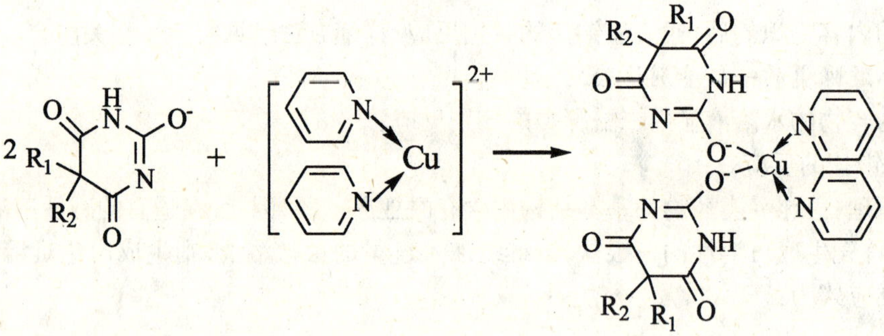

$$2\,C_5H_5N + CuSO_4 \rightleftharpoons [Cu(C_5H_5N)_2]^{2+} + SO_4^{2-}$$

实验方法：取供试品约 50 mg，加吡啶溶液(1→10)5 ml，溶解后，加铜吡啶试液 1 ml，即显紫色或生成紫色沉淀。

(二)含量测定——溴量法

实验原理：司可巴比妥在 5 位取代基中含有不饱和双键，能与溴定量地发生加成反应，因此，可以采用溴量法进行测定。反应式如下：

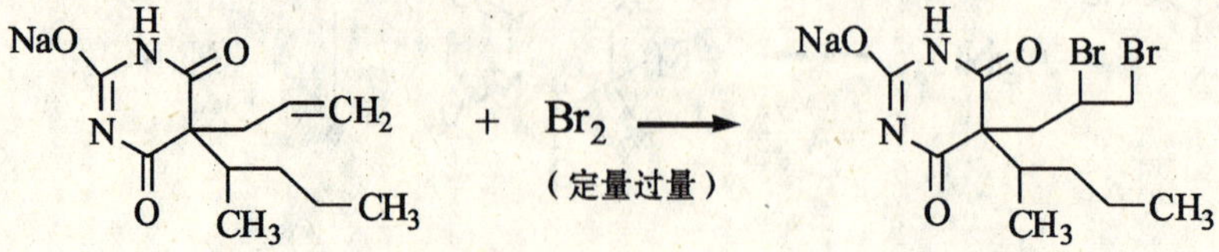

$+\ Br_2$ (定量过量) $\longrightarrow$

$$Br_2 + 2KI \longrightarrow 2KBr + I_2$$

$$I_2 + 2Na_2S_2O_3 \xrightarrow{2H^+} 2NaI + Na_2S_4O_6$$

实验方法：取装量差异项下的内容物，混合均匀，精密称取适量(约相当于司可巴比妥钠 0.1 g)，置 250 ml 碘瓶中，加水 10 ml，振摇使溶解，精密加溴滴定液(0.05 mol/L)25 ml，再加盐酸 5 ml，立即密塞并振摇 1 分钟，在暗处静置 15 分钟后，注意微开瓶塞，加碘化钾试液 10 ml，立即密塞，摇匀后，用硫代硫酸钠滴定液（0.1 mol/L）滴定，至近终点时，加淀粉指示液，继续滴定至蓝色消失，并将滴定的结果用空白试验校正。每 1 ml 溴滴定液（0.05 mol/L）相当于 13.01 mg 的 $C_{12}H_{17}N_2NaO_3$。

中国药典（2005）规定，本品含司可巴比妥钠（$C_{12}H_{17}N_2NaO_3$）应为标示量的 90.0% ~ 110.0%。

五、注意事项

1. 测定胶囊的含量，应取胶囊 20 粒，分别精密称定重量后，倾出内容物（不得损失囊壳）；硬胶囊用小刷或其他适宜的用具拭净，软胶囊用乙醇等易挥发性溶剂洗净，置通风处使溶剂挥尽；再分别精密称定囊壳重量，求出每粒内容物的装量与平均装量。若装量差异合格，则精密称取倾出的内容物适量，依法测定。

2. 精密称取适量（约相当于司可巴比妥钠 0.1 g），不是直接称量内容物 0.1 g，而应根据平均装量与标示量，由下式计算称取量：

$$\text{称取量} = \text{平均装量} \times \frac{0.1}{\text{标示量}}$$

3. 关于胶囊剂注意事项的详细描述参见附录Ⅲ－A。

六、计　算

胶囊的按标示量计算的百分含量定义是：

$$\text{标示量}\% = \frac{\text{每粒胶囊含量}}{\text{标示量}} \times 100\%$$

本实验采用滴定分析法测定，计算公式应为：

$$\text{标示量}\% = \frac{FT(V_0 - V) \times \text{平均装量}}{W_s \times \text{标示量}} \times 100\%$$

式中，F 为浓度矫正因数，本实验中指硫代硫酸钠滴定液（0.1 mol/L）的浓度矫正因数；T 为滴定度，本实验中每 1 ml 溴滴定液（0.05 mol/L）相当于 13.01 mg 的 $C_{12}H_{17}N_2NaO_3$；V 为供试品消耗滴定液的毫升数，本实验中指供试品消耗硫代硫酸钠滴定液的毫升数；V_0 为空白试验消耗滴定液的毫升数，本实验中指空白试验消耗硫代硫酸钠滴定液的毫升数；W_s 为供试品的称量重量。

七、思考题

1. 经过本实验中介绍的三种鉴别实验验证后，是否可以确定该供试品必然是司可巴比妥钠，为什么？

2. 苯巴比妥是否可以采用本实验的鉴别方法鉴别？是否可以采用本实验的溴量法测定含量？为什么？

3. 溴量法测定含量时，为什么不使用锥形瓶而是碘瓶进行滴定？

实验四　注射用苯巴比妥钠的鉴别与含量测定

一、目的要求

1. 复习并掌握苯巴比妥钠鉴别反应的实验原理。

2. 复习并掌握银量法测定苯巴比妥含量的实验原理。

3. 掌握电位法指示滴定终点的操作方法。

4. 掌握注射剂的含量测定步骤及其计算方法。

二、仪器及试药

(一)器材

电热恒温干燥箱,电位滴定仪,乳钵,玻璃漏斗,滤纸,熔点测定用毛细管,分浸型温度计(具有0.5℃刻度),表面皿,硬质高型玻璃烧,电磁搅拌器,试管,胶头滴管,量筒(5 ml、50 ml、100 ml),电炉,水浴锅,万分之一分析天平,托盘天平(精度0.01 g),称量瓶,称量纸,温度计,湿度计,药匙,玻璃棒,锥形瓶(100 ml),酸式滴定管,量杯(100 ml、1000 ml),玻璃塞的棕色玻瓶

(二)试药

注射用苯巴比妥钠,纯化水,盐酸(分析纯),液状石蜡(分析纯),硫酸(分析纯),亚硝酸钠(分析纯),甲醇(分析纯),甲醛(分析纯),无水碳酸钠(分析纯),氯化钠(基准试剂),糊精(分析纯),碳酸钙(分析纯),荧光黄(分析纯),乙醇(分析纯)

三、实验准备

1. 稀盐酸:取浓盐酸234 ml,加水稀释至1 000 ml,即得。本液含HCl应为9.5%~10.5%。

2. 甲醛试液:可取用"甲醛溶液"。

3. 碳酸钠试液:取一水合碳酸钠12.5 g或无水碳酸钠10.5 g,加水使溶解成100 ml,即得。

4. 0.1 mol/L硝酸银滴定液:取硝酸银17.5 g,加水适量使溶解成1000 ml,摇匀。

5. 0.1 mol/L硝酸银滴定液的标定:取在110℃干燥至恒重的基准氯化钠约0.2 g,精密称定,加水50 ml使溶解,再加糊精溶液(1→50)5 ml、碳酸钙0.1 g与荧光黄指示液8滴,用本液滴定至浑浊液由黄绿色变为微红色。每1 ml硝酸银滴定液(0.1 mol/L)相当于5.844 mg的氯化钠。根据本液的消耗量与氯化钠的取用量,算出本液的浓度,即得。置玻璃塞的棕色玻瓶中,密闭保存。

6. 荧光黄指示液:取荧光黄0.1 g,加乙醇100 ml使溶解,即得。

四、实验原理及方法

(一)鉴别

1. 熔点测定

实验原理:熔点系指一种物质按照规定的方法测定由固相熔化成液相时的温度,是物质的一项物理常数。纯物质的熔点是一定的,因此熔点能在一定程度上反映药物的纯杂程度。巴比妥类药物,其本身可直接测定熔点,其钠盐可先溶于水再经酸化析出相应的游离巴比妥母体,将沉淀过滤干燥后测定熔点。此外,还可以将本类药物制备成衍生物后测定衍生物的熔点。

实验方法:取本品内容物适量(相当于苯巴比妥钠约0.5 g),加水5 ml溶解后,加稍过量的稀盐酸,即析出白色结晶性沉淀,滤过;沉淀用水洗净,在105℃干燥后,依法测定(附录Ⅳ-A),熔点应为174~178℃。

2. 苯巴比妥项下的鉴别试验

(1)与硫酸-亚硝酸钠的反应

实验原理:苯巴比妥含有苯环取代基,可与硫酸-亚硝酸钠反应,生成橙黄色产物,并随即转变为橙红色。可利用本鉴别试验区别苯巴比妥和其他不含芳环取代基的巴比妥类药物。其反应原理可能为苯环上的亚硝基化反应,确切机理不明。

实验方法:取本品适量(相当于苯巴比妥钠约10 mg),加稍过量稀盐酸,即析出白色结晶性沉淀,过滤取沉淀,置试管中,加硫酸2滴与亚硝酸钠约5 mg,混合,即显橙黄色,随即转变为橙红色。

(2)与甲醛-硫酸的反应

实验原理:苯巴比妥含有苯环取代基,可与甲醛-硫酸反应,生成玫瑰红色产物。可利用本鉴别试验区别苯巴比妥和其他不含芳环取代基的巴比妥类药物。其确切反应机理不明。

实验方法:取本品适量(相当于苯巴比妥钠约50 mg),加稍过量稀盐酸,即析出白色结晶性沉淀,滤过,取沉淀,置试管中,加甲醛试液1 ml,加热煮沸,冷却,沿管壁缓缓加硫酸0.5 ml,使成两液层,置水浴中加热,接界面显玫瑰红色。

(3)丙二酰脲类的鉴别试验

本品内容物的水溶液显丙二酰脲类的鉴别反应,详细原理及方法参见实验三相关内容。

3. 钠盐的一般鉴别试验

本品显钠盐的鉴别反应,详细原理及方法参见实验一相关内容。

(二)含量测定——银量法

实验原理:巴比妥类药物在适当的碱性溶液中,可与重金属离子定量成盐,因此,可采用银量法测定其含量。将供试品溶于碳酸钠溶液中,将温度保持在15~20℃,用硝酸银滴定液直接滴定。滴定过程中,首先生成可溶性的一银盐,当被测定的巴比妥类药物完全形成一银盐后,继续用硝酸银滴定液滴定,则稍过量的银离子就和巴比妥类药物生成难溶性的二银盐沉淀,使溶液变为混浊,指示到达滴定终点。方法操作简便、专属性强,巴比妥类药物的分解产物或其他可能存在的杂质皆不与硝酸银反应,不会干扰测定。反应式如下:

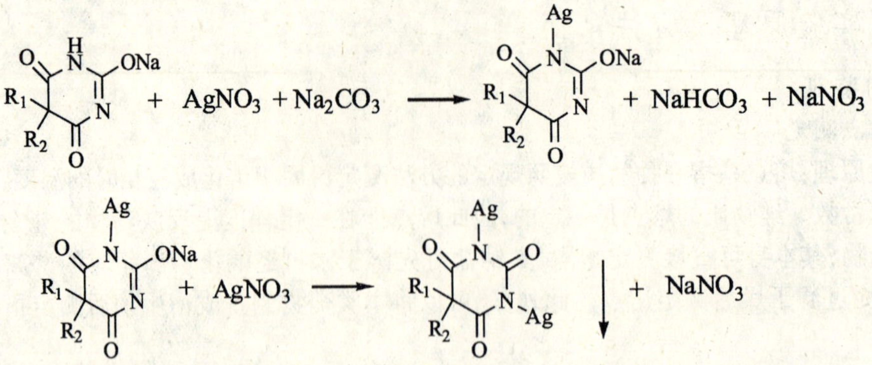

实验方法：取装量差异项下的内容物，混合均匀，精密称取适量（约相当于苯巴比妥钠0.2 g），加甲醇40 ml使溶解，再加新鲜配制的3%无水碳酸钠溶液15 ml，照电位滴定法，用硝酸银滴定液（0.1 mol/L）滴定。每1 ml硝酸银滴定液（0.1 mol/L）相当于25.42 mg的$C_{12}H_{11}N_2NaO_3$。

中国药典（2005）规定，本品为苯巴比妥钠的灭菌结晶或粉末。按干燥品计算，含$C_{12}H_{11}N_2NaO_3$不得少于98.5%；按平均装量计算，含苯巴比妥钠（$C_{12}H_{11}N_2NaO_3$）应为标示量的93.0%～107.0%。

五、注意事项

1. 熔点测定的注意事项请详细参考附录Ⅳ－A。

2. 与硫酸－亚硝酸钠反应中，颜色变化较快，应及时、仔细观察。

3. 与甲醛－硫酸的反应中，加热煮沸时注意试管口不要对准人，放冷后加硫酸时应沿管壁缓缓滴加以使成两液层。

4. 碳酸钠久置后会吸收空气中的二氧化碳产生碳酸氢钠，因此无水碳酸钠溶液须临用时新配。

5. 银电极在临用前须用稀硝酸浸洗1～2分钟，再用蒸馏水淋洗干净。关于电位滴定法的详细描述，参见附录Ⅱ－B。

6. 测定注射用无菌粉末的含量，应取供试品5瓶（支），除去标签、铝盖，容器外壁用乙醇擦净，干燥，开启时注意避免玻璃屑等异物落入容器中，分别迅速精密称定，倾出内容物，容器用水或乙醇洗净，在适宜条件下干燥后，再分别精密称定每一容器的重量，求出每瓶（支）的装量与平均装量。若装量差异合格，则精密称取倾出的内容物适量，依法测定。关于注射剂的详细描述，参见附录Ⅲ－B。

六、计　算

精密称取适量（约相当于苯巴比妥钠0.2 g），不是直接称量内容物0.2g，而应根据平均装量与标示量，由下式计算称取量：

$$\text{称取量}=\text{平均装量}\times\frac{0.2}{\text{标示量}}$$

本品为苯巴比妥钠的灭菌结晶或粉末，其按标示量计算的百分含量定义是：

$$标示量\% = \frac{每瓶(支)含量}{标示量} \times 100\%$$

本实验采用滴定分析法测定,计算公式应为:

$$标示量\% = \frac{FTV \times 平均装量}{W_s\ 标示量} \times 100\%$$

式中,F 为浓度矫正因数,本实验中指硝酸银滴定液(0.1 mol/L)的浓度矫正因数;T 为滴定度,本实验中每1 ml硝酸银滴定液(0.1 mol/L)相当于25.42 mg的苯巴比妥钠($C_{12}H_{11}N_2NaO_3$);V 为供试品消耗滴定液的毫升数;W_s为供试品的称量重量。

七、思考题

1. 经过本实验中介绍的所有鉴别实验验证后,是否可以确定该供试品必然是苯巴比妥钠,为什么?

2. 司可巴比妥钠也是巴比妥类药物,它可以采用本实验中哪些鉴别方法鉴别?哪些不可应用,为什么?

3. 银量法测定苯巴比妥钠含量,为何不是通过观察溶液出现混浊现象而是采用电位滴定法确定滴定终点?

实验五　阿司匹林肠溶片的鉴别、检查与含量测定

一、目的要求

1. 复习并掌握水杨酸类药物鉴别反应的实验原理。
2. 复习并掌握比色法检查阿司匹林片剂中游离水杨酸的实验原理。
3. 复习并掌握两步滴定法测定阿司匹林片剂含量的实验原理。
4. 掌握水杨酸类药物的鉴别、检查与含量测定的操作方法。
5. 掌握片剂的含量测定步骤及其计算方法。
6. 了解制剂中辅料对测定的影响及其排除方法。

二、仪器及试药

(一)器材

电热恒温干燥箱,万分之一分析天平,托盘天平(精度0.01 g),称量瓶,称量纸,药匙,量筒(10 ml、50 ml、100 ml),量杯(100 ml、1000 ml),电炉,研钵,烧杯(25 ml),胶头滴管,量瓶(100 ml),玻璃漏斗,滤纸,刻度吸管(2 ml,5 ml,10 ml),纳氏比色管(50 ml),锥形瓶(250 ml),酸滴定管,碱式滴定管,聚乙烯塑料瓶,水浴锅,温度计,湿度计

(二)试药

阿司匹林肠溶片,纯化水,乙醇(分析纯),水杨酸(分析纯),酒石酸(分析纯),中性乙醇(分析纯),三氯化铁(分析纯),盐酸(分析纯),硫酸铁铵(分析纯),酚酞(分析纯),氢氧化钠(分析纯),邻苯二甲酸氢钾(基准试剂),硫酸(分析纯),无水碳酸钠(基准试剂),甲基红(分析纯),溴甲酚绿(分析纯)

三、实验准备

1. 三氯化铁试液:取三氯化铁9 g,加水使溶解成100 ml,即得。

2. 稀硫酸铁铵溶液:取1 mol/L盐酸溶液1 ml,加硫酸铁铵指示液2 ml后再加水适量使成100 ml。

3. 1 mol/L盐酸溶液:取盐酸90 ml,加水适量使成1000 ml,摇匀。

4. 硫酸铁铵指示液:取硫酸铁铵8 g,加水100 ml使溶解,即得。

5. 酚酞指示液:取酚酞1 g,加乙醇100 ml使溶解,即得。

6. 0.1 mol/L氢氧化钠滴定液:取澄清的氢氧化钠饱和溶液5.6 ml,加新沸过的冷水使成1 000 ml,摇匀。

7. 氢氧化钠饱和溶液:取氢氧化钠适量,加水振摇使溶解成饱和溶液,冷却后,置聚乙烯塑料瓶中,静置数日,澄清后备用。

8. 0.1 mol/L氢氧化钠滴定液的标定:取在105℃干燥至恒重的基准邻苯二甲酸氢钾约0.6 g,精密称定,加新沸过的冷水50 ml,振摇,使其尽量溶解;加酚酞指示液2滴,用本液滴

定;在接近终点时,应使邻苯二甲酸氢钾完全溶解,滴定至溶液显粉红色。每1 ml氢氧化钠滴定液(0.1 mol/L)相当于20.42 mg的邻苯二甲酸氢钾。根据本液的消耗量与邻苯二甲酸氢钾的取用量,算出本液的浓度,即得。

9. 0.05 mol/L硫酸滴定液:取硫酸3.0 ml,缓缓注入适量水中,冷却至室温,加水稀释至1 000 ml,摇匀。

10. 0.05 mol/L硫酸滴定液的标定:取在270~300℃干燥至恒重的基准无水碳酸钠约0.15 g,精密称定,加水50 ml使溶解,加甲基红-溴甲酚绿混合指示液10滴,用本液滴定至溶液由绿色转变为紫红色时,煮沸2分钟,冷却至室温,继续滴定至溶液由绿色变为暗紫色。每1 ml硫酸滴定液(0.05 mol/L)相当于5.30 mg的无水碳酸钠。根据本液的消耗量与无水碳酸钠的取用量,算出本液的浓度,即得。

11. 甲基红-溴甲酚绿混合指示液:取0.1%甲基红的乙醇溶液20 ml,加0.2%溴甲酚绿的乙醇溶液30 ml,摇匀,即得。

12. 0.1%甲基红的乙醇溶液:取甲基红0.1 g,加乙醇使溶解成100 ml,即得。

13. 0.2%溴甲酚绿的乙醇溶液:取溴甲酚绿0.2 g,加乙醇使溶解成100 ml,即得。

四、实验原理及方法

(一)鉴别(三氯化铁反应)

实验原理:阿司匹林为水杨酸酯类药物,加热水解后产生水杨酸,水杨酸及其盐在中性或弱酸性条件下(适宜pH值为4.0~6.0),会与三氯化铁试液反应,生成紫堇色的铁配位化合物。

$$6\ \text{(2-HOC}_6\text{H}_4\text{COOH)} + 4FeCl_3 \xrightarrow{\text{中性或微酸性}} \left[\left(\text{2-}^{-}\text{OC}_6\text{H}_4\text{COO}^{-}\right)_2 Fe\right]_3 Fe^{3+} + 12HCl$$

实验方法:取本品的细粉适量(约相当于阿司匹林0.1 g),加水10 ml,煮沸,放冷,加三氯化铁试液1滴,即显紫堇色。

(二)检查——游离水杨酸

实验原理:阿司匹林为水杨酸酯,不能直接与高铁盐作用,而其杂质游离水杨酸含酚羟基,可与高铁盐反应显紫堇色,因此,将适量阿司匹林供试品溶液与一定量水杨酸对照品溶液生成的色泽对比,即可控制阿司匹林中游离水杨酸的含量。其反应式为:

实验方法:取本品5片,研细,用乙醇30 ml分次研磨,并移入100 ml量瓶中,充分振摇,用水稀释至刻度,摇匀,立即滤过,精密量取滤液2 ml,置50 ml纳氏比色管中,用水稀释至50 ml,立即加新制的稀硫酸铁铵溶液3 ml,摇匀,30秒内如显色,与对照液(精密量取0.01%水杨酸溶液4.5 ml,加乙醇3 ml,0.05%酒石酸溶液1 ml,用水稀释至50 ml,再加上述新制的稀硫酸铁铵溶液3 ml,摇匀)比较,不得更深。

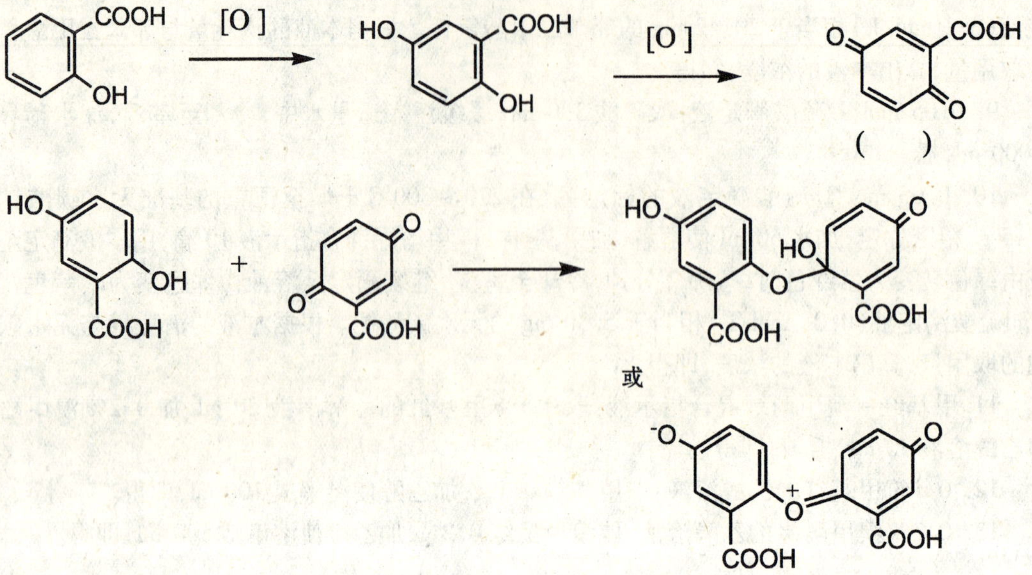

[O]　→　[O]　→　(　　)

\+　→

或

(三)含量测定——两步滴定法

实验原理:由于阿司匹林片剂中除了加入少量酒石酸或枸橼酸稳定剂外,在制剂工艺过程中还可能有水解产物如水杨酸、醋酸等产生,这些酸均会消耗氢氧化钠滴定液,导致测定结果偏高,因此不能采用直接滴定法测定阿司匹林片剂含量。应该采用先中和与供试品共存的酸,再将阿司匹林在碱性条件下水解后测定含量的两步滴定法。

中和　首先,精密称取片粉适量,加入中性乙醇溶解后,以酚酞为指示剂,迅速滴加氢氧化钠滴定液至溶液显粉红色。此步骤中和了可能存在的全部游离酸,阿司匹林也同时成为钠盐,消耗的氢氧化钠滴定液体积可以不计,反应式为:

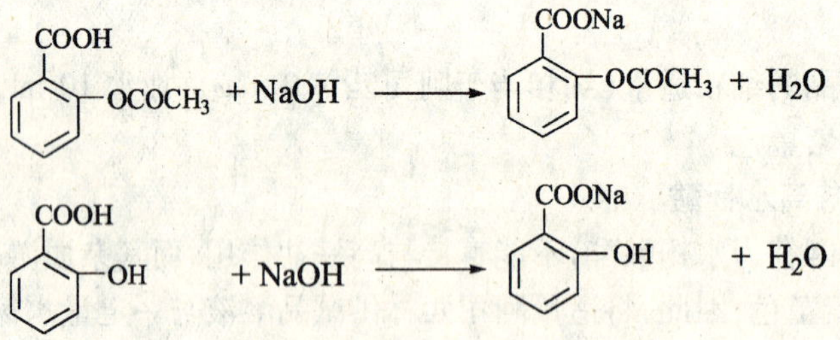

$$C_6H_4(COOH)(OCOCH_3) + NaOH \longrightarrow C_6H_4(COONa)(OCOCH_3) + H_2O$$

$$C_6H_4(COOH)(OH) + NaOH \longrightarrow C_6H_4(COONa)(OH) + H_2O$$

水解　在中和后的供试品溶液中,定量加入过量碱液,置水浴上加热,使乙酰羟基酯结构水解,然后,迅速放冷至室温,再用硫酸滴定液滴定剩余的碱,即可由水解时消耗的碱量计算阿司匹林含量。为保证结果准确,应将滴定结果用空白试验校正。其反应式如下:

$$\text{(邻乙酰氧基苯甲酸钠, 苯环邻位 COONa 与 OCOCH}_3\text{)} + \underset{\text{(过量)}}{NaOH} \xrightarrow{\text{水浴}} \text{(邻羟基苯甲酸钠, 苯环邻位 COONa 与 OH)} + CH_3COONa$$

$$2NaOH(\text{剩余}) + H_2SO_4 \longrightarrow Na_2SO_4 + 2H_2O$$

实验方法：取本品10片，研细，用中性乙醇70 ml分数次研磨，并移入100 ml量瓶中，充分振摇，再用水适量洗涤研钵数次，洗液合并于100 ml量瓶中，再用水稀释至刻度，摇匀，滤过，精密量取滤液10 ml（相当于阿司匹林0.3 g），置锥形瓶中，加中性乙醇（对酚酞指示液显中性）20 ml，振摇，使阿司匹林溶解，加酚酞指示液3滴，滴加氢氧化钠滴定液（0.1 mol/L）至溶液显粉红色，再精密加氢氧化钠滴定液（0.1 mol/L）40 ml，置水浴上加热15分钟并时时振摇，迅速放冷至室温，用硫酸滴定液（0.05mol/L）滴定，并将滴定的结果用空白试验校正。每1 ml氢氧化钠滴定液（0.1mol/L）相当于18.02 mg $C_9H_8O_4$。

中国药典（2005）规定，本品含阿司匹林（$C_9H_8O_4$）应为标示量的95.0%～105.0%。

五、注意事项

1. 鉴别试验三氯化铁反应中，注意酸度的影响，在强酸性溶液中生成的紫堇色配位化合物会分解，反应的适宜pH值为4～6；本反应灵敏度很高，仅需取稀溶液进行试验，若取样量大，产生的颜色过深时，可以加水稀释再行观察。

2. 本实验中，杂质检查使用了试剂乙醇，而含量测定中使用了试剂中性乙醇，其中，中性乙醇应对酚酞指示液显中性，注意操作过程中不要将二者搞混。

3. 含量测定中，阿司匹林水解后要迅速放冷至室温，以防止其吸收空气中CO_2影响测定结果。

4. 肠溶片是片剂的一种，关于肠溶片以及片剂的详细描述，参见附录Ⅲ－C。

六、计　算

片剂的按标示量计算的百分含量定义是：

$$\text{标示量\%} = \frac{\text{每片含量}}{\text{标示量}} \times 100\%$$

本试验供试品中阿司匹林的含量，由水解时消耗的碱量计算。反应中，氢氧化钠1 mol与硫酸0.5 mol、本品1 mol相当，故1 ml氢氧化钠滴定液（0.1 mol/L）与1 ml硫酸滴定液（0.05 mol/L）、本品18.02 mg相当。计算公式为：

$$\text{标示量\%} = \frac{FT(V_0 - V) \times \text{平均片重} \times \frac{100}{10}}{W_s \times \text{标示量}} \times 100\%$$

该式可简化为：

$$\text{标示量\%} = \frac{FT(V_0 - V)}{\text{标示量}} \times 100\%$$

式中，F为浓度矫正因数，本实验中指硫酸滴定液（0.1 mol/L）的浓度矫正因数；T为滴定度，本实验中1 ml氢氧化钠滴定液(0.1 mol/L)相当于0.018 02 g的$C_9H_8O_4$;V为供试品消耗滴定液的毫升数,本实验中指供试品消耗硫酸滴定液的毫升数;V_0为空白样品消耗滴定液的毫升数,本实验中指空白样品消耗硫酸滴定液的毫升数;W_s为供试品的称量重量。

七、思考题

1. 查阅中国药典,比较阿司匹林原料药、阿司匹林肠溶片、阿司匹林肠溶胶囊、阿司匹林栓四者的鉴别反应有何异同,为什么?

2. 请根据阿司匹林肠溶片的特殊杂质检查方法,计算阿司匹林肠溶片中游离水杨酸的限量要求。

3. 中国药典(2005)规定,阿司匹林原料药已经检查了特殊杂质游离水杨酸,通常情况下,制剂不再检查原料药物项下的有关杂质,但阿司匹林肠溶片仍需检查游离水杨酸,为什么?

4. 两步测定法测定阿司匹林肠溶片的含量,已经消除了酒石酸或枸橼酸等稳定剂及水解产物水杨酸、醋酸的影响,为何还要做空白试验?空白试验主要是消除什么影响?

实验六　药用辅料苯甲酸钠的质量分析

一、目的要求

1. 复习并掌握苯甲酸类药物鉴别反应的实验原理。

2. 复习并掌握双相滴定法测定苯甲酸钠含量的实验原理。

3. 掌握苯甲酸类药物的鉴别与含量测定的操作方法。

4. 掌握双相滴定法的实验技巧。

二、仪器及试药

（一）器材

电热恒温干燥箱，酸度计（含电极），万分之一分析天平，托盘天平（精度 0.01 g），称量瓶（扁形），称量纸，药匙，量筒（5 ml、10 ml、50 ml、100 ml），量杯（50 ml、100 ml、250 ml、1 000 ml），试管，电炉，刻度吸管（0.25 ml、1 ml、2 ml、5 ml、10 ml、25 ml），胶头滴管，玻璃棒，玻璃漏斗，滤纸，纳氏比色管，坩埚，检砷器一对，梨形分液漏斗，水浴锅，具塞锥形瓶，烧杯（50 ml、100 ml、500 ml、1000 ml），酸式滴定管，碱式滴定管，聚乙烯塑料瓶，量瓶（100 ml、1 000 ml），脱脂棉，玻璃塞瓶，镊子，小刷，温度计，湿度计

（二）试药

苯甲酸钠（药用辅料），纯化水，苯甲酸钠（化学纯），双蒸水，硫酸（分析纯），无水碳酸钠（分析纯），盐酸（分析纯），无砷锌粒（分析纯、过一号筛），乙醚（分析纯），三氯化铁（分析纯），酚酞（分析纯），乙醇（分析纯），甲基红（分析纯），溴甲酚绿（分析纯），氢氧化钠（分析纯），邻苯二甲酸氢钾（基准试剂），硝酸铅（分析纯），硝酸（分析纯），醋酸铵（分析纯），硫代乙酰胺（分析纯），甘油（分析纯），碘化钾（分析纯），氯化亚锡（分析纯），三氧化二砷（分析纯），醋酸铅（分析纯），醋酸（分析纯），溴化汞（分析纯），甲基橙（分析纯）

三、实验准备

1. 三氯化铁试液：取三氯化铁 9g，加水使溶解成 100 ml，即得。

2. 稀盐酸：取浓盐酸 234 ml，加水稀释至 1000 ml，即得。本液含 HCl 应为 9.5% ~ 10.5%。

3. 酚酞指示液：取酚酞 1 g，加乙醇 100 ml 使溶解，即得。

4. 0.05 mol/L 硫酸滴定液：取硫酸 3.0 ml，缓缓注入适量水中，冷却至室温，加水稀释至 1 000 ml，摇匀。

5. 0.05 mol/L 硫酸滴定液的标定：取在 270 ~ 300℃ 干燥至恒重的基准无水碳酸钠约 0.15 g，精密称定，加水 50 ml 使溶解，加甲基红－溴甲酚绿混合指示液 10 滴，用本液滴定至溶液由绿色转变为紫红色时，煮沸 2 分钟，冷却至室温，继续滴定至溶液由绿色变为暗紫色。每 1 ml盐酸滴定液（0.1 mol/L）相当于 5.30 mg 的无水碳酸钠。根据本液的消耗量与无水碳酸

钠的取用量,算出本液的浓度,即得。

6. 甲基红-溴甲酚绿混合指示液:取0.1%甲基红的乙醇溶液20 ml,加0.2%溴甲酚绿的乙醇溶液30 ml,摇匀,即得。

7. 0.1%甲基红的乙醇溶液:取甲基红0.1 g,加乙醇使溶解成100 ml,即得。

8. 0.2%溴甲酚绿的乙醇溶液:取溴甲酚绿0.2g,加乙醇使溶解成100 ml,即得。

9. 氢氧化钠饱和溶液:取氢氧化钠适量,加水振摇使溶解成饱和溶液,冷却后,置聚乙烯塑料瓶中,静置数日,澄清后备用。

10. 0.1 mol/L氢氧化钠滴定液:取澄清的氢氧化钠饱和溶液5.6 ml,加新沸过的冷水使成1 000 ml,摇匀。

11. 0.1 mol/L氢氧化钠滴定液的标定:取在105℃干燥至恒重的基准邻苯二甲酸氢钾约0.6 g,精密称定,加新沸过的冷水50 ml,振摇,使其尽量溶解;加酚酞指示液2滴,用本液滴定;在接近终点时,应使邻苯二甲酸氢钾完全溶解,滴定至溶液显粉红色。每1ml氢氧化钠滴定液(0.1 mol/L)相当于20.42 mg的邻苯二甲酸氢钾。根据本液的消耗量与邻苯二甲酸氢钾的取用量,算出本液的浓度,即得。

12. 标准铅溶液:称取硝酸铅0.160 g,置1 000 ml量瓶中,加硝酸5 ml与水50 ml溶解后,用水稀释至刻度,摇匀,作为贮备液。临用前,精密量取贮备液10 ml,置100 ml量瓶中,加水稀释至刻度,摇匀,即得每1 ml相当于10μg的Pb标准溶液。

13. 醋酸盐缓冲液(pH=3.5):取醋酸铵25 g,加水25 ml溶解后,加7mol/L盐酸溶液38 ml,用2mol/L盐酸溶液或5mol/L氨溶液准确调节pH值至3.5(电位法指示),用水稀释至100 ml,即得。

14. 7 mol/L盐酸溶液:取盐酸630 ml,加水使溶解成1 000 ml,即得。

15. 2 mol/L盐酸溶液:取盐酸180 ml,加水使溶解成1 000 ml,即得。

16. 硫代乙酰胺试液:取硫代乙酰胺4 g,加水使溶解成100 ml,置冰箱中保存,记为溶液A;取1 mol/L氢氧化钠溶液15 ml、水5.0 ml及甘油20 ml组成混合液,记为溶液B;临用前,取溶液B5.0 ml,加溶液A 1.0 ml,置水浴上加热20秒钟,冷却,立即使用。

17. 1 mol/L氢氧化钠溶液:取澄清的氢氧化钠饱和溶液56 ml,加新沸过的冷水使成1 000 ml,摇匀。

18. 碘化钾试液:取碘化钾16.5 g,加水使溶解成100 ml,即得。本液应临用新制。

19. 酸性氯化亚锡试液:取氯化亚锡20 g,加盐酸使溶解成50 ml,滤过,即得。本液配成后3个月即不适用。

20. 标准砷溶液:称取三氧化二砷0.132g,置1000 ml量瓶中,加20%氢氧化钠溶液5 ml溶解后,用适量稀硫酸中和(pH7~8),再加稀硫酸10 ml,用水稀释至刻度,摇匀,作为贮备液。临用前,精密量取贮备液10 ml,置1000 ml量瓶中,加稀硫酸10 ml,用水稀释至刻度,摇匀,即得(每1 ml相当于1μg的As)。

21. 20%氢氧化钠溶液:取氢氧化钠20 g,加水使溶解成100 ml,即得。

22. 稀硫酸:取浓硫酸57 ml,加水稀释至1000 ml,即得。本液含H_2SO_4应为9.5%~10.5%。

23. 醋酸铅棉花:取脱脂棉1.0 g,浸入醋酸铅试液与水的等容混合液12 ml中,湿透后,挤压除去过多的溶液;并使之疏松,在100℃以下干燥后,贮于玻璃塞瓶中备用。

24. 醋酸铅试液：取醋酸铅 10 g，加新沸过的冷水溶解后，滴加醋酸使溶液澄清，再加新沸过的冷水使成 100 ml，即得。

25. 溴化汞试纸：取滤纸条浸入乙醇制溴化汞试液中，1 小时后取出，在暗处干燥，即得。

26. 乙醇制溴化汞试液：取溴化汞 2.5 g，加乙醇 50ml，微热使溶解，即得。本液应置玻璃塞瓶内，在暗处保存。

27. 甲基橙指示液：取甲基橙 0.1 g，加水 100 ml 使溶解，即得。

28. 0.5 mol/L 盐酸滴定液：取盐酸 45 ml，加水适量使成 1000 ml，摇匀。

29. 0.5 mol/L 盐酸滴定液的标定：取在 270～300℃ 干燥至恒重的基准无水碳酸钠约 0.8 g，精密称定，加水 50 ml 使溶解，加甲基红－溴甲酚绿混合指示液 10 滴，用本液滴定至溶液由绿色转变为紫红色时，煮沸 2 分钟，冷却至室温，继续滴定至溶液由绿色变为暗紫色。每 1 ml盐酸滴定液（0.1 mol/L）相当于 5.30 mg 的无水碳酸钠。根据本液的消耗量与无水碳酸钠的取用量，算出本液的浓度，即得。

四、实验原理及方法

（一）鉴别

取本品 0.5 g，加 10 ml 水溶解后，溶液显钠盐与苯甲酸盐的鉴别反应。

1. 钠盐的一般鉴别试验

取本品 0.5 g，加 10 ml 水溶解后，溶液显钠盐的鉴别反应，详细方法参见实验一相关内容。

2. 苯甲酸盐的一般鉴别试验

（1）与三氯化铁的反应

实验原理：苯甲酸盐分子结构中没有酚羟基，但苯甲酸的碱性水溶液或苯甲酸的中性溶液可与三氯化铁试液发生反应，生成碱式苯甲酸铁盐的赭色沉淀，反应式如下：

$$7\,C_6H_5COONa + 3FeCl_3 + 2OH^- \longrightarrow [(C_6H_5COO)_6Fe_3(OH)_2]OOCC_6H_5\downarrow + 7NaCl + 2Cl^-$$

实验方法：取本品约 0.5 g，加水 10 ml 溶解后，滴加三氯化铁试液，即生成赭色沉淀；再加稀盐酸，变为白色沉淀。

（2）分解产物的反应

实验原理：苯甲酸盐加热分解，生成苯甲酸升华物。

实验方法：取本品约 0.5 g，加水 10 ml 溶解后，加硫酸，加热，不炭化，但析出苯甲酸，并在试管内壁凝结成白色升华物。

（二）检查

分别取药用苯甲酸钠与化学纯苯甲酸钠，进行以下各项检查，比较二者结果：

1. 酸碱度

实验原理：酚酞指示液的变色范围为 pH＝8.3～10.0（无色→红），以其指示供试品溶液的酸碱度。

实验方法：取本品 1.0 g，加水 20 ml 溶解后，加酚酞指示液 2 滴；如显淡红色，加硫酸滴定液(0.05mol/L) 0.25 ml,淡红色应消失;如无色,加氢氧化钠滴定液(0.1 mol/L)0.25 ml,应显淡红色。

2. 干燥失重

实验原理:参见实验一相关内容。

实验方法:取本品,在105℃干燥至恒重,减失重量不得过1.5%,详见附录Ⅰ-C。

3. 重金属

实验原理:参见实验一相关内容。

实验方法:取本品2.0 g,加水45 ml,不断搅拌,滴加稀盐酸5 ml,滤过,分取滤液25 ml,置25 ml纳氏比色管中。另取标准铅溶液1.0 ml与醋酸盐缓冲液(pH=3.5)2 ml,加水稀释成25 ml,置另一25 ml纳氏比色管中。若供试品溶液带颜色,可在标准管中滴加少量的稀焦糖溶液或其他无干扰的有色溶液,使之与样品管颜色一致;再在两管中各加硫代乙酰胺试液2 ml,摇匀,放置2分钟,同置白纸上,自上向下透视,样品管所显颜色与标准管比较,不得更深,详见附录Ⅰ-E。

4. 砷盐

实验原理:参见实验一相关内容。

实验方法:取无水碳酸钠1 g,铺于坩埚底部与四周,再取本品0.40 g,置无水碳酸钠上,用少量水湿润,干燥后,先用小火灼烧使炭化,再在500~600℃炽灼使完全灰化,放冷,加盐酸5 ml与水23 ml使溶解,置测砷瓶中,再加碘化钾试液5 ml与酸性氯化亚锡试液5滴。室温放置10分钟后,加锌粒2g,立即将装妥的导气管密塞于测砷瓶上,并将测砷瓶置25~40℃水浴中,反应45分钟,取出溴化汞试纸,将生成的砷斑与标准砷斑比较,不得更深,详见附录Ⅰ-F。

(三)含量测定——双相滴定法

实验原理:苯甲酸钠为芳酸碱金属盐,其水溶液呈碱性,但其碱性较弱,若直接用盐酸滴定液滴定,则滴定过程中析出的游离苯甲酸不溶于水,且会使滴定终点的pH突跃不明显,影响滴定终点的正确判断。因此,采用双相滴定法测定含量,在水相中加入与水不相混溶的有机溶剂乙醚,置于分液漏斗中进行滴定反应,则滴定过程中产生的苯甲酸不断萃取入乙醚层中,减少苯甲酸在水中的浓度,使滴定反应进行完全,终点清晰。反应式如下:

$$C_6H_5COONa + HCl \longrightarrow C_6H_5COOH + NaCl$$

实验方法:取本品约1.5 g,精密称定,置分液漏斗中,加水25 ml、乙醚50 ml与甲基橙指示液2滴,用盐酸滴定液(0.5 mol/L)滴定,随滴随振摇,至水层显橙红色;分取水层,置具塞锥形瓶中,乙醚层用水5 ml洗涤,洗液并入锥形瓶中,加乙醚20 ml,继续用盐酸滴定液(0.5 mol/L)滴定,随滴随振摇,至水层显持续的橙红色。每1 ml盐酸滴定液(0.5 mol/L)相当于72.06 mg的$C_7H_5NaO_2$。

中国药典(2005)规定,本品按干燥品计算,含$C_7H_5NaO_2$不得少于99.0%。

五、注意事项

1. 各杂质检查具体操作注意事项,参见实验一相关内容及附录I。

2. 砷盐检查中,需先进行干法破坏。该法是将有机物灼烧灰化使之分解以便于进行分析的一种方法。应用本法时要注意以下几个问题:①加热或灼烧时,应将控制温度在420℃以下,以防止某些被测金属化合物的挥发。②灰化完全与否直接影响测定结果的准确性。检查灰化是否完全的方法是将灰分放冷后,加入稍过量稀盐酸-水(1:3)或硝酸-水(1:3)的混合液,振摇,观察溶液是否呈色、是否有有机物不溶成分存在。若是,则说明灰化不完全,可于水浴上将溶液蒸干并用小火炭化后,再行灼烧,直至灰化完全。

含量测定步骤:

3. 操作中应充分用水洗涤醚层,滴定时应充分振摇,以使可能存在于乙醚中的苯甲酸钠尽量溶于水后并入水层,从而保证结果的准确性。当水层显持续的橙红色时才是终点,因为若生成的苯甲酸未及时进入醚层也会导致水层显短暂的橙红色。

4. 振摇时,注意要不时打开分液漏斗上口塞子放气,以免由于乙醚挥发冲开塞子,导致结果偏低。

5. 滴定中,若有少量苯甲酸钠溶于乙醚也会导致结果偏差,为防止这一误差,可在近滴定终点时用适量的水再次洗涤乙醚提取液,并将所得水提取液并入原水相中继续滴定至终点。

六、计 算

本品为原料药,其含量测定计算公式参见实验一相关内容。

七、思考题

1. 分别以药用苯甲酸钠与化学纯苯甲酸钠进行杂质检查,二者结果有何异同,为什么?
2. 比较本实验砷盐检查与实验一中氯化钠原料药的砷盐检查实验方法有何异同,为什么?
3. 请根据重金属的检查方法,计算苯甲酸钠中重金属的限量要求。
4. 请根据砷盐的检查方法,计算苯甲酸钠中砷盐的限量要求。
5. 苯甲酸钠的含量测定为何不直接进行滴定,而是采用双相滴定法?

实验七　注射用盐酸普鲁卡因的鉴别与含量测定

一、目的要求

1. 复习并掌握芳胺类药物鉴别反应的实验原理。

2. 复习并掌握亚硝酸钠法测定注射用盐酸普鲁卡因含量的实验原理。

3. 掌握对氨基苯甲酸酯类药物的鉴别与含量测定的操作方法。

4. 掌握并比较内指示剂法、外指示剂法、永停滴定法指示亚硝酸钠法滴定终点的实验原理及其实验步骤。

5. 掌握注射剂的含量测定步骤及其计算方法。

二、仪器及试药

(一)器材

电热恒温干燥箱,万分之一分析天平,托盘天平(精度0.01 g),称量瓶,称量纸,药匙,量筒(5 ml、50 ml),量杯(100 ml、250 ml、500 ml、1 000 ml),电炉,试管,胶头滴管,乳钵,电磁搅拌器,温度计,湿度计,玻璃棒,白瓷板,酸式滴定管,自动永停滴定仪,铂电极,滤纸条,干燥器,刻度吸管(1 ml、10 ml),烧杯,锥形瓶,冷凝管,玻璃漏斗,滤纸,聚乙烯塑料瓶,玻璃塞的棕色玻瓶

(二)试药

注射用盐酸普鲁卡因,纯化水,盐酸(分析纯),溴化钾(分析纯),石蕊(分析纯),乙醇(分析纯),氢氧化钠(分析纯),亚硝酸钠(分析纯),无水碳酸钠(分析纯),对氨基苯磺酸(基准试剂),β-萘酚(分析纯),中性红(分析纯),碘化钾(分析纯),可溶性淀粉(分析纯)

三、实验准备

1. 红色石蕊试纸:取滤纸条浸入石蕊指示液中,加极少量的盐酸使成红色,取出,干燥,即得。

2. 红色石蕊试纸的灵敏度检查:取0.1 mol/L氢氧化钠溶液0.5 ml,置烧杯中,加新沸过的冷水100 ml混合后,投入10~12 mm宽的红色石蕊试纸一条,不断搅拌,30秒钟内,试纸应即变色。

3. 石蕊指示液:取石蕊粉末10 g,加乙醇40 ml,回流煮沸1小时,静置,倾去上清液,再用同一方法处理2次,每次用乙醇30 ml,残渣用水10 ml洗涤,倾去洗液,再加水50 ml煮沸,放冷,滤过,即得。

4. 氢氧化钠饱和溶液:取氢氧化钠适量,加水振摇使溶解成饱和溶液,冷却后,置聚乙烯塑料瓶中,静置数日,澄清后备用。

5. 0.1 mol/L氢氧化钠溶液:取澄清的氢氧化钠饱和溶液5.6 ml,加新沸过的冷水使成1 000 ml,摇匀。

6. 稀盐酸：取浓盐酸 234 ml，加水稀释至 1 000 ml，即得。本液含 HCl 应为 9.5% ~ 10.5%。

7. 0.1 mol/L 亚硝酸钠溶液：可取 0.1 mol/L 亚硝酸钠滴定液应用。

8. 0.1 mol/L 亚硝酸钠滴定液：取亚硝酸钠 7.2 g，加无水碳酸钠 0.10 g，加水适量使溶解成 1 000 ml，摇匀。置玻璃塞的棕色玻瓶中，密闭保存。

9. 0.1 mol/L 亚硝酸钠滴定液的标定：取在 120℃ 干燥至恒重的基准对氨基苯磺酸约 0.5 g，精密称定，加水 30 ml 与浓氨试液 3 ml，溶解后，加盐酸(1→2)20 ml，搅拌，在 30℃ 以下用本液迅速滴定，滴定时将滴定管尖端插入液面下约 2/3 处，随滴随搅拌；至近终点时，将滴定管尖端提出液面，用少量水洗涤尖端，洗液并入溶液中，继续缓缓滴定，用永停法指示终点。每 1 ml 亚硝酸钠滴定液(0.1 mol/L)相当于 17.32 mg 的对氨基苯磺酸。根据本液的消耗量与对氨基苯磺酸的取用量，算出本液浓度，即得。

10. 浓氨试液：可取浓氨溶液应用。

11. 碱性 β - 萘酚试液：取 β - 萘酚 0.25 g，加氢氧化钠溶液(1→10)10 ml 使溶解，即得。本液应临用新制。

12. 中性红指示液：取中性红 0.5 g，加水使溶解成 100 ml，滤过，即得。

13. 淀粉 - 碘化钾指示液：取碘化钾 0.2 g，加新制的淀粉指示液 100 ml 使溶解，即得。

14. 淀粉指示液：取可溶性淀粉 0.5 g，加水 5 ml 搅匀后，缓缓倾入 100 ml 沸水中，随加随搅拌，继续煮沸 2 分钟，放冷，倾取上层清液，即得。本液应临用新制。

四、实验原理及方法

(一)鉴别

1. 水解产物的反应

实验原理：本品为盐酸盐，在碱性溶液发生反应，产物为白色沉淀普鲁卡因，该沉淀加热会变为油状物；继续加热普鲁卡因酯键断裂，发生水解反应，其水解产物为对氨基苯甲酸钠与二乙氨基乙醇，其中二乙氨基乙醇是碱性气体，能使湿润的红色石蕊试纸变为蓝色；加热至油状物消失后，将溶液放冷，加盐酸酸化，即可析出白色沉淀对氨基苯甲酸，这一沉淀又会再溶于过量的盐酸。反应式如下：

$$H_2N-C_6H_4-COOCH_2CH_2N(C_2H_5)_2\cdot HCl \xrightarrow{NaOH} H_2N-C_6H_4-COOCH_2CH_2N(C_2H_5)_2\downarrow$$

$$\xrightarrow{NaOH} H_2N-C_6H_4-COONa + HOCH_2CH_2N(C_2H_5)_2\uparrow$$

$$H_2N-C_6H_4-COONa \xrightarrow{HCl} \underset{(白色)}{H_2N-C_6H_4-COOH\downarrow} \xrightarrow{HCl} HCl\cdot H_2N-C_6H_4-COOH$$

实验方法：取本品约 0.1 g，加水 2 ml 溶解后，加 10% 氢氧化钠溶液 1 ml，即生成白色沉淀；加热，变为油状物；继续加热，发生的蒸气能使湿润的红色石蕊试纸变为蓝色；热至油状物消失后，放冷，加盐酸酸化，即析出白色沉淀。

2. 氯化物的一般鉴别试验

本品的水溶液显氯化物的鉴别反应，详细方法参见实验一相关内容。

3. 芳香第一胺类的鉴别反应

实验原理：分子结构中具有芳伯氨基或潜在芳伯氨基的药物，均可发生重氮化－偶合反应。盐酸普鲁卡因属于芳香第一胺类药物，在盐酸溶液中可直接与亚硝酸钠进行重氮化反应，生成的重氮盐可与碱性β－萘酚偶合生成有色的偶氮染料，反应式如下：

$$H_2N-C_6H_4-COOCH_2CH_2N(C_2H_5)_2 + NaNO_2 + HCl \longrightarrow Cl^- \, {}^+N\equiv N-C_6H_4-COOCH_2CH_2N(C_2H_5)_2 + NaCl + H_2O$$

$$Cl^- \, {}^+N\equiv N-C_6H_4-COOCH_2CH_2N(C_2H_5)_2 + \beta\text{-}C_{10}H_7OH \xrightarrow{NaOH} (C_2H_5)_2NCH_2CH_2OOC-C_6H_4-N=N-C_{10}H_6OH\downarrow + NaCl + H_2O$$

（猩红色）

实验方法：取供试品约 50 mg，加稀盐酸 1 ml，必要时缓缓煮沸使溶解，放冷，加 0.1 mol/L 亚硝酸钠溶液数滴，滴加碱性β－萘酚试液数滴，视供试品不同，生成由橙黄到猩红色沉淀。

（二）含量测定——亚硝酸钠法

实验原理：本品分子结构中具有芳伯氨基，在酸性条件下，可与亚硝酸钠发生定量反应生成重氮盐，反应式如下：

$$Ar-NH_2 + NaNO_2 + 2HCl \rightarrow Ar-N_2^+Cl^- + NaCl + 2H_2O$$

亚硝酸钠法的滴定终点可以采用内指示剂法、外指示剂法、永停滴定法等确定。本试验选用中性红作为内指示剂，视重氮盐有无颜色加入适量指示液（通常无色加 1～5 滴，有色则加 8～10 滴），指示液在近终点时加入，此时溶液呈紫红色，继续滴定并不断振摇，紫红色渐褪，当溶液突变为蓝色时即为终点。外指示剂法指示滴定终点，常用的为碘化钾－淀粉糊剂或试纸，到达滴定终点时，稍过量的亚硝酸钠氧化碘化钾，析出的碘遇淀粉即变蓝，反应式如下：

$$2NaNO_2 + 2KI + 4HCl \rightarrow 2NO + I_2 + 2KCl + 2NaCl + 2H_2O$$

中国药典（2005）采用永停滴定法指示亚硝酸钠法的滴定终点，其详细原理参见附录Ⅱ－B。

实验方法：取装量差异项下的内容物，混合均匀，精密称取适量（约相当于盐酸普鲁卡因 0.6 g）共三份，分别加水 40 ml 与盐酸液（1→2）15 ml，置电磁搅拌器上，搅拌使溶解，再分别加入溴化钾 2 g，然后：

第一份将滴定管尖端插入液面下约 2/3 处，在 15～20℃，用亚硝酸钠滴定液（0.1 mol/L）迅速滴定，随滴随搅拌，至近终点时将滴定管尖端提出液面，用少量水淋洗，加入中性红指示液

1滴，继续缓缓滴定，近终点时再加入中性红指示液1滴，继续滴定，此时每加入一滴滴定液应搅拌1分钟左右，至溶液显淡蓝色即为终点，记录消耗的滴定液体积。

第二份将滴定管尖端插入液面下约2/3处，在15～20℃，用亚硝酸钠滴定液(0.1 mol/L)迅速滴定，随滴随搅拌，至近终点时将滴定管尖端提出液面，用少量水淋洗，继续缓缓滴定，每加入一滴滴定液应充分搅拌然后以玻璃棒蘸取少量被测溶液，在涂有淀粉－碘化钾指示液的白瓷板上轻轻划过，若立即出现蓝色条痕，即为终点，记录消耗的滴定液体积。

第三份照永停滴定法插入铂－铂电极后，将滴定管尖端插入液面下约2/3处，用亚硝酸钠滴定液(0.1 mol/L)迅速滴定，随滴随搅拌，至近终点时将滴定管尖端提出液面，用少量水淋洗，继续缓缓滴定，至电流计指针突然偏转不再回复，即为终点，记录消耗的滴定液体积。

中国药典(2005)规定，每1 ml亚硝酸钠滴定液(0.1 mol/L)相当于27.28 mg的$C_{13}H_{20}N_2O_2 \cdot HCl$；本品为盐酸普鲁卡因的灭菌粉末，按平均装量计算，含盐酸普鲁卡因($C_{13}H_{20}N_2O_2 \cdot HCl$)应为标示量的95.0%～105.0%。

五、注意事项

含量测定试验中应注意以下条件：

1. 重氮化反应速度会受酸碱度的影响，因此，应严格按照实验条件加入盐酸。

2. 重氮化反应速度会受温度的影响，因此，应严格按照实验条件将温度控制在15～20℃。

3. 为避免滴定过程中亚硝酸挥发和分解，无论采用何种确定终点方法，均应：滴定开始时将滴定管尖端插入液面下约2/3处，一次将大部分亚硝酸钠滴定液在适当搅拌条件下迅速加入，使其尽快反应；近终点时，将滴定管尖端提出液面，用少量水淋洗尖端，缓缓滴定，因尚未反应的芳伯氨基药物的浓度极稀，须在最后一滴滴定液加入后，搅拌1～5分钟，再确定终点是否真正到达。

4. 采用外指示剂法确定终点，若供试品溶液酸性较强，则在接近却未达到终点时，碘化钾也会遇光被空气氧化游离出碘，遇淀粉显蓝色，导致终点误判。此外，多次外试也会损失供试品加大误差。为避免这些误差，可以预先计算滴定溶液的理论消耗量，在接近理论终点前再缓缓滴定和取测定液实验终点。

5. 铂电极的灵敏度直接影响测定结果，滴定前必须活化处理。

6. 测定注射用无菌粉末的含量，应取供试品5瓶(支)，除去标签、铝盖，容器外壁用乙醇擦净，干燥，开启时注意避免玻璃屑等异物落入容器中，分别迅速精密称定，倾出内容物，容器用水或乙醇洗净，在适宜条件下干燥后，再分别精密称定每一容器的重量，求出每瓶(支)的装量与平均装量。若装量差异合格，则精密称取倾出的内容物适量，依法测定。关于注射剂的详细描述，参见附录Ⅲ－B。

六、计　算

本品为盐酸普鲁卡因的灭菌结晶或粉末，其标示量百分含量的计算公式参见实验四相关内容。

七、思考题

1. 本实验的鉴别实验与含量测定均利用了盐酸普鲁卡因的某一官能团，这一官能团是什么？如何借其进行鉴别、含量测定？

2. 亚硝酸钠法测定含量时，为何要加入溴化钾？

3. 采用外指示剂法确定终点时，为何特别强调“若立即出现蓝色条痕，即为终点”，若稍待片刻出现蓝色条痕，是否可以判断到达终点？为什么？

4. 比较三种终点指示方法，判断哪种方法为最佳方法，为什么？

实验八　对乙酰氨基酚血药浓度测定回归方程的建立

一、目的要求

1. 复习并掌握血浆样品的分析前处理技术。
2. 熟悉高效液相色谱仪的工作原理、仪器构造及操作方法。
3. 掌握高效液相色谱法检测生物样品的方法步骤。
4. 掌握血浆中药品浓度测定回归方程的建立方法。

二、仪器及试药

（一）器材

电热恒温干燥箱，万分之一分析天平，称量瓶，药匙，高效液相色谱仪，Nova－PakC_{18}柱（4 μm，150 mm×3.9 mm），Nova－PakC_{18}预柱，二极管阵列检测器，离心机，离心管，刻度吸管（1 ml、5 ml），量筒（5 ml），氮气瓶，微量注射器，容量瓶（10 ml、25 ml），4℃冰箱，计算器（带回归功能），温度计，湿度计

（二）试药

甲醇（色谱纯），纯化水，肝素（分析纯），对乙酰氨基酚对照品，硫酸锌（分析纯），乙醚（分析纯），血浆

三、实验方法

对乙酰氨基酚为酰胺类药物，临床常用于解热镇痛，过量服用会产生肝毒性。由于对乙酰氨基酚中毒的早期症状与胃溃疡症状极其相似且肝功正常，所以常常漏诊，待发生肝损伤时已经错过了最佳治疗时机。因此，急诊中毒病人经常会做对乙酰氨基酚血浓检测。国内外常用测定方法为高效液相色谱法，其详细描述参见附录Ⅴ－B。

1. 色谱条件

Nova－PakC_{18}柱（4 μm，150 mm×3.9 mm）和Nova－PakC_{18}预柱；柱温：25℃；流动相：甲醇－水（30∶30）；流速：0.8 ml/min；二极管阵列检测器；检测波长：254 nm。

2. 空白血浆样品的制备

取静脉血3～4 ml，置含肝素抗凝剂的离心管中，以3 000 r/min离心分离5 min，所得上清液即为空白血浆样品。取该血浆样品1 ml，加入饱和硫酸锌溶液1 ml，静置，待沉淀分层后，加入乙醚5 ml，涡漩混合1 min，以3 000 r/min离心20 min。精密吸取乙醚液3.0 ml，50℃氮气流吹干，放冷至室温，加入蒸馏水500 μl使残渣溶解，精密吸取10 μl进样。

3. 对乙酰氨基酚对照品溶液的制备

精密称取对乙酰氨基酚对照品250 mg，置于25 ml容量瓶中，以甲醇为溶剂稀释至刻度，配制浓度为10 mg/ml为对乙酰氨基酚甲醇母液。

分别精密吸取上述对乙酰氨基酚甲醇母液10 μl、50 μl、0.1 ml、0.5 ml、1 ml、3 ml、5 ml置

于 10 ml 容量瓶中，以甲醇为溶剂稀释至刻度，得浓度分别为 0.01 mg/ml、0.05 mg/ml、0.1 mg/ml、0.5 mg/ml、1 mg/ml、3 mg/ml、5 mg/ml 的对乙酰氨基酚对照品溶液七瓶，置于 4℃ 冰箱存放备用。

4. 血浆中对乙酰氨基酚标准曲线的制备

取以肝素抗凝的血浆 1 ml 7 份，分别加入前一步骤制得的各浓度的对乙酰氨基酚对照品溶液 100 μl，则血浆中药物浓度为 0.9 ~ 454.5 μg/ml。所得含药物的 7 份血浆均按"空白血浆样品的制备"项下方法操作，进样分析，记录色谱图。

5. 回归方程的建立

以步骤 4 中各血样中对乙酰氨基酚浓度 c 对色谱图中峰面积 A 作线性回归，即可得回归方程。

四、注意事项

1. 每一样品应重复进样 3 次，取其 3 次的平均峰面积进行计算。
2. 为减小误差，各样品应尽量平行操作。
3. 高效液相色谱法测定时。流动相在使用前必须经过超声波脱气处理。
4. 关于高效液相色谱法注意事项的详细描述参见附录Ⅴ－B。

五、计　算

以各血样中对乙酰氨基酚浓度 c 为已知变量 x，以相应的平均峰面积 A 为未知变量 y，用具有回归功能的计算器进行线性回归，求得参数 a 与 b，回归方程为 $A = \mathrm{a} + \mathrm{b}c$，同时求得相关系数 r，r 应大于 0.99。

六、思考题

1. 血浆样品中加入饱和硫酸锌、乙醚，并离心处理的目的是什么？生物样品通常还需进行哪些前处理？
2. 根据实验步骤计算七个含药物的血浆中药物浓度分别是多少。
3. 根据实验结果，计算回归方程及相关系数。

实验九 异烟肼原料药及制剂的质量分析

一、目的要求

1. 复习并掌握吡啶类类药物鉴别反应的实验原理。
2. 复习并掌握薄层色谱法检查杂质的实验原理。
3. 复习并掌握溴酸钾法测定异烟肼含量的实验原理。
4. 掌握红外光谱法鉴别药物的操作方法。
5. 掌握薄层色谱法检查杂质的操作技能。
6. 掌握片剂的溶出度测定方法。
7. 掌握溴酸钾法测定异烟肼含量的操作方法。
8. 熟悉并比较原料药与制剂质量分析的方法。

二、仪器及试药

(一)器材

红外光谱仪,酸度计(含电极),溶出度测定仪,紫外-可见分光光度仪,电热恒温干燥箱,万分之一分析天平,托盘天平(精度 0.01 g),称量瓶,称量纸,药匙,研钵,量筒(5 ml、10 ml、50 ml、100 ml),量杯(100 ml、500 ml、1 000 ml),电炉,玻璃漏斗,滤纸,表面皿,熔点测定用毛细管,分浸型温度计(具有 0.5℃刻度),试管,胶头滴管,烧杯(25 ml),硅胶 G 薄层板(5 × 20),微量点样器,干燥器,层析缸,喷雾器,铅笔,直尺,比色皿,量瓶(100 ml),刻度吸管(2 ml,5 ml,10 ml,25 ml),玻璃棒,棕色瓶,碘瓶(250 ml、500 ml),酸式滴定管,锥形瓶(250 ml),温度计,湿度计

(二)试药

异烟肼原料药,异烟肼片剂,纯化水,香草醛(分析纯),乙醇(分析纯),硫酸肼对照品,异丙醇(分析纯),丙酮(分析纯),硝酸银(分析纯),氨水(分析纯),对二甲氨基苯甲醛(分析纯),盐酸(分析纯),甲基橙(分析纯),溴酸钾(分析纯),碘化钾(分析纯),硫酸(分析纯),硫代硫酸钠(分析纯),无水碳酸钠(分析纯),重铬酸钾(基准试剂),可溶性淀粉(分析纯)

三、实验准备

1. 稀乙醇:取乙醇 529 ml,加水稀释至 1 000 ml,即得。本液在 20℃时含 C_2H_5OH 应为 49.5% ~50.5%(ml/ml)。

2. 氨制硝酸银试液:取硝酸银 1 g,加水 20ml 溶解后,滴加氨试液,随加随搅拌,至初起的沉淀将近全溶,滤过,即得。本液应置棕色瓶内,在暗处保存。

3. 氨试液:取浓氨溶液 400 ml,加水使成 1 000 ml,即得。

4. 乙醇制对二甲氨基苯甲醛试液:取对二甲氨基苯甲醛 1 g,加乙醇 9.0 ml 与盐酸 2.3 ml 使溶解,再加乙醇至 100 ml,即得。

5. 甲基橙指示液：取甲基橙 0.1 g，加水 100 ml 使溶解，即得。

6. 0.016 67 mol/L 溴酸钾滴定液：取溴酸钾 2.0 g，加水适量使溶解成 1 000 ml，摇匀。

7. 0.016 67 mol/L 溴酸钾滴定液的标定：精密量取本液 25 ml，置碘瓶中，加碘化钾 2.0 g 与稀硫酸 5 ml，密塞，摇匀，在暗处放置 5 分钟后，加水 100 ml 稀释，用硫代硫酸钠滴定液（0.1mol/L）滴定至近终点时，加淀粉指示液 2 ml，继续滴定至蓝色消失。根据硫代硫酸钠滴定液（0.1 mol/L）的消耗量，算出本液的浓度，即得。室温在 25℃ 以上时，应将反应液及稀释用水降温至约 20℃。

8. 稀硫酸：取浓硫酸 57 ml，加水稀释至 1 000 ml，即得。本液含 H_2SO_4 应为 9.5% ~ 10.5%。

9. 0.1 mol/L 硫代硫酸钠滴定液：取硫代硫酸钠 26 g 与无水碳酸钠 0.20 g，加新沸过的冷水适量使溶解成 1000 ml，摇匀，放置 1 个月后滤过。

10. 0.1 mol/L 硫代硫酸钠滴定液的标定：取在 120℃ 干燥至恒重的基准重铬酸钾 0.15 g，精密称定，置碘瓶中，加水 50 ml 使溶解，加碘化钾 2.0 g，轻轻振摇使溶解，加稀硫酸 40 ml，摇匀，密塞；在暗处放置 10 分钟后，加水 250 ml 稀释，用硫代硫酸钠滴定液（0.1 mol/L）滴定至近终点时。加淀粉指示液 3 ml，继续滴定至蓝色消失而显亮绿色，并将滴定的结果用空白试验校正。每 1 ml 硫代硫酸钠滴定液（0.1 mol/L）相当于 4.903 mg 的重铬酸钾。根据滴定液的消耗量与重铬酸钾的取用量，算出本液的浓度，即得。室温在 25℃ 以上时，应将反应液及稀释用水降温至约 20℃。

11. 淀粉指示液：取可溶性淀粉 0.5 g，加水 5 ml 搅匀后，缓缓倾入 100 ml 沸水中，随加随搅拌，继续煮沸 2 分钟，放冷，倾取上层清液，即得。本液应临用新制。

四、实验原理及方法

（一）鉴别

1. 原料药的鉴别

（1）衍生物熔点测定

实验原理：熔点系指一种物质按照规定的方法测定由固相熔化成液相时的温度，是物质的一项物理常数。纯物质的熔点是一定的，因此熔点能在一定程度上反映药物的纯杂程度。异烟肼结构中的酰肼基可以与芳醛缩合生成具有固定熔点的黄色的异烟腙，可用于鉴别。反应式如下：

CONHNH$_2$ (N) + O=CH (OCH$_3$, OH) ⟶ CONH－N═CH (N) (OCH$_3$, OH) + H_2O

（黄色异烟腙）

实验方法：取本品约 0.1 g，加水 5 ml 溶解后，加 10% 香草醛的乙醇溶液 1 ml，摇匀，微热，放冷，即析出黄色结晶；滤过，用稀乙醇重结晶，在 105℃ 干燥后，依法测定（附录Ⅳ－A），熔点为(228～231)℃,熔融时同时分解。

(2)银镜反应

实验原理:异烟肼分子结构中的酰肼基团具有还原性,与氨制硝酸银反应,会生成可溶性异烟酸铵盐,并生成氮和金属银,在管壁上产生银镜。反应式如下:

$$\text{(异烟肼)} + AgNO_3 + H_2O \longrightarrow \text{(异烟酸银, COOAg)} + NH_2\text{-}NH_2 + HNO_3$$

$$NH_2\text{-}NH_2 + 4AgNO_3 \longrightarrow 4Ag\downarrow + N_2\uparrow + 4HNO_3$$

实验方法:取本品约 10 mg,置试管中,加水 2 ml 溶解后,加氨制硝酸银试液 1 ml,即发生气泡与黑色浑浊,并在试管壁上生成银镜。

(3)红外光谱法

实验原理:红外光谱法常用于有机化合物的结构确定,是一种专属性很强、应用较广的药物鉴别方法,固体、液体、气体样品均可采用红外光谱法鉴别。它多用于组分单一、结构明确的原料药,因其专属性较强,特别适合于用其他方法不易区分的同类药物。其详细描述参见附录Ⅵ－B。

实验方法:本品的红外光吸收图谱应与对照的图谱一致,详见附录Ⅵ－B。

2. 片剂的鉴别——银镜反应

实验原理:参见本节 1.2 银镜反应。

实验方法:取本品的细粉适量(约相当于异烟肼 0.1 g),加水 10 ml,振摇,滤过,滤液中加氨制硝酸银试液 1 ml,即产生气泡与黑色浑浊,并在试管壁上生成银镜。

(二)检查

1. 原料药的检查

(1)酸碱度

实验原理:本实验应用 pH 值测定法检查异烟肼原料药的酸碱度,详细内容参见附录Ⅳ－B。

实验方法:取本品 0.50 g,加水 10 ml 使溶解,依法测定(附录Ⅳ－B),pH 值应为 6.0～8.0。

(2)游离肼

实验原理:异烟肼是一种不稳定的药物,可能会在制备时由原料引入游离肼,或在贮存过程中降解产生游离肼。肼是一种诱变剂和致癌物质,因此应对其进行限量检查。本实验采用薄层色谱法检查,利用药物与杂质在展开剂异丙醇－丙酮(3:2)种展开分离后 R_f 值的差异,对游离肼进行限量检查。因杂质结构已知,所以采用杂质对照品法检查。薄层色谱法的详细内容参见附录Ⅴ－A。

实验方法:取本品,加水制成每 1 ml 中约含 50 mg 的溶液,作为供试品溶液。另取硫酸肼加水制成每 1 ml 中约含 0.20 mg(相当于游离肼 50 μg)的溶液,作为对照品溶液。照薄层色谱法(附录Ⅴ－A)实验,吸取供试品溶液 10 μl 与对照品溶液 2 μl,分别点于同一硅胶 G 薄层板上,以异丙醇－丙酮(3:2)为展开剂,展开,晾干,喷以乙醇制对二甲氨基苯甲醛试液,15 分钟后检视。在供试品溶液主斑点前方与对照品溶液主斑点相应的位置上，不得显黄色斑点。

2. 片剂的检查——溶出度

实验原理：溶出度是指药物从片剂或胶囊剂等口服固体制剂在规定溶剂中溶出的速度和程度。它是评价固体药物制剂质量的重要内在指标，其详细内容参见附录Ⅶ－A。

实验方法：取本品，照溶出度测定法（附录Ⅶ－A 第一法），以水 1 000 ml 为溶出介质，转速为每分钟 100 转，依法操作，经 30 分钟时，取溶液 5 ml 滤过，精密量取续滤液适量，用水定量稀释制成每 1 ml 中含 10～20μg 的溶液，照紫外－可见分光光度法（附录Ⅵ－A），在 263nm 的波长处测定吸光度，按 $C_6H_7N_3O$ 的吸收系数（$E_{1cm}^{1\%}$）为 307 计算每片的溶出量。限度为标示量的 60%，应符合规定。

（三）含量测定——溴酸钾法

1. 原料药的含量测定

实验原理：异烟肼结构中的酰肼基团具有还原性，在强酸性介质中可与溴酸钾发生定量反应，反应式如下：

$$3\ \text{(4-pyridyl-CONHNH}_2) + 2\,KBrO_3 \longrightarrow 3\ \text{(4-pyridyl-COOH)} + 3N_2\uparrow + 3H_2O + 2\,KBr$$

实验方法：取本品约 0.2 g，精密称定，置 100 ml 量瓶中，加水使溶解并稀释至刻度。摇匀；精密量取 25 ml，加水 50 ml、盐酸 20 ml 与甲基橙指示液 1 滴，用溴酸钾滴定液（0.016 67 mol/L）缓缓滴定（温度保持在 18～25℃）至粉红色消失。每 1 ml 溴酸钾滴定液（0.016 67 mol/L）相当于 3.429 mg 的 $C_6H_7N_3O$。

中国药典（2005）规定，本品按干燥品计算，含 $C_6H_7N_3O$ 不得少于 99.0%。

2. 片剂的含量测定

实验原理：参见本节 1. 原料药的含量测定。

实验方法：取本品 20 片，精密称定，研细，精密称取适量（约相当于异烟肼 0.2 g），置 100 ml量瓶中，加水适量，振摇使异烟肼溶解并稀释至刻度，摇匀，滤过，精密量取续滤液 25 ml，加水 50 ml、盐酸 20 ml 与甲基橙指示液 1 滴，用溴酸钾滴定液（0.016 67 mol/L）缓缓滴定（温度保持在 18～25℃）至粉红色消失。每 1 ml 溴酸钾滴定液（0.016 67 mol/L）相当于 3.429 mg的 $C_6H_7N_3O$。

中国药典（2005）规定，本品含异烟肼（$C_6H_7N_3O$）应为标示量的 95.0%～105.0%。

五、注意事项

1. 熔点测定的注意事项请详细参考附录Ⅳ－A。
2. 红外光谱法鉴别的注意事项请详细参考附录Ⅵ－B。
3. pH 值测定的注意事项请详细参考附录Ⅳ－B。
4. 薄层色谱法的注意事项请详细参考附录Ⅴ－A。
5. 溶出度检查的注意事项请详细参考附录Ⅶ－A。
6. 紫外－可见分光光度法的注意事项请详细参考附录Ⅵ－A。

含量测定试验中，应注意以下条件：

7. 片剂过滤前必须充分振摇，以使制剂中的异烟肼完全溶解出来。

8. 本实验中指示剂褪色是不可逆的，因此，滴定过程中必须充分振摇，以避免因滴定剂局部过浓导致的指示剂提前褪色。为防止误判，实验时，可补加1滴指示剂以确证终点真正到达。

9. 被滴定液中含有适量盐酸是获得定量反应的基本条件，因为稀释度对指示剂的反应速度有较大影响。盐酸用量为20 ml时，在测定中加水75 ml，可获得理想的终点指示。

六、计　算

1. 异烟肼原料药的计算

异烟肼原料药的含量测定计算公式参见实验一相关内容。

2. 异烟肼片剂的计算

异烟肼片剂的标示量百分含量计算公式是：

$$标示量\% = \frac{FTV \times 平均片重 \times 稀释倍数}{W_s \times 标示量} \times 100\%$$

式中，F 为浓度矫正因数，本实验中指溴酸钾滴定液(0.016 67 mol/L)的浓度矫正因数；T 为滴定度，本实验中1 ml溴酸钾滴定液(0.016 67 mol/L)相当于3.429 mg的 $C_6H_7N_3O$；V 为供试品消耗滴定液的毫升数；W_s 为供试品的称量重量。

七、思考题

1. 比较异烟肼原料药与片剂采用的鉴别实验的异同，分析其原因。

2. 比较异烟肼原料药与片剂检查内容的区别，分析其原因。

3. 异烟肼原料药中游离肼的检查，试根据实验步骤，计算其限量要求。

4. 比较异烟肼原料药与片剂含量测定的异同，分析其原因。

实验十　硫酸阿托品注射液的鉴别与含量测定

一、目的要求

1. 复习并掌握托烷类药物鉴别反应的实验原理。

2. 复习并掌握托烷类药物含量测定的实验原理。

3. 掌握托烷类药物鉴别试验的操作方法。

4. 掌握酸性染料比色法测定生物碱类药物的操作方法。

5. 掌握注射液的含量测定步骤及其计算方法。

6. 了解管制药品的实验注意事项。

二、仪器及试药

(一)器材

紫外－可见分光光度计,比色皿,电热恒温干燥箱,万分之一分析天平,托盘天平(精度0.01 g),称量瓶,称量纸,药匙,量筒(5 ml、50 ml、100 ml),量杯(100 ml、1 000 ml),电炉,水浴锅,蒸发皿,试管,胶头滴管,玻璃漏斗,滤纸,刻度吸管(1 ml、2 ml、5 ml、10 ml),容量瓶(25 ml、50 ml、100 ml),梨形分液漏斗(60 ml),分液漏斗架,烧杯(10 ml),聚乙烯塑料瓶,温度计,湿度计

(二)试药

硫酸阿托品注射液,纯化水,硫酸阿托品对照品,发烟硝酸(分析纯),乙醇(分析纯),氢氧化钾(分析纯),盐酸(分析纯),硝酸(分析纯),三氯甲烷(光谱纯),氯化钡(分析纯),溴甲酚绿(光谱纯),邻苯二甲酸氢钾(分析纯),氢氧化钠(分析纯)。

三、实验准备

1. 氯化钡试液:取氯化钡的细粉 5 g,加水使溶解成 100 ml,即得。

2. 溴甲酚绿溶液:取溴甲酚绿 50 mg 与邻苯二甲酸氢钾 1.021 g,加 0.2 mol/L 的 NaOH 液 6 ml 使溶解,再加水稀释至 100 ml,摇匀,必要时滤过。

3. 氢氧化钠饱和溶液:取氢氧化钠适量,加水振摇使溶解成饱和溶液,冷却后,置聚乙烯塑料瓶中,静置数日,澄清后备用。

4. 0.2 mol/L 的 NaOH 液:取澄清的氢氧化钠饱和溶液 11.2 ml,加新沸过的冷水使成 1 000 ml,摇匀。

四、实验原理及方法

(一)鉴别

1. 托烷生物碱类的一般鉴别试验

实验原理:阿托品为酯类生物碱,水解后可生成莨菪酸,莨菪酸在加热条件下与发烟硝酸

反应转变为三硝基衍生物,再与氢氧化钾醇溶液和固体氢氧化钾作用,转化为醌型产物,呈深紫色。反应式:

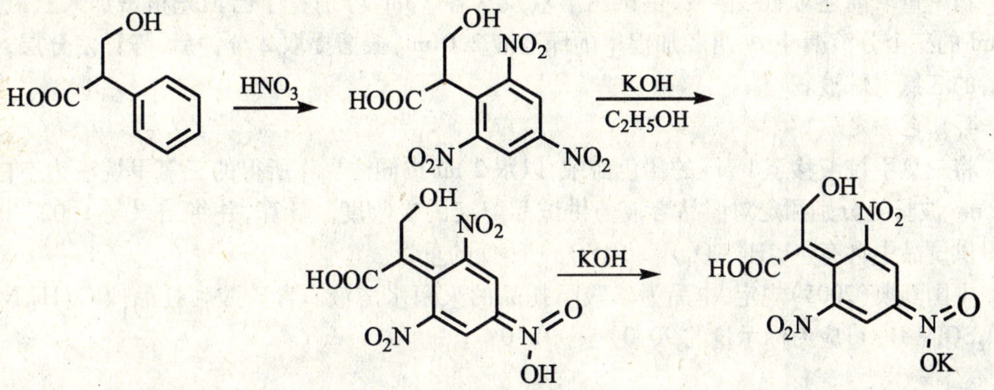

$$\xrightarrow{HNO_3} \qquad \xrightarrow[C_2H_5OH]{KOH} \qquad \xrightarrow{KOH}$$

实验方法:取本品适量(约相当于硫酸阿托品 5 mg),置水浴上蒸干,残渣加发烟硝酸 5 滴,置水浴上蒸干,得黄色的残渣,放冷,加乙醇 2～3 滴湿润,加固体氢氧化钾一小粒,即显深紫色。

2. 硫酸盐的一般鉴别试验

实验原理:硫酸与氯化钡反应生成硫酸钡白色沉淀,该沉淀不溶于硝酸、盐酸。反应式:

$$SO_4^{2-} + Ba^{2+} \rightarrow BaSO_4\downarrow$$

实验方法:取供试品溶液适量,滴加氯化钡试液,即生成白色沉淀;分离,沉淀在盐酸或硝酸中均不溶解。

(二)含量测定——酸性染料比色法

实验原理:在适当的介质中,生物碱类药物(B)可与氢离子结合成阳离子(BH^+),一些酸性染料如溴甲酚绿等可解离成阴离子(In^-),上述阳离子与阴离子定量结合成的有机络合物(BH^+In^-),即为离子对。用有机溶剂提取该离子对,在一定波长处测定其吸收度,即可计算出生物碱药物的含量。或者,将显色的有机溶剂碱化(如加入醇制氢氧化钾),使与有机碱结合的酸性染料释放出来,再测定其吸收度从而确定生物碱药物的含量。反应式如下:

$$B + H^+ \rightleftharpoons BH^+$$
$$HIn \rightleftharpoons H^+ + In^-$$
$$BH^+ + In^- \rightleftharpoons (BH^+\cdot In^-)_{\text{水相}} \rightleftharpoons (BH^+\cdot In^-)_{\text{有机相}}$$

实验方法:

1. 对照品溶液的制备

精密称取在 120℃下干燥至恒重的硫酸阿托品对照品 25 mg,置 25 ml 量瓶中加水溶解并稀释至刻度,摇匀,精密量取 5 ml,置 100 ml 量瓶中,加水稀释至刻度,摇匀,即得。

2. 供试品溶液的制备

精密量取本品适量(约相当于硫酸阿托品 2.5 mg),置 50 ml 量瓶中,加水稀释至刻度,摇匀，即得。

3. 离子对提取

精密量取前述对照品溶液、供试品溶液及水各 2 ml，分别置于已预先精密加入三氯甲烷 10 ml 的三个分液漏斗中，再各加溴甲酚绿溶液 2.0 ml，振摇提取 2 分钟后，静置使分层，分取澄清的三氯甲烷液。

4. 比色测定

将三氯甲烷液移至 1 cm 的比色皿中，以水 2 ml 按同法操作所得的三氯甲烷液为空白，自 420 nm 波长处分别测定对照品溶液与供试品溶液的吸收度。计算，并将结果与 1.027 相乘，即得供试品中含有$(C_{17}H_{23}NO_3)_2 \cdot H_2SO_4 \cdot H_2O$的重量。

中国药典(2005)规定，本品为硫酸阿托品的灭菌水溶液。含硫酸阿托品[$(C_{17}H_{23}NO_3)_2 \cdot H_2SO_4 \cdot H_2O$]应为标示量的 90.0% ~110.0%。

五、注意事项

1. 硫酸阿托品系管制药品，实验需要多少取用多少。实验完毕，硫酸阿托品的空安瓿及剩余硫酸阿托品注射液一律交于带教老师，绝对禁止带出实验室。

2. 实验所用分液漏斗必须事先检漏，使用前应洗涤、干燥，并涂好凡士林。

3. 对照品、供试品、空白(水)三者必须平行操作，以保证结果的准确性。

4. 分取三氯甲烷层时，最初分得的液体 1 ~2 ml 应弃去，测定用三氯甲烷溶液必须澄清且不应掺有水珠。

5. 关于注射剂的详细描述，参见附录Ⅲ－B。

6. 关于紫外－可见分光光度法的详细描述，参见附录Ⅵ－A。

六、计　算

注射液的按标示量计算的百分含量定义是：

$$\text{标示量\%} = \frac{\text{每支注射液含量}}{\text{标示量}} \times 100\%$$

本实验采用比色法测定，计算公式应为：

$$\text{标示量\%} = 1.027 \times \frac{A_{\text{供}} \times C_{\text{对}} \times \text{稀释倍数}}{A_{\text{对}} \times \text{标示量}} \times 100\%$$

$A_{\text{供}}$为供试品溶液吸收度；$A_{\text{对}}$为对照品溶液吸收度；$C_{\text{对}}$为对照品溶液浓度。

七、思考题

1. 本实验的鉴别试验中，硫酸盐的一般鉴别试验采用的是硫酸与氯化钡反应生成硫酸钡白色沉淀的反应，通过这一试验即可断定该供试品必然是硫酸盐吗？为什么？查阅中国药典(2005)中硫酸盐的一般鉴别试验有哪些。

2. 本实验的含量计算公式中并不需要空白数据，为何还要进行空白试验？

3. 酸性染料比色法测定药物含量，重要的实验条件有哪些？该如何选择？

实验十一　诺氟沙星胶囊的鉴别与含量测定

一、目的要求

1. 复习并掌握喹啉类药物鉴别反应的实验原理。

2. 复习并掌握诺氟沙星含量测定的实验原理。

3. 比较并掌握化学方法、薄层色谱法鉴别药物的操作方法。

4. 比较并掌握非水滴定法、高效液相色谱法测定药物含量的操作方法。

二、仪器及试药

(一)器材

高效液相色谱仪,酸度计(含电极),电热恒温干燥箱,万分之一分析天平,托盘天平(精度0.01 g),称量瓶,称量纸,量筒(5 ml、10 ml、50 ml、100 ml),量杯(100 ml、250 ml、1 000 ml),试管,电炉,水浴锅,硅胶G薄层板(5×20),微量点样器,干燥器,层析缸,喷雾器,铅笔,直尺,紫外光灯,小刷,药匙,研钵,胶头滴管,玻璃漏斗,滤纸,酸式滴定管,量瓶(50 ml、500 ml),锥形瓶(100 ml),刻度吸管(5 ml),微量注射器,温度计,湿度计

(二)试药

诺氟沙星胶囊,纯化水,丙二酸(分析纯),醋酐(分析纯),三氯甲烷(分析纯),甲醇(分析纯),浓氨溶液(分析纯),无水冰醋酸(分析纯),磷酸(色谱纯),三乙胺(色谱纯),乙腈(色谱纯),橙黄Ⅳ(分析纯),高氯酸(分析纯),邻苯二甲酸氢钾(基准试剂),结晶紫(分析纯),盐酸(分析纯)

三、实验准备

1. 橙黄Ⅳ指示液:取橙黄Ⅳ0.5 g,加冰醋酸100 ml使溶解,即得。

2. 0.1 mol/L高氯酸滴定液:取无水冰醋酸(按含水量计算,每1 g水加醋酐5.22 ml)750 ml,加入高氯酸(70%~72%)8.5 ml,摇匀,在室温下缓缓滴加醋酐23 ml,边加边摇,加完后再振摇均匀,放冷,加无水冰醋酸适量使成1 000 ml,摇匀,放置24小时。若所测供试品易乙酰化,则须用水分测定法测定本液的含水量,再用水和醋酐调节至本液的含水量为0.01%~0.2%。

3. 0.1 mol/L高氯酸滴定液的标定:取在105℃干燥至恒重的基准邻苯二甲酸氢钾约0.16 g,精密称定,加无水冰醋酸20 ml使溶解,加结晶紫指示液1滴,用本液缓缓滴定至蓝色,并将滴定的结果用空白试验校正。每1 ml高氯酸滴定液(0.1 mol/L)相当于20.42 mg的邻苯二甲酸氢钾。根据本液的消耗量与邻苯二甲酸氢钾的取用量,算出本液的浓度,即得。

4. 结晶紫指示液:取结晶紫0.5 g,加冰醋酸100 ml使溶解,即得。

5. 0.1 mol/L盐酸溶液:取盐酸9.0 ml,加水适量使成1 000 ml,摇匀。

四、实验原理及方法

(一)鉴别

1. 化学方法

实验原理:诺氟沙星为叔胺化合物,叔胺化合物与丙二酸在醋酐中共热时,视药物不同,会有棕色、红色、紫色或蓝色呈现,反应机理不明。

实验方法:取本品内容物适量(约相当于诺氟沙星 0.15 g),置干燥试管中,加丙二酸 0.1 g与醋酐 2 ml,振摇,在 80 ~90℃水浴中加热 10 ~15 分钟,显红棕色。

2. 薄层色谱法

实验原理:利用药物与对照品在相同的色谱条件下分离,比较二者的保留行为以判断药物的真伪。薄层色谱法的详细内容参见附录Ⅴ-A。

实验方法:取本品与诺氟沙星对照品适量,加三氯甲烷-甲醇(1∶1)制成每 1 ml 中含 2.5 mg的溶液,照薄层色谱法(附录Ⅴ-A)试验,吸取上述两种溶液各 10 μl,分别点于同一硅胶 G 薄层板上,以三氯甲烷-甲醇-浓氨溶液(15∶10∶3)为展开剂,展开,晾干,置紫外光灯(365 nm)下检视。供试品溶液所显主斑点的荧光与位置应与对照品溶液主斑点的荧光与位置相同。

(二)含量测定

1. 化学方法——非水滴定法

实验原理:诺氟沙星为喹诺酮类药物,具有酸碱两性。该药物为疏脂性,在 pH 值 6.0 ~8.0范围内水溶性较差。以非水溶剂将供试品溶解,可增强其弱碱(酸)的强度,使其与相应的酸(碱)发生定量反应以测定含量。非水滴定法的详细内容参见附录Ⅱ-C。反应式如下:

$$C_{16}H_{18}FN_3O_3 + HClO_4 \rightarrow C_{16}H_{18}FN_3O_3 \cdot HClO_4$$

实验方法:精密称取 20 粒胶囊,倒出内容物,精密称量空胶囊壳,计算平均装量,将内容物混合均匀,精密称取适量(约相当于诺氟沙星 0.25 g),加冰醋酸 30 ml,振摇使诺氟沙星溶解,加橙黄Ⅳ指示液 10 滴,用高氯酸滴定液(0.1 mol/L)滴定至溶液显紫红色,并将滴定结果用空白校正。每 1 ml 的高氯酸滴定液(0.1 mol/L)相当于 31.93 mg 的 $C_{16}H_{18}FN_3O_3$。

2. 仪器分析——高效液相色谱法

实验原理:高效液相色谱法的基本原理及操作方法参见附录Ⅴ-B。

实验方法:

色谱条件与系统适用性试验

用十八烷基硅烷键合硅胶为填充剂;以 0.025 mol/L 磷酸溶液(用三乙胺调节 pH 值至 3.0 ±0.1)-乙腈(87∶13)为流动相;流速为每分钟 0.8 ml;检测波长为 278 nm。理论板数按诺氟沙星峰计算不低于 2 000,诺氟沙星峰与相邻杂质峰的分离度应符合要求。

测定法

精密称取 20 粒胶囊,倒出内容物,精密称量空胶囊壳,计算平均装量,将内容物混合均匀,精密称取细粉适量(约相当于诺氟沙星 125 mg),置 500 ml 量瓶中,加 0.1 mol/L 盐酸溶液 10 ml使溶解后,用水稀释至刻度,摇匀,滤过,精密量取续滤液 5 ml,置 50 ml 量瓶中,用流动相稀释至刻度,摇匀,精密量取 20 μl,注入液相色谱仪,记录色谱图;另取诺氟沙星对照品,同法测定,按外标法以峰面积计算供试品中诺氟沙星($C_{16}H_{18}FN_3O_3$)的含量。

中国药典(2005)规定，本品含诺氟沙星($C_{16}H_{18}FN_3O_3$)应为标示量的90.0%～110.0%。

五、注意事项

1. 薄层色谱法的注意事项请详细参考附录Ⅴ－A。

2. 冰醋酸及高氯酸中均含有水分，在非水滴定中，水分的存在会影响滴定突跃，因此，应加入适当量的醋酐以除去水分，具体加入量可根据情况计算求得。

3. 浓高氯酸与醋酐混合会发生剧烈反应，可能引起爆炸。因此配制高氯酸液时应先将高氯酸用冰醋酸稀释后再加入醋酐。此外，要注意量取过高氯酸的量筒绝对不能接着量取醋酐。

4. 非水滴定法采用电位法指示终点比较准确，但采用指示剂法指示终点更简便，本实验采用指示剂法指示终点，终点颜色应为紫红色，这与以电位滴定时突跃点的颜色变化一致，若稍过量则溶液颜色转为紫色，滴定时注意观察溶液颜色变化，不要误判终点。

5. 关于非水滴定法注意事项的详细描述参见附录Ⅱ－C。

6. 关于高效液相色谱法注意事项的详细描述参见附录Ⅴ－B。

六、计　算

1. 非水滴定法的计算

非水滴定法的含量测定计算公式参见实验三相关内容。

2. 高效液相色谱法的计算

高效液相色谱法的含量测定计算公式参见附录Ⅴ－B相关内容。

七、思考题

1. 比较两种鉴别方法，详细叙述各自的优缺点。

2. 比较两种含量测定方法，详细叙述各自的优缺点。

3. 中国药典(2005)采用了何种方法鉴别、测定诺氟沙星胶囊？为什么？

实验十二　维生素AD滴剂中维生素A的鉴别与含量测定

一、目的要求

1. 复习并掌握维生素A鉴别反应的实验原理。
2. 复习并掌握三点校正法测定维生素A含量的实验原理。
3. 掌握三点校正法测定维生素A含量的操作方法。
4. 掌握三点校正法的计算方法。
5. 掌握滴剂的含量测定步骤及其计算方法。

二、仪器及试药

(一)器材

紫外-可见分光光度仪,比色皿,电热恒温干燥箱,万分之一分析天平,托盘天平(精度0.01 g),称量瓶,称量纸,药匙,研钵,量筒(5 ml、10 ml、50 ml、100 ml),胶头滴管,刻度吸管(1 ml、2 ml),容量瓶(100 ml),计算器,温度计,湿度计

(二)试药

维生素AD滴剂,纯化水,三氯甲烷(分析纯,无水无醇),三氯化锑(分析纯),环己烷(分析纯)

三、实验准备

25%三氯化锑的三氯甲烷溶液:取三氯化锑25 g,加三氯甲烷使溶解成100 ml,即得。

四、实验原理及方法

(一)鉴别——三氯化锑反应

实验原理:维生素A在饱和无水三氯化锑的无醇氯仿溶液中即显蓝色,渐变紫红。反应机理为维生素A与三氯化锑(Ⅲ)中存在的亲电试剂氯化高锑(Ⅴ)反应,生成不稳定的蓝色碳正离子,反应式如下:

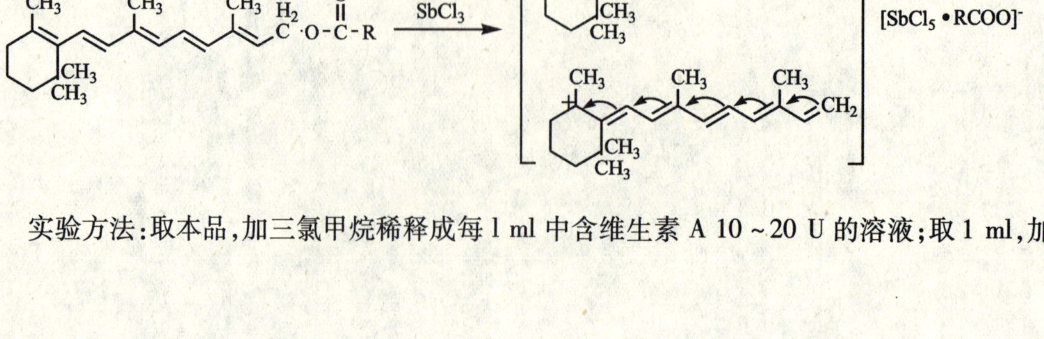

$$\text{维生素A酯} \xrightarrow{SbCl_3} \left[\text{碳正离子}\right][SbCl_5 \cdot RCOO]^-$$

实验方法:取本品,加三氯甲烷稀释成每1 ml中含维生素A 10~20 U的溶液;取1 ml,加

25%三氯化锑的三氯甲烷溶液2 ml,即显蓝色至蓝紫色,放置后,蓝色渐消褪。

(二)含量测定——三点校正法

实验原理:用分光光度法测定维生素A在特定波长处的吸光度来计算其含量。由于维生素A制剂中含有稀释用油,且维生素A原料药中混有其他杂质,因此测得吸光度中含有无关吸收引入的误差,需用校正公式校正以得到正确结果。其详细内容参见附录Ⅱ-D。

实验方法:

取装量项下的内容物适量,精密称定,加环己烷溶解并定量稀释制成每1 ml中含9~15 U的溶液,照紫外-可见分光光度法,测定其吸收峰的波长,并在表9所列各波长处测定吸光度,计算各吸光度与波长328 nm处吸光度的比值和波长328 nm处的$E_{1cm}^{1\%}$值。

表9　维生素A测定第一法的药典规定值

波长(nm)	测得吸光度	吸光度比值	
		计算值	药典规定值
300	A_1	A_1/A_3	0.555
316	A_2	A_2/A_3	0.907
328	A_3	A_3/A_3	1.000
340	A_4	A_4/A_3	0.811
360	A_5	A_5/A_3	0.299

①如果吸收峰波长在326~329 nm之间,且所测得各波长吸光度比值不超过表中规定的±0.02,可用下式计算含量:

$$\text{每1 g供试品中含有的维生素A的单位} = E_{1cm}^{1\%}(328\ \text{nm}) \times 1900$$

②如果吸收峰波长在326~329 nm之间,但所测得的各波长吸光度比值超过表中规定值的±0.02,应按下式求出校正后的吸光度,然后再计算含量:

$$A_{328}(\text{校正}) = 3.52\ (2A_{328} - A_{316} - A_{340})$$

③如果在328nm处的校正吸光度与未校正吸光度相差不超过±3.0%,则不用校正吸光度,仍以未经校正的吸光度计算含量。

④如果校正吸光度与未校正吸光度相差在-15%至-3%之间,则以校正吸光度计算含量。

⑤如果校正吸光度超出未校正吸光度的-15%至-3%的范围,或者吸收峰波长不在326~329 nm之间,则供试品须按下述第二法测定。第二法的详细描述参见附录Ⅱ-D。

中国药典(2005)规定,本品含维生素A应为标示量的90.0%~120.0%。

五、注意事项

1. 鉴别反应必须在无水、无醇的条件下进行。因此,所用仪器必须干燥无水,所用试剂必须为无水试剂,所用三氯甲烷中必须不含醇。

2. 维生素A遇光易氧化变质,实验应尽量在暗处快速进行。

3. 维生素A测定注意事项的详细描述参见附录Ⅱ-D。

4. 紫外-可见分光光度法注意事项的详细描述参见附录Ⅵ-A。

5. 滴剂分析注意事项的详细描述参见附录Ⅲ－D。

六、计　算

维生素 A 的含量测定计算参见含量测定中的实验方法及附录Ⅱ－D 相关内容。

七、思考题

1. 鉴别反应为何必须在无水、无醇的条件下进行?

2. 为何不直接以紫外－可见分光光度法测定维生素 A 的含量,而要采用较为繁琐的三点校正法? 用于测定的三点该如何选择?

3. 应用三点校正法测定维生素 A 的含量,何时采用第一法,何时采用第二法? 第二法如何操作?

4. 计算式中的参数 1900 是如何得来的?

实验十三　维生素B_1原料药及注射液的含量测定

一、目的要求

1. 复习并掌握维生素B_1含量测定方法的原理。

2. 掌握非水滴定法测定维生素B_1原料药含量的操作方法。

3. 掌握紫外分光光度法测定维生素B_1注射液含量的操作方法。

4. 掌握两种方法的计算公式。

二、仪器及试药

(一)器材

紫外分光光度仪,电热恒温干燥箱,万分之一分析天平,托盘天平(精度0.01 g),称量瓶,称量纸,量筒(5 ml、10 ml、50 ml、100 ml),量杯(100 ml、250 ml、1 000 ml),具塞锥形瓶(100 ml),电炉,胶头滴管,酸式滴定管,刻度吸管(1 ml、2 ml、5 ml),量瓶(100 ml、200 ml),研钵,棕色瓶,锥形瓶(100 ml),温度计,湿度计

(二)试药

维生素B_1原料药,维生素B_1注射液,纯化水,无水冰醋酸(分析纯),盐酸(分析纯),醋酸汞(分析纯),喹哪啶红(分析纯),亚甲蓝(分析纯),无水甲醇(分析纯),邻苯二甲酸氢钾(基准试剂),结晶紫(分析纯)

三、实验准备

1. 醋酸汞试液:取醋酸汞5 g,研细,加温热的冰醋酸使溶解成100 ml,即得。本液应置棕色瓶内,密闭保存。

2. 喹哪啶红－亚甲蓝混合指示液:取喹哪啶红0.3g与亚甲蓝0.1 g,加无水甲醇100 ml使溶解,即得。

3. 0.1 mol/L高氯酸滴定液:取无水冰醋酸(按含水量计算,每1 g水加醋酐5.22 ml)750 ml,加入高氯酸(70%～72%)8.5 ml,摇匀,在室温下缓缓滴加醋酐23 ml,边加边摇,加完后再振摇均匀,放冷,加无水冰醋酸适量使成1 000 ml,摇匀,放置24小时。若所测供试品易乙酰化,则须用水分测定法测定本液的含水量,再用水和醋酐调节至本液的含水量为0.01%～0.2%。

4. 0.1 mol/L高氯酸滴定液的标定:取在105℃干燥至恒重的基准邻苯二甲酸氢钾约0.16 g,精密称定,加无水冰醋酸20 ml使溶解,加结晶紫指示液1滴,用本液缓缓滴定至蓝色,并将滴定的结果用空白试验校正。每1ml高氯酸滴定液(0.1 mol/L)相当于20.42 mg的邻苯二甲酸氢钾。根据本液的消耗量与邻苯二甲酸氢钾的取用量,算出本液的浓度,即得。

5. 结晶紫指示液:取结晶紫0.5 g,加冰醋酸100 ml使溶解,即得。

四、实验原理及方法

(一)维生素 B_1原料药的含量测定——非水滴定法

实验原理:维生素 B_1噻唑环上的季铵及嘧啶环上的氨基均为碱性基团,因此,维生素 B_1具有弱碱性,在非水溶剂中可与高氯酸发生定量反应,故其原料药可采用非水滴定法测定含量。非水滴定法的详细内容参见附录Ⅱ-C。

实验方法:取本品约 0.15 g,精密称定,置 100 ml 具塞锥形瓶中,加冰醋酸 20 ml,微热溶解后,密塞,放冷至室温,加醋酸汞试液 5 ml 与喹哪啶红-亚甲蓝混合指示液 2 滴,用高氯酸滴定液(0.1 mol/L)滴定至溶液显天蓝色,振摇 30 秒不褪色,并将滴定结果用空白试验校正。每 1 ml 高氯酸滴定液(0.1 mol/L)相当于 16.86 mg 的 $C_{12}H_{17}ClN_4OS \cdot HCl$。

中国药典(2005 年版)规定,本品按干燥品计算,含 $C_{12}H_{17}ClN_4OS \cdot HCl$ 不得少于 99.0%。

(二)维生素 B_1注射液的含量测定——紫外分光光度法

实验原理:维生素 B_1分子结构中有共轭体系,具紫外吸收,故可采用紫外分光光度法测定含量,紫外-可见分光光度法的详细描述参见附录Ⅵ-A。

实验方法:精密量取维生素 B_1注射液适量(约相当于维生素 $B_1$50 mg),置 200 ml 量瓶中,加水稀释至刻度,摇匀,精密量取 5 ml,置 100 ml 量瓶中,加盐酸溶液(9→1 000)稀释至刻度,摇匀,照分光光度法,在 246nm 的波长处测定吸光度,按 $C_{12}H_{17}ClN_4OS \cdot HCl$ 的吸收系数($E_{1cm}^{1\%}$)为 421 计算,即得。

中国药典(2005 年版)规定,本品含维生素 B_1($C_{12}H_{17}ClN_4OS \cdot HCl$)应为标示量的 93.0% ~107.0%。

五、注意事项

1. 非水滴定法中,维生素 B_1与高氯酸的反应比为 1∶2,即 1 分子维生素 B_1可与 2 分子高氯酸反应。

2. 冰醋酸及高氯酸中均含有水分,在非水滴定中,水分的存在会影响滴定突跃,因此,应加入适当量的醋酐以除去水分,具体加入量可根据情况计算求得。

3. 浓高氯酸与醋酐混合会发生剧烈反应,可能引起爆炸。因此配制高氯酸液时应先将高氯酸用冰醋酸稀释后再加入醋酐。此外,要注意量取过高氯酸的量筒绝对不能接着量取醋酐。

4. 关于非水滴定法注意事项的详细描述参见附录Ⅱ-C。

5. 紫外-可见分光光度法注意事项的请详细参考附录Ⅵ-A。

6. 关于注射剂注意事项的详细描述,参见附录Ⅲ-B。

六、计　算

1. 原料药的计算

原料药采用非水滴定法测定含量,其计算公式参见实验二相关内容。

2. 注射液的计算

注射液采用紫外分光光度法测定含量,计算公式如下:

$$标示量\% = \frac{\frac{A}{E_{1\ cm}^{1\%}} \times \frac{1}{100} \times 稀释倍数}{标示量(g/ml)} \times 100\%$$

七、思考题

1. 非水滴定法中，冰醋酸为溶剂，高氯酸为滴定剂，喹哪啶红－亚甲蓝为指示液，醋酸汞的作用是什么？可不可以不加入？为什么？

2. 为何维生素 B_1 原料药与维生素 B_1 注射液采用不同的方法测定含量？两种方法可不可以互换？为什么？

3. 根据测定结果，按照药典要求，判断各供试品是否合格。

实验十四　维生素C颗粒的鉴别与含量测定

一、目的要求

1. 复习并掌握维生素C鉴别反应的实验原理。
2. 复习并掌握碘量法测定维生素C含量的实验原理。
3. 掌握碘量法测定维生素C含量的操作方法。
4. 掌握颗粒剂的含量测定步骤及其计算方法。

二、仪器及试药

(一)器材

电热恒温干燥箱,万分之一分析天平,托盘天平(精度0.01 g),称量瓶,称量纸,量筒(5 ml、10 ml、50 ml、100 ml),量杯(100 ml、250 ml、1 000 ml),胶头滴管,试管,烧杯(100 ml),电炉,玻璃棒,垂熔玻璃滤器,酸式滴定管,碱式滴定管,碘量瓶(250 ml),锥形瓶(100 ml、250 ml),刻度吸管(1 ml、2 ml、5 ml),聚乙烯塑料瓶,玻璃塞的棕色玻瓶,温度计,湿度计

(二)试药

维生素C颗粒,纯化水,硝酸银(分析纯),冰醋酸(分析纯),可溶性淀粉(分析纯),2,6-二氯靛酚钠(分析纯),碘(分析纯),碘化钾(分析纯),盐酸(分析纯),三氧化二砷(基准试剂),碳酸氢钠(分析纯),氢氧化钠(分析纯),邻苯二甲酸氢钾(基准试剂),酚酞(分析纯),乙醇(分析纯),甲基橙(分析纯),硫酸(分析纯),无水碳酸钠(基准试剂),甲基红(分析纯),溴甲酚绿(分析纯)

三、实验准备

1. 硝酸银试液:取硝酸银17.5 g,加水适量使溶解成1 000 ml,摇匀。置玻璃塞的棕色玻瓶中,密闭保存。

2. 二氯靛酚钠试液:取2,6-二氯靛酚钠0.1 g,加水100 ml溶解后,滤过,即得。

3. 稀醋酸:取冰醋酸60 ml,加水稀释至1 000 ml,即得。

4. 淀粉指示液:取可溶性淀粉0.5 g,加水5 ml搅匀后,缓缓倾入100 ml沸水中,随加随搅拌,继续煮沸2分钟,放冷,倾取上层清液,即得。本液应临用新制。

5. 0.05 mol/L碘滴定液:取碘13.0 g,加碘化钾36 g与水50 ml溶解后,加盐酸3滴与水适量使成1 000 ml,摇匀,用垂熔玻璃滤器滤过。置玻璃塞的棕色玻瓶中,密闭,在凉处保存。

6. 0.05 mol/L碘滴定液的标定:取在105℃干燥至恒重的基准三氧化二砷约0.15 g,精密称定,加氢氧化钠滴定液(1 mol/L)10 ml,微热使溶解,加水20 ml与甲基橙指示液1滴,加硫酸滴定液(0.5 mol/L)适量使黄色转变为粉红色,再加碳酸氢钠2g、水50 ml与淀粉指示液2 ml,用本液滴定至溶液显浅蓝紫色。每1 ml碘滴定液(0.05 mol/L)相当于4.946 mg的三氧化二砷。根据本液的消耗量与三氧化二砷的取用量,算出本液的浓度。即得。

7. 氢氧化钠饱和溶液：取氢氧化钠适量，加水振摇使溶解成饱和溶液，冷却后，置聚乙烯塑料瓶中，静置数日，澄清后备用。

8. 1 mol/L 氢氧化钠滴定液：取澄清的氢氧化钠饱和溶液 56 ml，加新沸过的冷水使成 1 000 ml，摇匀。

9. 1 mol/L 氢氧化钠滴定液的标定：取在 105℃ 干燥至恒重的基准邻苯二甲酸氢钾约 6 g，精密称定，加新沸过的冷水 50 ml，振摇，使其尽量溶解；加酚酞指示液 2 滴，用本液滴定；在接近终点时，应使邻苯二甲酸氢钾完全溶解，滴定至溶液显粉红色。每 1 ml 氢氧化钠滴定液（1 mol/L）相当于 204.2 mg 的邻苯二甲酸氢钾。根据本液的消耗量与邻苯二甲酸氢钾的取用量，算出本液的浓度，即得。

10. 酚酞指示液：取酚酞 1 g，加乙醇 100 ml 使溶解，即得。

11. 甲基橙指示液：取甲基橙 0.1 g，加水 100 ml 使溶解，即得。

12. 0.5 mol/L 硫酸滴定液：取硫酸 30 ml，缓缓注入适量水中，冷却至室温，加水稀释至 1 000 ml，摇匀。

13. 0.5 mol/L 硫酸滴定液的标定：取在 270～300℃ 干燥至恒重的基准无水碳酸钠约 1.5 g，精密称定，加水 50 ml 使溶解，加甲基红－溴甲酚绿混合指示液 10 滴，用本液滴定至溶液由绿色转变为紫红色时，煮沸 2 分钟，冷却至室温，继续滴定至溶液由绿色变为暗紫色。每 1 ml 硫酸滴定液（0.5 mol/L）相当于 53.00 mg 的无水碳酸钠。根据本液的消耗量与无水碳酸钠的取用量，算出本液的浓度，即得。

14. 甲基红－溴甲酚绿混合指示液：取 0.1% 甲基红的乙醇溶液 20 ml，加 0.2% 溴甲酚绿的乙醇溶液 30 ml，摇匀，即得。

15. 0.1% 甲基红的乙醇溶液：取甲基红 0.1 g，加乙醇使溶解成 100 ml，即得。

16. 0.2% 溴甲酚绿的乙醇溶液：取溴甲酚绿 0.2 g，加乙醇使溶解成 100 ml，即得。

四、实验原理及方法

（一）鉴别

1. 与硝酸银反应

实验原理：维生素 C 分子中的二烯醇基具有强还原性，与硝酸银发生氧化还原反应，会生成黑色的单质银沉淀。反应式如下：

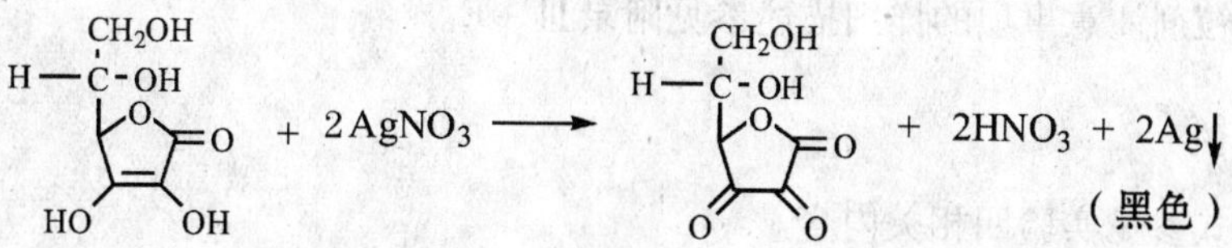

$$\text{维生素C}\;(\mathrm{CH_2OH},\ \mathrm{H{-}C{-}OH},\ \mathrm{HO},\ \mathrm{OH},\ \mathrm{=O}) + 2AgNO_3 \longrightarrow (\mathrm{CH_2OH},\ \mathrm{H{-}C{-}OH},\ \mathrm{O},\ \mathrm{O},\ \mathrm{=O}) + 2HNO_3 + 2Ag\downarrow\ (\text{黑色})$$

实验方法：取本品 4 g 加水 10 ml 溶解，取该液 5 ml，加入硝酸银试液 0.5 ml，即生成银的黑色沉淀。

2. 与 2,6－二氯靛酚反应

实验原理：维生素 C 分子中的二烯醇基具有强还原性。2,6－二氯靛酚是一种染料，其氧化型在酸性介质中呈玫瑰红色，在碱性介质中显蓝色，其还原型无色。2,6－二氯靛酚与维生素 C 反应，生成还原型的酚亚胺。反应式如下：

（无色）

实验方法：取本品 4 g 加水 10 ml 溶解，取该液 5 ml，加入二氯靛酚钠试液 1 ~2 滴，试液的颜色即消失。

（二）含量测定——碘量法

实验原理：维生素 C 分子中的二烯醇基具有强还原性，在醋酸酸性条件下，可与碘定量地发生氧化还原反应，用于含量测定。反应式如下：

$$+ I_2 \longrightarrow \quad + \ 2HI$$

实验方法：取装量差异项下的内容物，混合均匀，精密称取适量（约相当于维生素 C 0.2 g），加新沸过的冷水 100 ml 与稀醋酸 10 ml 使溶解，加淀粉指示液 1 ml，立即用碘滴定液（0.05 mol/L）滴定，至溶液显蓝色并在 30 秒钟内不褪。每 1 ml 碘滴定液（0.05 mol/L）相当于 8.806 mg 的 $C_6H_8O_6$。

中国药典（2005 年版）规定，本品含维生素 C（$C_6H_8O_6$）应为标示量的 93.0% ~107.0%。

五、注意事项

1. 测定颗粒的含量，应取供试品 10 袋（瓶），除去包装，分别精密称定每袋（瓶）内容物的重量，求出每袋（瓶）内容物的装量与平均装量。若装量差异合格，则精密称取倾出的内容物适量，依法测定。

2. 维生素 C 性质活泼不稳定，在空气中易氧化，加入醋酸可使维生素 C 受空气中氧氧化的速度减慢，但试验仍须尽快进行，以保证结果的准确性。

3. 注意实验中所加的水应为新沸过的冷水，以减少水中溶解的氧氧化维生素 C 对测定结果造成的影响。

4. 关于颗粒剂注意事项的详细描述参见附录Ⅲ－E。

六、计　算

其计算公式参见实验四相关内容。

七、思考题

1. 异烟肼也可与硝酸银发生氧化还原反应生成黑色沉淀，其反应现象是否与维生素 C 鉴别反应现象相同？采用与硝酸银反应能否将这两种药物区别开来？

2. 本实验中，维生素 C 颗粒的鉴别与含量测定均系利用其结构中的某一官能团的化学性质，请问是哪一官能团？该官能团具有哪些化学性质？

3. 除了碘量法，维生素 C 还可采用何种方法测定含量？试简要介绍一种。

实验十五 维生素 E 胶丸的含量测定

一、目的要求

1. 熟悉气相色谱仪的工作原理、仪器构造及操作方法。
2. 掌握气相色谱法测定维生素 E 含量的方法。
3. 掌握内标法测定药物含量的计算方法

二、仪器及试药

(一)器材

气相色谱仪,OV-17 色谱柱,电热恒温干燥箱,万分之一分析天平,称量瓶,称量纸,容量瓶,刻度吸管(10 ml),棕色具塞瓶中,研钵,小刷,温度计,湿度计

(二)试药

维生素 E 胶丸,维生素 E 对照品,正三十二烷对照品,正己烷(色谱纯),微量注射器,乙醚(分析纯)

三、实验方法

气相色谱法是一种分离分析方法,具有高选择性,维生素 E 可不经衍生化直接用气相色谱法测定含量,中国药典采用内标法测定维生素 E 原料及其制剂含量。

1. 色谱条件与系统适用性试验

以硅酮(OV-17)为固定相,涂布浓度为 2%,或以 HP-1 毛细管柱(100%二甲基聚硅氧烷)为分析柱;柱温 265℃。理论板数按维生素 E 峰计算不低于 500(填充柱)或 5000(毛细管柱),维生素 E 峰与内标物质峰的分离度应符合要求。

2. 校正因子的测定

取正三十二烷适量,加正己烷溶解并稀释成每 1 ml 中含 1.0 mg 的溶液,作为内标溶液。另取维生素 E 对照品约 20 mg,精密称定,置棕色具塞瓶中,精密加内标溶液 10 ml,密塞,振摇使溶解,取 1~3 μl 注入气相色谱仪,计算校正因子。

3. 测定法

取本品 20 粒,精密称定,倾出内容物,混合均匀。囊壳用乙醚洗净,置通风处使溶剂自然挥尽,再精密称定囊壳重量,求得平均装量。精密称取内容物适量(约相当于维生 E 20 mg),置棕色具塞瓶中,精密加内标溶液 10 ml,密塞,振摇使溶解;取 1~3 μl 注入气相色谱仪,测定,计算,即得

中国药典(2005)规定,本品含合成型或天然型维生素 E($C_{31}H_{52}O_3$)应为标示量的 90.0%~110.0%。

四、注意事项

1. 关于气相色谱法注意事项的详细描述参见附录Ⅴ-C。

2. 关于胶囊剂注意事项的详细描述参见附录Ⅲ－A。

五、计　算

内标法含量测定计算公式参见附录Ⅴ－C 相关内容。

六、思考题

1. 除气相色谱法以外，维生素 E 还可采用什么方法测定含量？
2. 根据测定结果，判断该供试品是否符合药典要求。
3. 什么是内标法？简要介绍其用于含量测定的优越性。

实验十六　黄体酮原料药的质量分析

一、目的要求

1. 复习并掌握甾体类药物鉴别反应的实验原理。
2. 熟悉高效液相色谱仪的工作原理、仪器构造及操作方法。
3. 掌握高效液相色谱法测定药物含量、检查药物杂质的操作方法。

二、仪器及试药

(一) 器材

高效液相色谱仪,电热恒温干燥箱,万分之一分析天平,托盘天平(精度 0.01 g),称量瓶,称量纸,试管,胶头滴管,量瓶(25 ml、50 ml),刻度吸管(1 ml、5 ml),微量注射器(5 μl、10 μl),量筒(5 ml、10 ml、50 ml、100 ml),量杯(100 ml、250 ml、1 000 ml),温度计,湿度计

(二) 试药

黄体酮原料药,己烯雌酚对照品,纯化水,异烟肼(分析纯),甲醇(分析纯),盐酸(分析纯),亚硝基铁氰化钠(分析纯),碳酸钠(分析纯),醋酸铵(分析纯),甲醇(色谱纯)

三、实验准备

稀盐酸:取浓盐酸 234 ml,加水稀释至 1 000 ml,即得。本液含 HCl 应为 9.5% ~10.5%。

四、实验原理及方法

(一) 鉴别

1. 酮基的反应

实验原理:黄体酮分子结构中含有酮基,能与异烟肼等羰基试剂反应呈色。反应式如下:

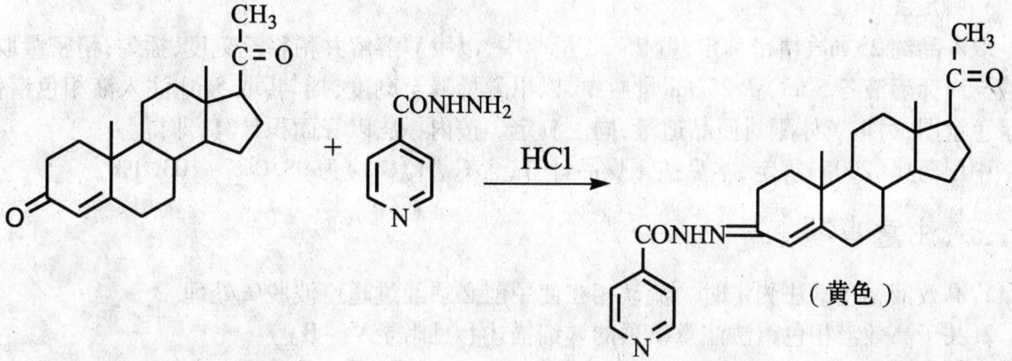

CH_3 C=O … + CONHNH$_2$ (吡啶) $\xrightarrow{HCl}$ CONHN= … (黄色)

实验方法:取本品约 0.5 mg,置小试管中,加异烟肼约 1 mg 与甲醇 1 ml 溶解后,加稀盐酸 1 滴,即显黄色。

2. 甲酮基的反应

实验原理：黄体酮分子结构中含有甲酮基，能与亚硝基铁氰化钠反应呈色。反应式如下：

$$\text{黄体酮} + [Fe(CN)_5NO]^{2-} + 2OH^- \longrightarrow \left[\text{(17-}C(=O)CH=NO(CN)_5Fe\text{)}\right]^{4-} + 2H_2O$$

实验方法：取本品约 5 mg，置小试管中，加甲醇 0.2 ml 溶解后，加亚硝基铁氰化钠的细粉约 3 mg、碳酸钠及醋酸铵各约 50 mg，摇匀，放置 10～30 分钟，应显蓝紫色。

（二）检查——有关物质

实验原理：黄体酮采用高效液相色谱法测定含量，故可在相同条件下检查有关物质。检查方法为主成分自身对照法，即以供试品溶液稀释适当倍数所得溶液为对照液，以对照液主峰面积为参比控制药物中杂质量。高效液相色谱法的详细描述参见附录Ⅴ－B。

实验方法：取本品适量，精密称定，加甲醇溶解并稀释制成每 1 ml 中约含 1 mg 的溶液，作为供试品溶液；精密量取 1 ml，置 50 ml 量瓶中，加甲醇稀释至刻度，摇匀，作为对照溶液。照含量测定项下的色谱条件，取对照溶液 10 μl，注入液相色谱仪，调节检测灵敏度，使主成分色谱峰的峰高约为满量程的 50%。再精密量取供试品溶液与对照品溶液各 10 μl，分别注入液相色谱仪，记录色谱图至主成分峰保留时间的 1.5 倍，供试品溶液色谱图中如有杂质峰，不得多于 1 个，其峰面积不得大于对照溶液主峰面积的 3/4。

（三）含量测定——高效液相色谱法

1. 色谱条件与系统适用性试验

用十八烷基硅烷键合硅胶为填充剂；以甲醇－水（65∶35）为流动相；检测波长为 254 nm。理论板数按黄体酮峰计算不低于 1 000，黄体酮峰与内标物质峰的分离度应符合要求。

2. 内标溶液的制备

取己烯雌酚约 25 mg，精密称定，置 25 ml 量瓶中，以甲醇溶解并稀释至刻度，摇匀，即得。

3. 测定法

取本品约 25 mg，精密称定，置 25 ml 量瓶中，以甲醇溶解并稀释至刻度，摇匀；精密量取该溶液与内标溶液各 5 ml，置 25 ml 量瓶中，以甲醇稀释至刻度，摇匀，取 5 μl 注入液相色谱仪，记录色谱图；另取黄体酮对照品适量，同法测定。按内标法以峰面积计算，即得。

中国药典（2005）规定，本品按干燥品计算，含 $C_{21}H_{30}O_2$ 应为 98.0%～103.0%。

五、注意事项

1. 高效液相色谱法测定时。流动相在使用前必须经过超声波脱气处理。
2. 关于高效液相色谱法注意事项的详细描述参见附录Ⅴ－B。

六、计　算

高效液相色谱法的含量测定计算公式参见附录Ⅴ－B 相关内容。

七、思考题

1. 什么是系统适用性试验？为何要进行系统适用性试验？
2. 根据实验结果，判断该供试品质量是否合格。

实验十七　复方磺胺嘧啶片的含量测定

一、目的要求

1. 复习并掌握双波长分光光度法的实验原理。

2. 熟悉紫外－可见分光光度仪的工作原理、仪器构造及操作方法。

3. 掌握双波长分光光度法测定复方药物制剂含量的波长选择原则及其计算方法。

4. 掌握复方制剂含量测定中干扰的排除方法。

二、仪器及试药

（一）器材

紫外－可见分光光度仪，比色皿，恒温干燥箱，万分之一分析天平，称量瓶，称量纸，药匙，研钵，量瓶（100 ml），胶头滴管，玻璃漏斗，滤纸，刻度吸管（2 ml、5 ml），量筒（50 ml），温度计，湿度计

（二）试药

复方磺胺嘧啶片，甲氧苄啶对照品，磺胺嘧啶对照品，纯化水，氢氧化钠（光谱纯），盐酸（光谱纯），冰醋酸（光谱纯）

三、实验原理及方法

实验原理：复方磺胺嘧啶片是由磺胺嘧啶与甲氧苄啶组成的复方制剂。二者在紫外区均有较强的吸收。但是，在盐酸溶液（9→1000）中，308 nm 处，磺胺嘧啶有较强吸收而甲氧苄啶无吸收。因此，在盐酸溶液（9→1000）中，于 308 nm 处测定吸收度可消除甲氧苄啶的干扰直接求得磺胺嘧啶含量。测定甲氧苄啶含量，甲氧苄啶在 277.4 nm 波长处有较强吸收，虽然磺胺嘧啶在 277.4 nm 处也有吸收，但其 277.4 nm 与 308 nm 为等吸收点，因此同时测定供试品 277.4nm 与 308 nm 处的吸收度，将二者相减即可消除磺胺嘧啶的干扰，求得甲氧苄啶含量。

实验方法：

1. 磺胺嘧啶

取本品 10 片，精密称定，研细，精密称取适量（约相当于磺胺嘧啶 0.2 g），置 100 ml 量瓶中，加 0.4% 氢氧化钠溶液适量，振摇使磺胺嘧啶溶解，并稀释至刻度，摇匀，滤过，精密量取续滤液 2 ml，置另一 100 ml 量瓶中，加盐酸溶液（9→1000）稀释至刻度，摇匀，照紫外－可见分光光度法，在 308 nm 的波长处测定吸光度；另取磺胺嘧啶对照品适量，精密称定，加盐酸溶液（9→1000）溶解并定量稀释制成每 1 ml 中约含 40 μg 的溶液，同法测定。计算，即得。

2. 甲氧苄啶

精密称取上述研细的细粉适量（约相当于甲氧苄啶 40 mg），置 100 ml 量瓶中，加冰醋酸 30 ml 振摇使甲氧苄啶溶解，加水稀释至刻度，摇匀，滤过，取续滤液作为供试品溶液；另精密称取甲氧苄啶对照品 40 mg 与磺胺嘧啶对照品约 0.3 g，分置 100 ml 量瓶中，各加冰醋酸 30 ml

溶解，加水稀释至刻度，摇匀，前者作为对照品溶液(1)，后者滤过，取续滤液作为对照品溶液(2)。精密量取供试品溶液与对照品溶液(1)、(2)各5 ml，分置100 ml量瓶中，各加盐酸溶液(9→1000)稀释至刻度，摇匀，照紫外－可见分光光度法，取对照品溶液(2)的稀释液，以308.0 nm为参比波长λ_1，在277.4 nm波长附近(每间隔0.2 nm)选择等吸收点波长为测定波长(λ_2)，要求$\triangle A = A_{\lambda 2} - A_{\lambda 1} = 0$。再在$\lambda_2$和$\lambda_1$波长处分别测定供试品溶液的稀释液与对照品溶液(1)的稀释液的吸光度，求出各自的吸光度差值($\triangle A$)，计算，即得。

中国药典(2005)规定，本品每片中含磺胺嘧啶($C_{10}H_{10}N_4O_2S$)应为0.360～0.440 g；含甲氧苄啶($C_{14}H_{18}N_4O_3$)应为45.0～55.0 mg。

四、注意事项

1. 复方磺胺嘧啶片处方如下：

磺胺嘧啶	400 g
甲氧苄啶	50 g
制成	1000 片

2. 溶解片粉时应充分振摇，以避免由于药品未全部溶解导致的误差。
3. 吸收度最好读数3次，按其平均值计算，以消除仪器偶然误差带来的影响。
4. 紫外－可见分光光度法的注意事项请详细参考附录Ⅵ－A。

五、计　算

1. 磺胺嘧啶

磺胺嘧啶的含量计算公式：

$$磺胺嘧啶的含量 = \frac{A_{样} \times m_{对} \times 平均片重}{A_{对} \times m_s}(g/片)$$

式中，$A_{样}$为供试品在308 nm处测得的吸收度；$A_{对}$为磺胺嘧啶对照品在308 nm处测得的吸收度；m_s为供试品片粉的称量克数；$m_{对}$为磺胺嘧啶对照品的称量克数；平均片重应以克为单位计算。

2. 甲氧苄啶

甲氧苄啶的含量计算公式：

$$甲氧苄啶的含量 = \frac{\triangle A_{样} \times m_{对} \times 平均片重}{A_{对} \times m_s}(mg/片)$$

式中，$\Delta A_{样}$为供试品在λ_2和λ_1波长处测得的吸收度差值；$\Delta A_{对}$为甲氧苄啶对照品在λ_2和λ_1波长处测得的吸收度差值；m_s为供试品片粉的称量毫克数；$m_{对}$为甲氧苄啶对照品的称量毫克数；平均片重应以毫克为单位计算。

六、思考题

1. 双波长分光光度法测定复方药物制剂含量的波长选择原则是什么？
2. 根据实验结果，判断该供试品质量是否合格。

实验十八　葡萄糖注射液的医院药房快速检验

一、目的要求

1. 了解医院药房快速检验的要求、特点。
2. 复习并掌握葡萄糖注射液鉴别反应的实验原理。
3. 复习并掌握葡萄糖注射液含量测定的实验原理。
4. 掌握医院药房快速检验的操作方法。
5. 掌握医院药房快速含量测定的计算方法。

二、仪器及试药

(一)器材

恒温干燥箱,万分之一分析天平,托盘天平(精度0.01 g),称量瓶,称量纸,药匙,试管,电炉,滤纸,玻璃漏斗,刻度吸管(1 ml、5 ml、10 ml),碘瓶,量筒(10 ml、50 ml、100 ml),微量滴定管,胶头滴管,量杯(100 ml、250 ml、1000 ml),烧杯(50 ml、100 ml),碘瓶(500 ml),酸式滴定管(50 ml),碱式滴定管(50 ml),锥形瓶(100 ml、250 ml),垂熔玻璃滤器,玻璃棒,玻璃塞的棕色玻瓶,聚乙烯塑料瓶,温度计,湿度计

(二)试药

葡萄糖注射液(10%),纯化水,硫酸铜(分析纯),酒石酸钾钠(基准试剂),氢氧化钠(分析纯),碘(分析纯),碘化钾(分析纯),盐酸(分析纯),三氧化二砷(基准试剂),碳酸氢钠(分析纯),甲基橙(分析纯),氢氧化钠(分析纯),邻苯二甲酸氢钾(基准试剂),酚酞(分析纯),乙醇(分析纯),无水碳酸钠(基准试剂),硫酸(分析纯),甲基红(分析纯),溴甲酚绿(分析纯),可溶性淀粉(分析纯),硫代硫酸钠(分析纯),重铬酸钾(基准试剂)

三、实验准备

1. 碱性酒石酸铜试液:①取硫酸铜结晶6.93 g,加水使溶解成100 ml。②取酒石酸钾钠结晶34.6 g与氢氧化钠10 g,加水使溶解成100 ml。用时①、②将两液等量混合,即得。

2. 0.05 mol/L碘滴定液:取碘13.0 g,加碘化钾36 g与水50 ml溶解后,加盐酸3滴与水适量使成1 000 ml,摇匀,用垂熔玻璃滤器滤过。置玻璃塞的棕色玻瓶中,密闭,在凉处保存。

3. 0.05 mol/L碘滴定液的标定:取在105℃干燥至恒重的基准三氧化二砷约0.15 g,精密称定,加氢氧化钠滴定液(1 mol/L)10 ml,微热使溶解,加水20 ml与甲基橙指示液1滴,加硫酸滴定液(0.5 mol/L)适量使黄色转变为粉红色,再加碳酸氢钠2 g、水50 ml与淀粉指示液2 ml,用本液滴定至溶液显浅蓝紫色。每1 ml碘滴定液(0.05 mol/L)相当于4.946 mg的三氧化二砷。根据本液的消耗量与三氧化二砷的取用量,算出本液的浓度。即得。

4. 甲基橙指示液:取甲基橙0.1 g,加水100 ml使溶解,即得。

5. 氢氧化钠饱和溶液:取氢氧化钠适量,加水振摇使溶解成饱和溶液,冷却后,置聚乙烯塑

料瓶中,静置数日,澄清后备用。

6. 1 mol/L 氢氧化钠滴定液:取澄清的氢氧化钠饱和溶液 56 ml,加新沸过的冷水使成 1 000 ml,摇匀。

7. 1 mol/L 氢氧化钠滴定液的标定:取在105℃干燥至恒重的基准邻苯二甲酸氢钾约6 g,精密称定,加新沸过的冷水 50 ml,振摇,使其尽量溶解;加酚酞指示液 2 滴,用本液滴定;在接近终点时,应使邻苯二甲酸氢钾完全溶解,滴定至溶液显粉红色。每 1ml 氢氧化钠滴定液(1 mol/L)相当于 204.2 mg 的邻苯二甲酸氢钾。根据本液的消耗量与邻苯二甲酸氢钾的取用量,算出本液的浓度,即得。

8. 酚酞指示液:取酚酞 1 g,加乙醇 100 ml 使溶解,即得。

9. 0.1 mol/L 氢氧化钠溶液:取澄清的氢氧化钠饱和溶液 5.6 ml,加新沸过的冷水使成 1 000 ml,摇匀。

10. 0.5 mol/L 硫酸滴定液:取硫酸 30 ml,缓缓注入适量水中,冷却至室温,加水稀释至 1 000 ml,摇匀。

11. 0.5 mol/L 硫酸滴定液的标定:取在 270 ~ 300℃ 干燥至恒重的基准无水碳酸钠约 1.5 g,精密称定,加水 50 ml 使溶解,加甲基红 - 溴甲酚绿混合指示液 10 滴,用本液滴定至溶液由绿色转变为紫红色时,煮沸 2 分钟,冷却至室温,继续滴定至溶液由绿色变为暗紫色。每 1 ml 硫酸滴定液(0.5 mol/L)相当于 53.00 mg 的无水碳酸钠。根据本液的消耗量与无水碳酸钠的取用量,算出本液的浓度,即得。

12. 甲基红 - 溴甲酚绿混合指示液:取 0.1% 甲基红的乙醇溶液 20 ml,加 0.2% 溴甲酚绿的乙醇溶液 30 ml,摇匀,即得。

13. 0.1% 甲基红的乙醇溶液:取甲基红 0.1 g,加乙醇使溶解成 100 ml,即得。

14. 0.2% 溴甲酚绿的乙醇溶液:取溴甲酚绿 0.2 g,加乙醇使溶解成 100 ml,即得。

15. 稀硫酸:取浓硫酸 57 ml,加水稀释至 1 000 ml,即得。本液含 H_2SO_4 应为 9.5% ~ 10.5%。

16. 0.1 mol/ L 硫代硫酸钠滴定液:取硫代硫酸钠 26 g 与无水碳酸钠 0.20 g,加新沸过的冷水适量使溶解成 1 000 ml,摇匀,放置 1 个月后滤过。

17. 0.1 mol/L 硫代硫酸钠滴定液的标定:取在 120℃ 干燥至恒重的基准重铬酸钾 0.15 g,精密称定,置碘瓶中,加水 50 ml 使溶解,加碘化钾 2.0 g,轻轻振摇使溶解,加稀硫酸 40 ml,摇匀,密塞;在暗处放置 10 分钟后,加水 250 ml 稀释,用硫代硫酸钠滴定液(0.1 mol/L)滴定至近终点时。加淀粉指示液 3 ml,继续滴定至蓝色消失而显亮绿色,并将滴定的结果用空白试验校正。每 1 ml 硫代硫酸钠滴定液(0.1 mol/L)相当于 4.903 mg 的重铬酸钾。根据滴定液的消耗量与重铬酸钾的取用量,算出本液的浓度,即得。室温在 25℃ 以上时,应将反应液及稀释用水降温至约 20℃。

18. 淀粉指示液:取可溶性淀粉 0.5 g,加水 5 ml 搅匀后,缓缓倾入 100 ml 沸水中,随加随搅拌,继续煮沸 2 分钟,放冷,倾取上层清液,即得。本液应临用新制。

四、实验原理及方法

(一)鉴别—— Fehling 反应

实验原理:葡萄糖分子中的醛基可将 Fehling 试剂(碱性酒石酸铜试液)还原,生成氧化亚铜的红色沉淀。快速检验用此反应定性鉴别葡萄糖。反应式如下：

$$
\begin{array}{c}
\mathrm{H-C=O} \\
| \\
\mathrm{H-C-OH} \\
| \\
\mathrm{HO-C-H} \\
| \\
\mathrm{H-C-OH} \\
| \\
\mathrm{H-C-OH} \\
| \\
\mathrm{CH_2OH}
\end{array}
+2
\begin{array}{l}
\mathrm{COONa} \\
| \\
\mathrm{CHO} \\
| \quad\quad \rangle \mathrm{Cu} \\
\mathrm{CHO} \\
| \\
\mathrm{COOK}
\end{array}
\xrightarrow[\mathrm{OH^-}]{}
\begin{array}{c}
\mathrm{COOH} \\
| \\
\mathrm{H-C-OH} \\
| \\
\mathrm{HO-C-H} \\
| \\
\mathrm{H-C-OH} \\
| \\
\mathrm{H-C-OH} \\
| \\
\mathrm{CH_2OH}
\end{array}
+2
\begin{array}{l}
\mathrm{COONa} \\
| \\
\mathrm{CHOH} \\
| \\
\mathrm{CHOH} \\
| \\
\mathrm{COOK}
\end{array}
+
\underset{\text{（黄色）}}{\mathrm{Cu_2(OH)_2}}
$$

$$
\mathrm{Cu_2(OH)_2} \xrightarrow{\Delta} \underset{\text{（红色）}}{\mathrm{Cu_2O}\downarrow} + \mathrm{H_2O}
$$

实验方法：取供试品溶液，缓缓滴入温热的碱性酒石酸铜试液中，即生成氧化亚铜的红色沉淀。

（二）含量测定——碘量法

实验原理：碘在碱性溶液中可将葡萄糖氧化成葡萄糖酸，剩余的碘液用硫代硫酸钠滴定液滴定。快速检验用此法定量分析葡萄糖注射液。

实验方法：精密量取供试品 0.5 ml，置碘瓶中，加蒸馏水 10 ml，精密加入碘滴定液（0.05 mol/L）10 ml，分四次加入 0.1 mol/L 的氢氧化钠溶液 20 ml，每加入 5 ml 密塞振摇约 10 秒钟，加完后密塞，暗处放置 10 分钟，加稀硫酸 2 ml，用硫代硫酸钠滴定液（0.1 mol/L）滴定至近终点（呈微黄色），加淀粉指示液 1 ml，继续滴定至蓝色消失即为终点。每 1 ml 碘滴定液（0.05 mol/L）相当于 99.08 mg 的葡萄糖（$C_6H_{12}O_6 \cdot H_2O$）。

中国药典（2005）规定，本品为葡萄糖或无水葡萄糖的灭菌水溶液。含葡萄糖（$C_6H_{12}O_6 \cdot H_2O$）应为标示量的 95.0% ~ 105.0%。

五、注意事项

1. 除碘量法以外，葡萄糖注射液的快速含量测定还可以采用旋光法与折光法。葡萄糖具有旋光性，可测定供试品溶液的旋光度后，根据比旋度计算含量；或测定葡萄糖注射液的折光率，根据葡萄糖同温度下的折光因数，计算含量。

2. 医院药房快速检验通常在药房现场进行，设备条件要求小巧，所用方法药求简便快速有效，通常称为“快速检验”或“快速分析”。其内容有定性、定量两个方面。一般定性鉴别尽量避免长时间的过滤、提取等工作，其方法与药典采用的鉴别方法无较大区别，只是快速检验多仅采用 1 ~ 2 个简单可靠的化学反应，平均仅需 1 分钟即可完成。一般定量分析多采用容量分析法，有时也会采用简单的仪器分析，如旋光法、折光法等。其取样量较少，一般固体药物取 0.05 ~ 0.15 g，液体药物取 0.5 ~ 2.0 ml，油膏类药物不超过 1.0 g；其滴定液的浓度均应调整到浓度矫正因数 F 等于 1，如 0.500 mol/L、1.000 mol/L 等；通常滴定液的消耗体积为 1 ~ 5 ml；其所用滴定器为微量滴定管或刻度移液管，刻度须能读出 0.05 ml，滴定可在大试管（如 2.5 cm × 10 cm）或小锥形瓶（如 10 ml）中进行；其分析时间一般不超过 5 ~ 10 分钟；其测定方式采用“限度检查”法，即在药房调配允许误差范围内，事先计算出消耗滴定液的理论范围，检验中滴定液消耗量在误差范围内即可认为供试品符合要求。

六、计 算

0.5 ml 的 10% 葡萄糖注射液相当于 0.05 g 的葡萄糖（$C_6H_{12}O_6 \cdot H_2O$），应消耗碘滴定液（0.05 mol/L）为：

$$\frac{0.05\text{g}}{0.009908\ \text{g/ml}} = 5.05\text{ml}$$

$$5.05\text{ml} \pm 5\%\ \text{范围为}: 4.80\text{ml} \sim 5.30\text{ml}$$

试验中加入碘滴定液（0.05 mol/L）10 ml，过剩量应为：

$$10 - 5.30 = 4.70(\text{ml}) \qquad 10 - 4.80 = 5.20(\text{ml})$$

所以，合格供试品消耗的硫代硫酸钠滴定液（0.1 mol/L）应为 4.70 ~ 5.20 ml。

七、思考题

1. 什么是医院药房快速检验？其分析的要求与特点是什么？

2. 除了本实验采用的碘量法以外，葡萄糖注射液的快速含量测定还可以采用什么方法？如何分析？

3. 若快速测定 5% 葡萄糖注射液的含量，合格供试品消耗硫代硫酸钠滴定液（0.1 mol/L）应是多少？

第二章　设计性实验

实验一　药物的区别试验(一)

一、目的要求

1. 掌握各典型药物鉴别方法的基本原理。
2. 根据各典型药物的化学结构,选择适当实验方法,对其一一区别确证。
3. 学会根据实验目的要求查阅相关文献,设计实验路线。
4. 能够根据实验设计进行操作,得出实验结论。
5. 培养独立分析问题、解决问题的能力及实际动手能力。

二、实验药品及其化学结构

1. 实验药品

苯巴比妥片(phenobarbital tablets)、阿司匹林片(aspirin tablets)、对乙酰氨基酚片(paracetamol tablets)、异烟肼片(isoniazid tablets)、硫酸阿托品片(atropine sulfate tablets)、维生素 B_1 片(vitamin B_1 tablets)、维生素 C 片(vitamin C tablets)、维生素 E 片(vitamin E tablets)、雌二醇缓释贴片(estradiol sustained - realse patches)、头孢拉啶片(cefradine tablets)

2. 化学结构

各药品化学结构式如下:

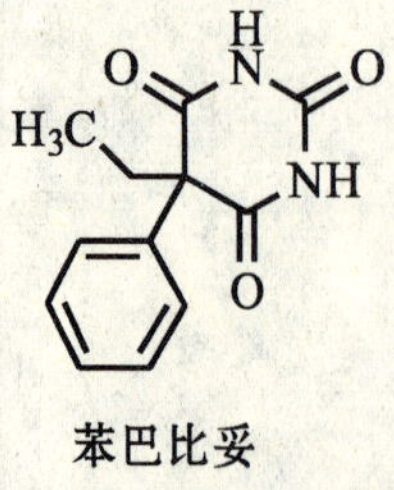

苯巴比妥

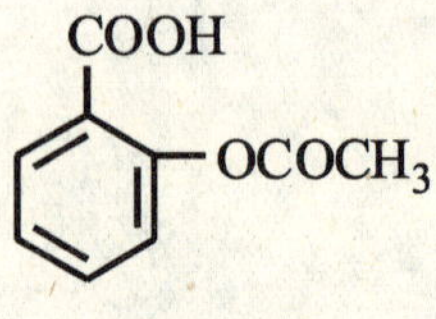

阿司匹林

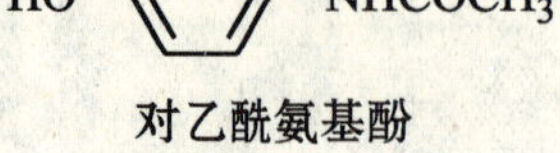

对乙酰氨基酚

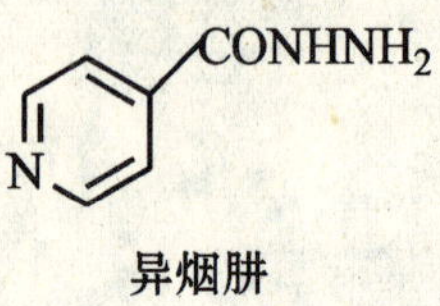

异烟肼

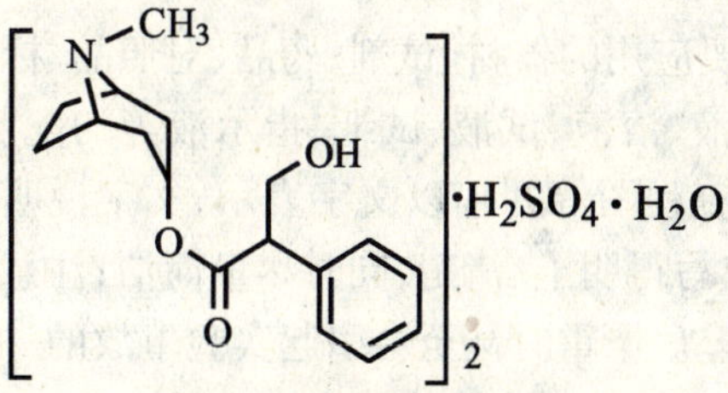

硫酸阿托品

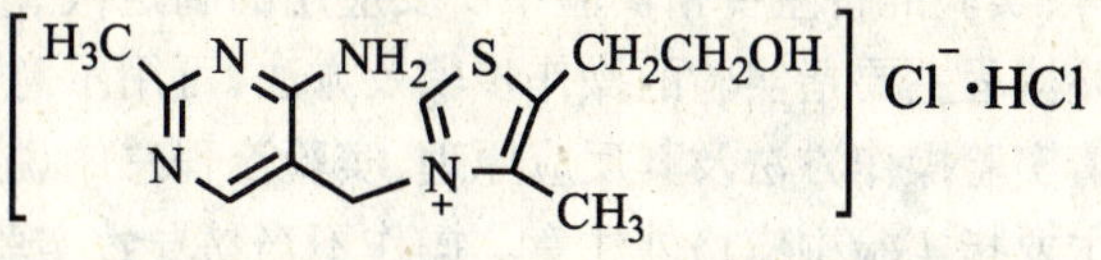

维生素 B_1

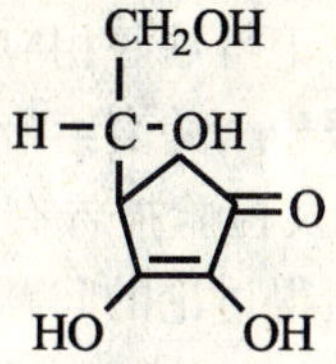

维生素 C

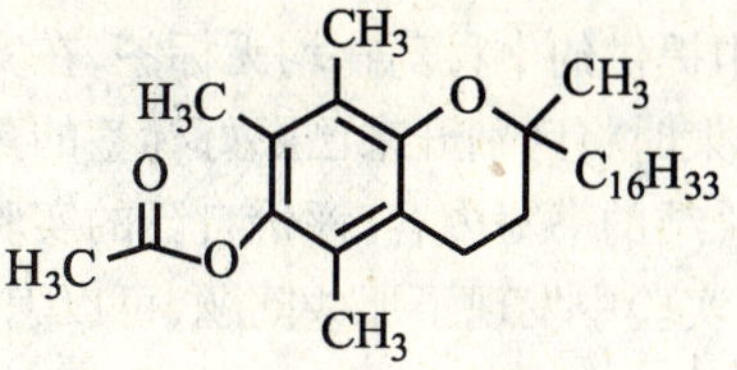

维生素 E

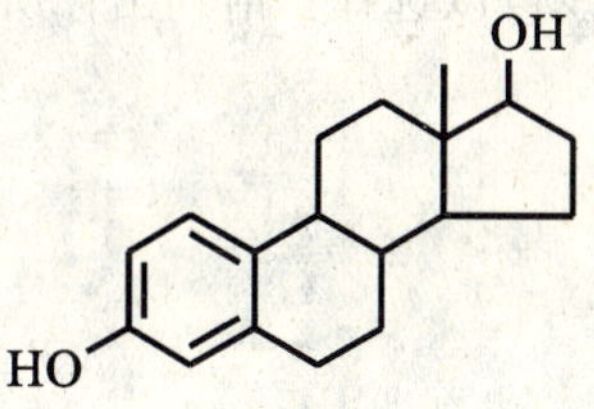

雌二醇

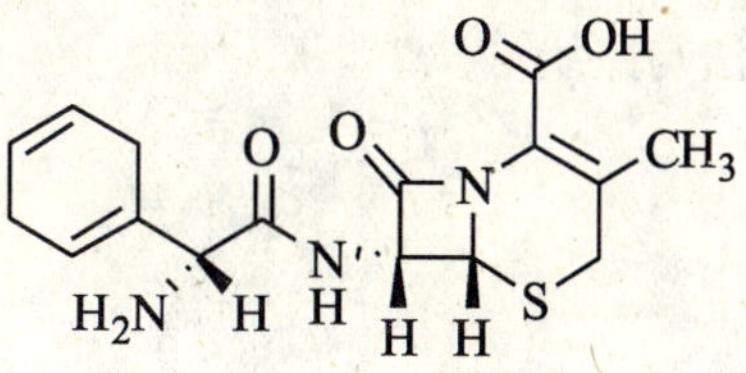

头孢拉啶

三、实验内容

1. 根据上述十种药物的化学结构、理化特性，选择适当方法，设计合理实验流程，将其一一区别确证。

2. 实验前应写出实验设计报告，其内容及格式可参考本书第一章验证性实验相关内容。设计报告必须包括以下内容：仪器及试药、实验准备、实验流程、注意事项、参考文献。其他有必要、有意义的内容可酌情添加。

3. 根据实验内容及目的要求，参考第一章验证性实验的相关内容，设计原始记录及检验报告各一份。

4. 按照实验设计准备实验，开展实验，一一区别、确证药物，做好原始记录，写出检验报告。

5. 实验结束后，根据本次实验情况写一份实验总结。

四、注意事项

1. 设计实验前应充分了解各药物的理化特性，选择最符合其特性、专属性最强的鉴别试验来区别确证各药物。

2. 设计实验时应尽量选择最优的路线流程操作，以求简便、快速、低耗地得出正确可靠的实验结论。

3. 实验设计报告中的仪器及试剂主要指实验中所要应用的器材、试剂、药品、对照品、标准品等;实验准备主要指实验中所要应用的滴定液、缓冲液、溶液、试液、试纸、指示液等的配制;实验流程主要指实验的操作步骤及方法,可用示意图、流程图等并辅以文字表示,文字说明应写清实验操作方法及其反应原理,实验流程总的说来应写得明了、清楚,同时尽量简洁;注意事项主要指实验中应格外注意。操作不当易导致实验误差。严重时甚至会引起实验事故的一些问题。参考文献指实验设计中主要参考的文献著作,其书写格式参见本书参考文献。

4. 原始记录及检验报告均应设计合理。原始记录,各重要原始数据、实验现象均应有相应的足够的地方记录,切不可疏漏,也应避免繁复;检验报告,各检验项目、现象、结果、结论等均应记录,同样应注意避免疏漏、繁复。

5. 实验中提供的十种药物均无标签,在实验中每确证一种药物记得贴好相应的标签,以免遗漏,实验结束时将区别开来已贴好标签的药物、原始记录、检验报告一并交给带教老师。

6. 实验总结的书写内容:评价自己的实验设计报告、原始记录及检验报告有何优点,有何不妥之处,在实验中发现了那些问题,可以怎样改善,其他你认为值得讨论的问题。

五、思考题

除了最终选择的实验路线及方法外,还有哪些方法与路线可以选择?请列出你所想到的两种以上方法与路线。

实验二　药物的区别试验(二)

一、目的要求

1. 掌握同类药物的一般鉴别实验原理及其中各药物的专属鉴别试验原理。
2. 根据各药物的化学结构及理化性质,选择适当实验方法,对其一一区别确证。
3. 学会根据实验目的要求查阅相关文献,设计实验路线。
4. 能够根据实验设计进行操作,得出实验结论。
5. 培养独立分析问题、解决问题的能力及实际动手能力。

二、实验药品及其化学结构

1. 实验药品

苯巴比妥钠(phenobarbital sodium)、司可巴比妥钠(secobarbital sodium)、硫喷妥钠(thiopental sodium for injection)、苯甲酸(benzoid acid)、阿司匹林(aspirin)、对氨基水杨酸钠(sodium aminosalicylate)、盐酸普鲁卡因(procaine hydrochloride)、盐酸利多卡因(lidocaine hydrochloride)、对乙酰氨基酚(paracetamol)

2. 化学结构

各药品化学结构式如下:

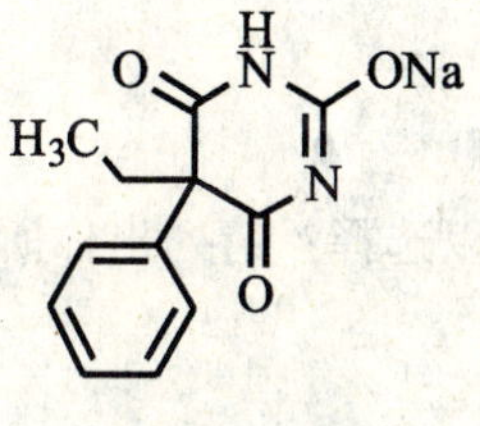

苯巴比妥钠 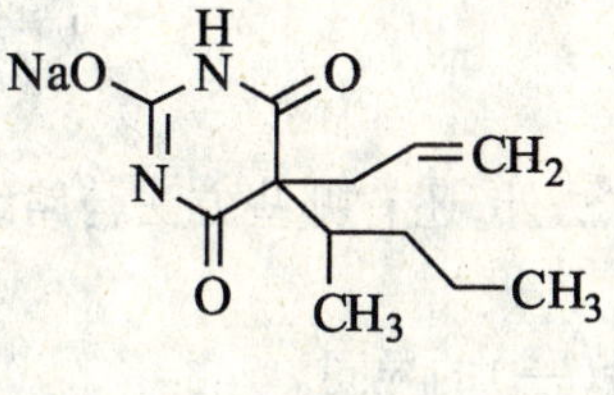　　司可巴比妥钠 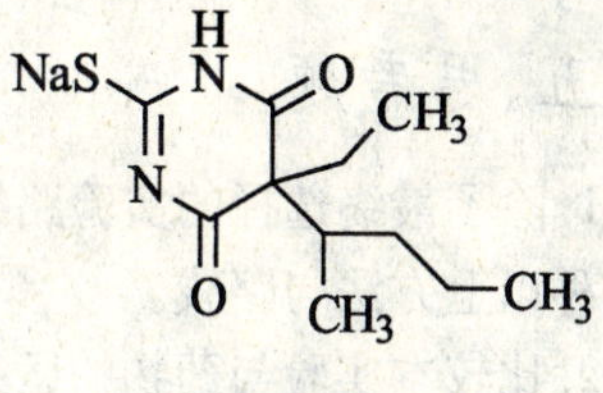　　硫喷妥钠

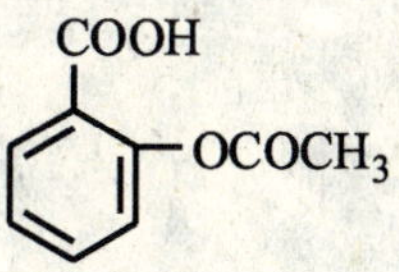

阿司匹林 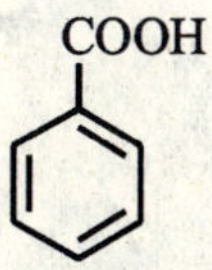　　苯甲酸 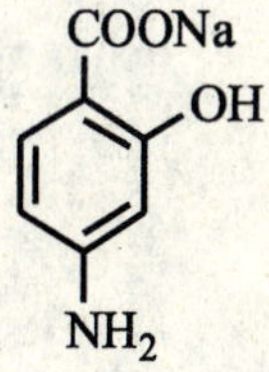　　对氨基水杨酸钠

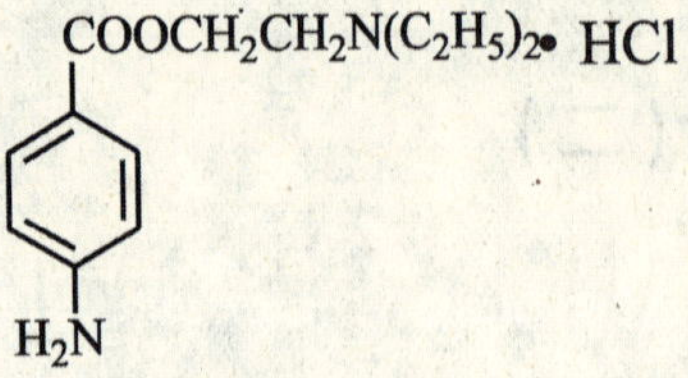

$COOCH_2CH_2N(C_2H_5)_2 \cdot HCl$ （对位 H_2N）

盐酸普鲁卡因

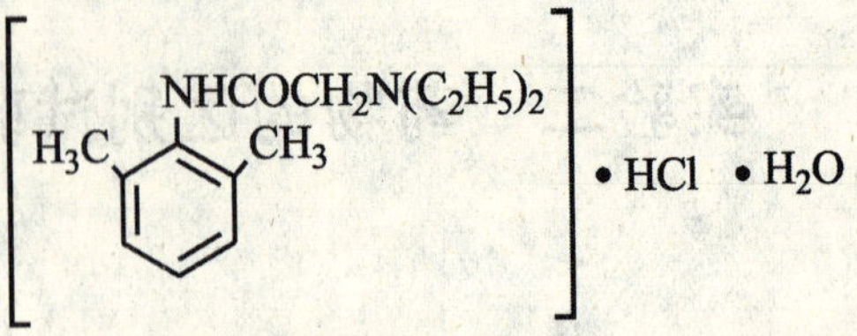

$[$ 2,6-二甲基苯基 $NHCOCH_2N(C_2H_5)_2]\cdot HCl \cdot H_2O$

盐酸利多卡因

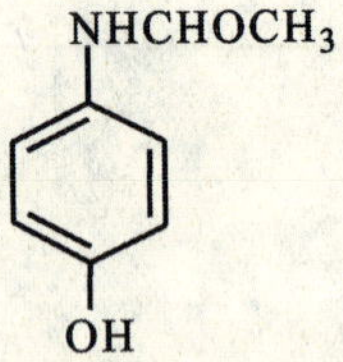

$NHCHOCH_3$ （对位 OH）

对乙酰氨基酚

三、实验内容

1. 根据上述九种药物的化学结构、理化特性，选择适当方法，设计合理实验流程，将其一一区别确证。

2. 实验前应写出实验设计报告，其内容及格式可参考本书第一章验证性实验相关内容。设计报告必须包括以下内容：仪器及试药、实验准备、实验流程、注意事项、参考文献。其他有必要、有意义的内容可酌情添加。

3. 根据实验内容及目的要求，参考第一章验证性实验的相关内容，设计原始记录及检验报告各一份。

4. 按照实验设计准备实验，开展实验，一一区别、确证药物，做好原始记录，写出检验报告。

5. 实验结束后，根据本次实验情况写一份实验总结。

四、注意事项

参考本章实验一相关内容。

五、思考题

1. 除了最终选择的实验路线及方法外，还有哪些方法与路线可以选择？请列出你所想到的两种以上方法与路线。

2. 比较本实验与药物的区别实验(一)的异同。

实验三 药物的含量测定

一、目的要求

1. 掌握各典型药物含量测定的基本原理。
2. 根据各典型药物的化学结构及查阅的文献,选择适当实验方法,对其进行含量测定。
3. 学会根据实验目的要求查阅相关文献,并撰写综述。
4. 能够根据实验设计进行操作,得出实验结论。
5. 掌握常用药物含量测定方法的基本操作及药物含量的计算方法。
6. 培养独立分析问题、解决问题的能力及实际动手能力。

二、实验药品及其化学结构

1. 实验药品

异戊巴比妥片(amobarbital tablets)、对氨基水杨酸钠肠溶片(sodium aminosalicylate enteric - coated tablets)、盐酸多巴胺注射液(dopamine hydrochloride injection)、盐酸异丙嗪注射液(promethazine hydrochloride injection)、地西泮片(diazepam tablets)、维生素 A 胶丸(vitamin A soft capsules)、氢化可的松乳膏(hydrocortisone cream)、青霉素 V 钾胶囊(phenoxymethylpenicillin potassium capsules)

2. 化学结构

各药品化学结构式如下:

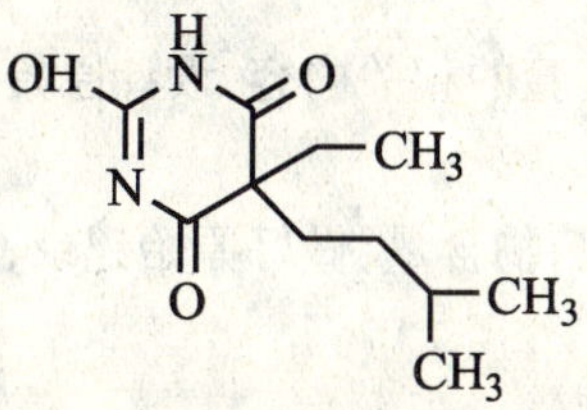

OH H N O CH$_3$ N O CH$_3$ CH$_3$

异戊巴比妥

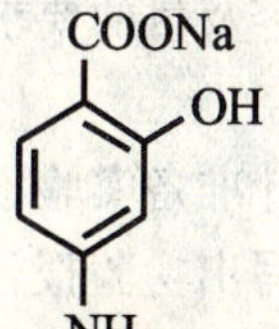

COONa OH NH$_2$

对氨基水杨酸钠

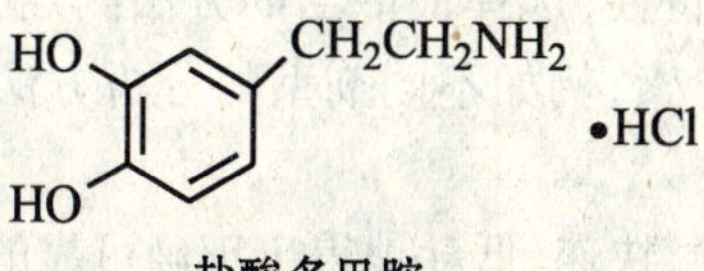

HO CH$_2$CH$_2$NH$_2$ HO •HCl

盐酸多巴胺

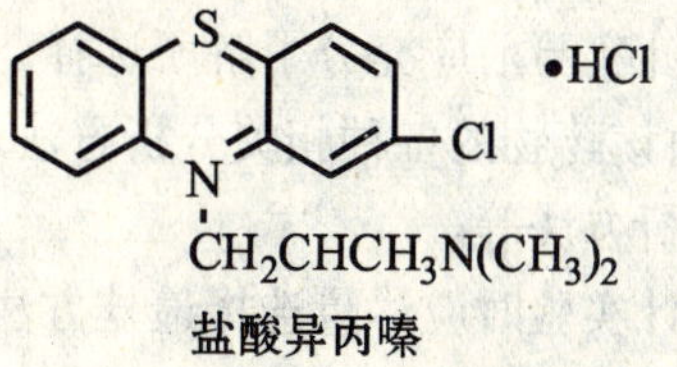

S Cl N CH$_2$CHCH$_3$N(CH$_3$)$_2$ •HCl

盐酸异丙嗪

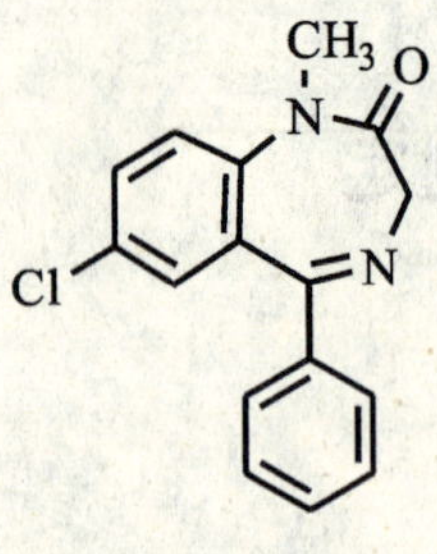

地西泮

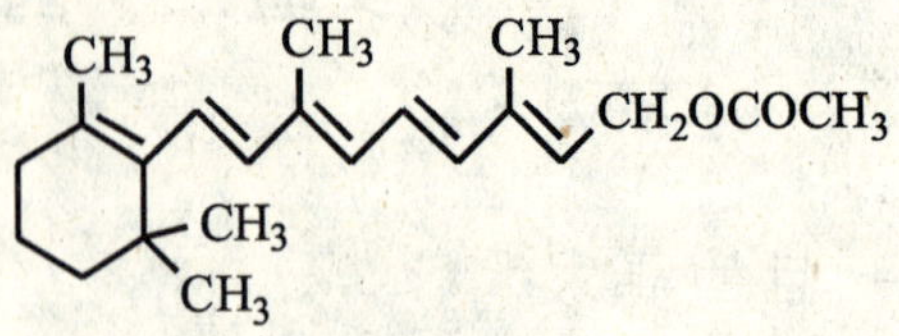

维生素 A

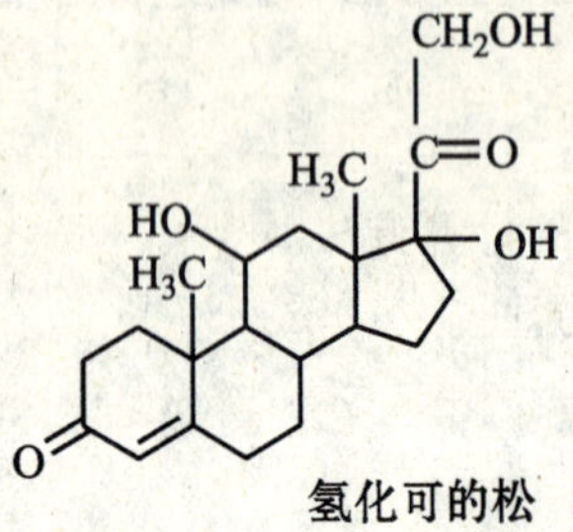

氢化可的松

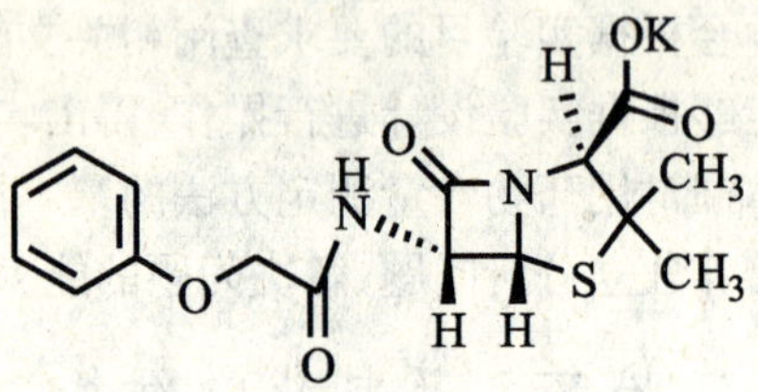

青霉素 V 钾

三、实验内容

1. 在上述八个药物中任选一个，根据其化学结构、理化特性，以及查阅的相关文献，选择适当方法，设计合理实验流程，对其进行含量测定。

2. 根据查阅的文献，撰写一篇综述。

3. 实验前应写出实验设计报告，其内容及格式可参考本书第一章验证性实验相关内容。设计报告必须包括以下内容：仪器及试药、实验准备、实验方法、注意事项、参考文献。其他有必要、有意义的内容可酌情添加。

4. 根据实验内容及目的要求，参考第一章验证性实验的相关内容，设计原始记录及检验报告各一份。

5. 按照实验设计准备实验，开展实验，测定选择的药物含量，做好原始记录，计算该药物含量，得出检验结论，写出检验报告。

6. 实验结束后，根据本次实验情况写一份实验总结。

四、注意事项

1. 设计实验前应充分了解所选择药物的理化特性，选择最恰当的方法测定其含量。文献查阅时，对该药物的各种相关分析方法均应进行检索，例如不同剂型的分析方法、各种生物样本中的分析方法等。

2. 设计实验时应尽量选择最佳方法，以求简便、快速、低耗地得出正确可靠的实验结果。

3. 实验设计报告中的仪器及试剂主要指实验中所要应用的器材、试剂、药品、对照品、标准品等；实验准备主要指实验中所要应用的滴定液、缓冲液、溶液、试液、试纸、指示液等的配制；实验方法主要指实验的操作步骤及方法，应写清其实验原理，总的说来应写得明了、清楚，同时尽量简洁；注意事项主要指实验中应格外注意，操作不当易导致实验误差，严重时甚至会引起实验事故的一些问题。参考文献指实验设计中主要参考的文献著作,其书写格式参见本书参考文献。

4. 综述的撰写可参考近期相关学术期刊,如《药学学报》、《药物分析杂志》、《中国药学杂志》等刊登的综述。

5. 原始记录及检验报告均应设计合理。原始记录:各重要原始数据、实验现象均应有相应的足够的地方记录,切不可疏漏,也应避免繁复;检验报告:相应数据、计算、结果、结论以及必要的图表等均应记录,同样应注意避免疏漏、繁复。

6. 实验总结的书写内容:评价自己的实验设计报告、原始记录及检验报告有何优点,有何不妥之处,在实验中发现了哪些问题,可以怎样改善,其他你认为值得讨论的问题。

五、思考题

除了最终选择的实验方法外,还有哪些方法可以选择?为何在各种方法中选择该法测定药物含量?其优越性何在?

实验四　生物样品中的药物含量测定

一、目的要求

1. 复习生物样品的分析前处理技术、生物样品的定量分析方法验证。

2. 根据药物的化学结构及查阅的文献，选择适当实验方法，对生物样品中的药物进行含量测定。

3. 学会根据实验目的要求查阅相关文献，并撰写综述。

4. 能够根据实验设计进行操作，得出实验结论。

5. 掌握生物样品的分析前处理技术、其含量计算方法、其定量分析方法验证。

6. 培养独立分析问题、解决问题的能力及实际动手能力。

二、实验药品

1. 实验药品

苯巴比妥(phenobarbital)、盐酸克伦特罗(clenbuterol hydrochloride)、地西泮(diazepam)、盐酸麻黄碱(ephedrine hydrochloride)、甲睾酮(methyltestosterone)、庆大霉素(gentamycin)

2. 化学结构

各药品化学结构式如下：

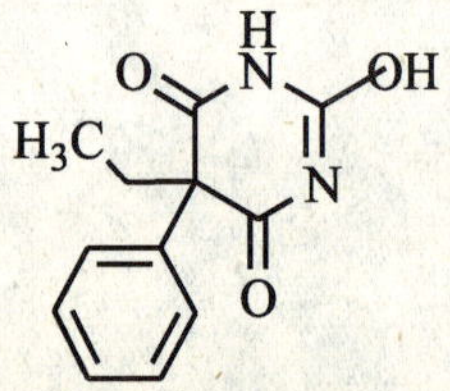

苯巴比妥

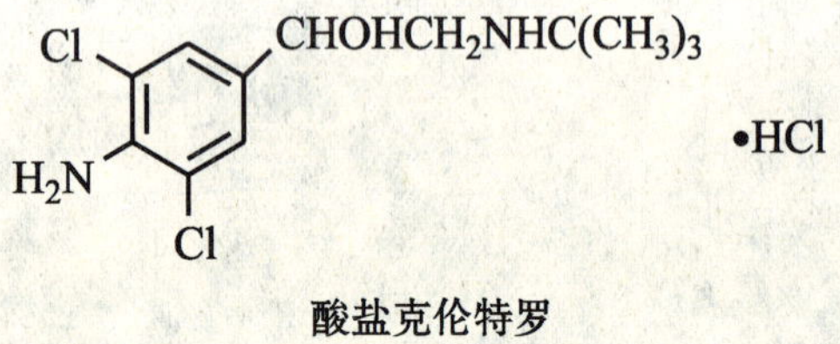

酸盐克伦特罗

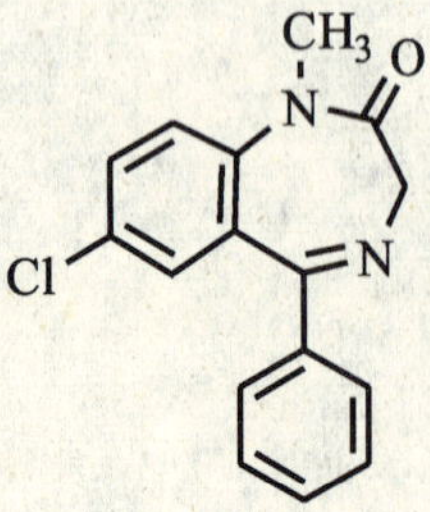

地西泮

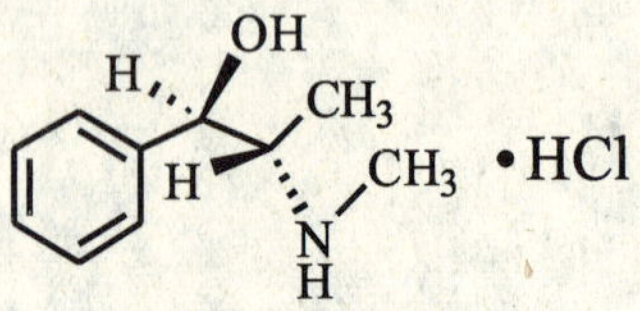

盐酸麻黄碱

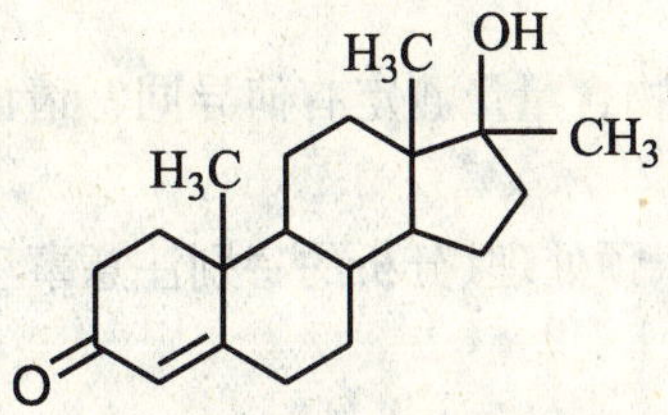

甲睾酮

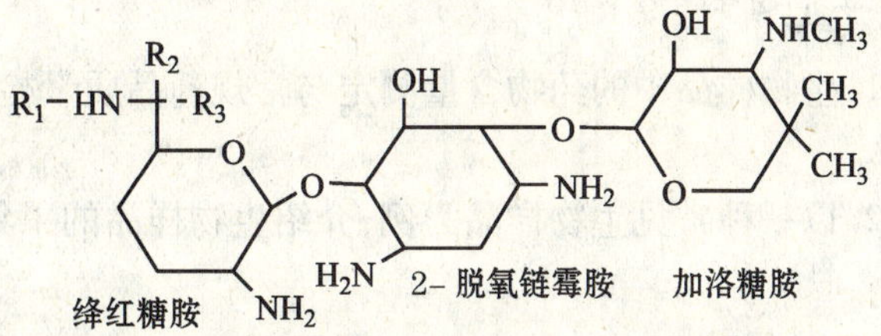

绛红糖胺　2-脱氧链霉胺　加洛糖胺

庆大霉素

三、实验内容

1. 在上述六个药物中任选一个，查阅其生物样品中含量测定的相关文献，择定适当样品，设计合理实验流程，对其进行含量测定。

2. 根据查阅的文献，撰写一篇综述。

3. 实验前应写出实验设计报告，其内容及格式可参考本书第一章验证性实验相关内容。设计报告必须包括以下内容：仪器试药及样品、实验准备、实验方法、注意事项、参考文献。其他有必要、有意义的内容可酌情添加。

4. 根据实验内容及目的要求，参考第一章验证性实验的相关内容，设计原始记录及检验报告各一份。

5. 按照实验设计准备实验，开展实验，测定所选样品中的药物含量，做好原始记录，计算样品中药物含量，写出检验报告。

6. 实验结束后，根据本次实验情况写一份实验总结。

四、注意事项

1. 设计实验前应充分查阅文献，选择适当的样品、恰当的方法测定含量。

2. 设计实验时应尽量选择最佳方法，以求得到准确、可靠的实验结果。

3. 实验设计报告中的仪器试剂及样品主要指实验中所要应用的器材、试剂、样品、药品、对照品、标准品等；实验准备主要指实验中所要应用的滴定液、缓冲液、溶液、试液、试纸、指示液等的配制；实验方法主要指实验的操作步骤及方法，包括样品的预处理步骤，可用示意图、流程图等辅以文字表示，文字说明应写清实验操作方法，总的说来应写得明了、清楚，同时尽量简洁；注意事项主要指实验中应格外注意，操作不当易导致实验误差，严重时甚至会引起实验事故的一些问题。参考文献指实验设计中主要参考的文献著作，其书写格式参见本书参考文献。

4. 综述的撰写可参考近期相关学术期刊，如《药学学报》、《药物分析杂志》、《中国药学杂志》等刊登的综述。

5. 原始记录及检验报告均应设计合理。原始记录，各重要原始数据、实验现象均应有相应的足够的地方记录，切不可疏漏，也应避免繁复；检验报告，相应数据、计算、结果、结论以及必要的图表等均应记录，同样应注意避免疏漏、繁复。

6. 实验总结的书写内容：评价自己的实验设计报告、原始记录及检验报告有何优点，有何不妥之处，在实验中发现了那些问题，可以怎样改善，其他你认为值得讨论的问题。

五、思考题

1. 生物样品中的药物含量测定与常规药品质量检验的药物含量量测定有何异同？请详细说明。

2. 以一种常见生物样品为例，介绍生物样品的采集、贮藏、预处理、分析的特别注意事项。

附　　录

附录Ⅰ　一般杂质检查法

附录Ⅰ-A　澄清度检查法

本法系在室温条件下，将用水稀释至一定浓度的供试品溶液与等量的浊度标准液分别置于配对的比浊用玻璃管（内径15~16 mm，平底，具塞，以无色、透明、中性硬质玻璃制成）中，在浊度标准液制备5分钟后，在暗室内垂直同置于伞棚灯下，照度为1000 lx，从水平方向观察、比较；用以检查溶液的澄清度或其浑浊程度。除另有规定外，供试品溶解后应立即检视。

品种项下规定的“澄清”，系指供试品溶液的澄清度相同于所用溶剂，或未超过0.5号浊度标准液。

浊度标准贮备液的制备：称取于105℃干燥至恒重的硫酸肼1.00 g，置100 ml量瓶中，加水适量使溶解，必要时可在40℃的水浴中温热溶解，并用水稀释至刻度，摇匀，放置4~6小时；取此溶液与等容量的10%乌洛托品溶液混合，摇匀，于25℃避光静置24小时，即得。本液置冷处避光保存，可在两个月内使用，用前摇匀。

浊度标准原液的制备：取浊度标准贮备液15.0 ml，置1 000 ml量瓶中，加水稀释至刻度，摇匀，取适量，置1cm吸收池中，照紫外-可见分光光度法，在550 nm的波长处测定，其吸光度应在0.12~0.15范围内。本液应在48小时内使用，用前摇匀。

浊度标准液的制备：取浊度标准原液与水，按下表配制，即得。本液应临用时制备，使用前充分摇匀。

表10　各级号浊度标准液的制备

级号	0.5	1	2	3	4
浊度标准原液/ml	2.50	5.0	10.0	30.0	50.0
水/ml	97.50	95.0	90.0	70.0	50.0

注意事项：

1. 制备澄清度检查用的浊度标准贮备液、原液和标准液，均应用澄清的水（可用0.45μm

孔径滤膜或 G5 垂熔玻璃漏斗滤过而得）。

2. 浊度标准贮备液、浊度标准原液、浊度标准液，均应按规定制备、使用，否则影响结果。

3. 温度对浊度标准贮备液的制备影响显著，因此规定两液混合时的反应温度应保持在 25±1℃。

4. 用于配制供试品溶液的水，均应为注射用水或新沸放冷的澄清水。

5. 供试品溶液配制后，应在 5 分钟内进行检视。

附录Ⅰ-B　硫酸盐检查法

实验方法：除另有规定外，取各品种项下规定量的供试品，加水溶解使成约 40 ml（溶液如显碱性，可滴加盐酸使成中性）；溶液如不澄清，应滤过；置 50 ml 纳氏比色管中，加稀盐酸 2 ml，摇匀，即得供试溶液。另取该品种项下规定量的标准硫酸钾溶液，置 50 ml 纳氏比色管中，加水使成约 40 ml，加稀盐酸 2 ml，摇匀，即得对照溶液。于供试溶液与对照溶液中，分别加入 25% 氯化钡溶液 5 ml，用水稀释至 50 ml，充分摇匀，放置 10 分钟，同置黑色背景上，从比色管上方向下观察、比较，即得。

标准硫酸钾溶液的制备：称取硫酸钾 0.181 g，置 1 000 ml 量瓶中，加水适量使溶解并稀释至刻度，摇匀，即得每 1 ml 相当于 100 μg SO_4^{2-} 的标准溶液。

注意事项：

1. 适宜浓度。本法的最低检出浓度为 35 μg SO_4^{2-}/50 ml。适宜比浊的浓度范围为 0.1～0.5mg SO_4^{2-}/50 ml，即相当于标准硫酸钾溶液 2.0～5.0 ml/50 ml，此时浑浊梯度明显，易于观察比较。若 SO_4^{2-} 浓度小于 0.05 mg/50 ml，则产生的硫酸钡浑浊不明显，不易观察；若 SO_4^{2-} 浓度大于 1 mg/50 ml，则产生的浑浊度较大，无法区别其浓度差异，且重现性较差。

2. 观察方法。比浊时，应将供试品管与对照管同置黑色台面上，自上向下观察浊度，较易判断。必要时，可变换供试品管与对照管的位置后观察。

3. 温度的影响。温度对浑浊的产生有一定影响，温度太低，产生浑浊少而慢，且不稳定。因此，若实验温度低于 10℃，应将比色管在 25～30℃ 水浴中放置 10 分钟后，再行观察比较。

4. 供试品溶液固有浊度的影响。供试品溶液加入稀盐酸后，如不澄明，可用滤纸滤过，但必须先用盐酸酸化的水洗净滤纸中可能带来的的硫酸盐再过滤，以免滤纸中的硫酸盐混入供试品溶液，影响检查结果，导致误判。

5. 酸度的影响。溶液的酸度对浑浊的产生有一定影响：供试品溶液加盐酸成酸性，可防止碳酸钡或磷酸钡等沉淀的生成。本试验中，以 50 ml 供试品溶液含稀盐酸 2 ml，溶液 pH 值约为 1 时为宜。要注意的是，溶液的酸度也会影响硫酸钡的溶解度，若酸度增加，则会导致反应灵敏度下降，试验时，应注意严格控制。

6. 硫酸钡微粒的大小的影响。生成硫酸钡微粒的大小对浊度的产生有较大影响，而生成硫酸钡微粒的大小又与实验条件直接相关，因此，供试品溶液与对照品溶液应尽可能在相同条件下实验。

7. 氯化钡溶液浓度的影响。氯化钡溶液的浓度在 10%～25% 范围内，所呈硫酸钡浑浊度差异不大。中国药典（2005）附录采用 25% 氯化钡溶液，呈现的浑浊度较稳定。25% 氯化钡溶液不必临用新制，试验证明，该溶液放置1个月后反应效果无显著改变，但若存放时间过久有沉淀析出，则不能使用，应予重配。此外，试验中，加入氯化钡试液后应立即充分摇匀，以防止因局部过浓而影响浊度。

8. 供试品溶液固有颜色的影响。供试品溶液如带颜色，除另有规定外，可取供试品溶液两份，分置50 ml纳氏比色管中，一份中加入25%氯化钡溶液5 ml，摇匀，放置10分钟，如显混浊，可反复滤过，至滤液完全澄清，再加规定量的标准硫酸钾溶液与水适量使成约50 ml，摇匀，放置10分钟，作为对照品溶液；另一份中加入25%氯化钡溶液5 ml与水适量使成约50 ml，摇匀，放置10分钟，按前述方法与对照品溶液比较，即得。

附录Ⅰ-C　干燥失重测定法

实验方法：取供试品，混合均匀（如为较大的结晶，应先迅速捣碎使成2 mm以下的小粒），取约1 g或各药品项下规定的重量，置与供试品相同条件下干燥至恒重的扁形称瓶中，精密称定，除另有规定外，在105℃干燥至恒重。由减失的重量和取样量计算供试品的干燥失重。

注意事项：

1. 干燥失重在1.0%以下的品种可只做一份，1.0%以上的品种应同时做平行试验两份。

2. 供试品干燥时，应平铺在扁形称量瓶中，厚度不可超过5 mm，如为疏松物质，厚度不可超过10 mm。

3. 放入烘箱或干燥器进行干燥时，应将瓶盖取下，置称量瓶旁，或将瓶盖半开进行干燥；取出时，须将称量瓶盖好。

4. 置烘箱内干燥的供试品，应在干燥后取出置干燥器中放冷至室温，然后称定重量。设定烘箱的温度时，应注意加热温度有冲高现象（尤其干燥温度较低时），必要时可先设定至略低于规定的温度，待温度稳定后再调高至规定温度。也可借助程序升温方法。

5. 供试品如未达规定的干燥温度即融化时，应先将供试品于较低的温度下干燥至大部分水分除去后，再按规定条件干燥。

6. 当用减压干燥器或恒温减压干燥器时，除另有规定外，压力应在2.67 kPa（20 mmHg）以下。并宜选用单层玻璃盖的称量瓶，如用玻璃盖为双层中空，减压时，称量瓶盖切勿放入减压干燥箱（器）内，应放在另一普通干燥器内。减压干燥器（箱）内部为负压，开启前应注意缓缓旋开进气阀，使干燥空气进入，并避免气流吹散供试品。初次使用新的减压干燥器时，应先将外部用厚布包好，再行减压，以防破碎伤人。

7. 恒温减压干燥时，除另有规定外，温度应为60℃。装有供试品的称量瓶应尽量置于温度计附近，以免因箱内温度不均匀产生温度误差。

8. 干燥器中常用的干燥剂为无水氯化钙、硅胶或五氧化二磷，恒温减压干燥器中常用的干燥剂为五氧化二磷。干燥剂应保持在有效状态，硅胶应显蓝色，五氧化二磷应呈粉末状，如表面呈结皮现象时应除去结皮物。无水氯化钙应呈块状。

9. 称定扁形称量瓶和供试品以及干燥后的恒重，均应准确至0.1 mg位。

附录Ⅰ-D　铁盐检查法

实验方法：除另有规定外，取各品种项下规定量的供试品，加水溶解使成25 ml，移置50 ml纳氏比色管中，加稀盐酸4 ml与过硫酸铵50 mg，用水稀释使成35 ml后，加30%硫氰酸铵溶液3 ml，再加水适量稀释成50 ml，摇匀；如显色，立即与标准铁溶液一定量制成的对照溶液（取该品种项下规定量的标准铁溶液，置50 ml纳氏比色管中，加水使成25 ml，加稀盐酸4 ml与过硫酸铵50 mg，用水稀释使成35 ml，加30%硫氰酸铵溶液3 ml，再加水适量稀释成50 ml，摇匀）比较，即得。

标准铁溶液的制备：精密称取硫酸铁铵[$FeNH_4(SO_4)_2 \cdot 12H_2O$] 0.863 g，置1 000 ml量瓶中，加水溶解后，加硫酸2.5 ml，用水稀释至刻度，摇匀，作为贮备液。临用前，精密量取贮备液10 ml，置100 ml量瓶中，加水稀释至刻度，摇匀，即得每1 ml相当于10μg Fe^{3+}的标准溶液。

注意事项：

1. 适宜浓度。目视比色时以50 ml供试品溶液中含10～50 μg Fe^{3+}为宜，即相当于取标准铁溶液1～5 ml，此时色泽梯度明显，易于观察比较。50 ml供试品溶液中含Fe^{3+} 5～90 μg时，吸收度与溶液的浓度呈良好的线性关系。

2. 观察方法。比色时，应将供试管与对照管同置于白色背景上，自上而下观察。

3. 温度与光线的影响。温度和光线均会影响硫氰酸铁的稳定性，试验时应注意控制。

4. 酸度的影响。中性或碱性溶液中，Fe^{3+}会水解生成棕色的水合羟基铁离子[$Fe(H_2O)_5OH]^{2+}$或红棕色的氢氧化铁沉淀，因此，反应应在酸性条件下进行。而硝酸具氧化性，会使SCN^-受到破坏，所以采用稀盐酸。此外，在盐酸酸性条件下，可以避免弱酸盐如醋酸盐、磷酸盐等的干扰。试验证明，以50 ml溶液中含稀盐酸4 ml为宜。

5. 过硫酸铵的影响。过硫酸铵为氧化剂，加入过硫酸铵，既可将供试品中Fe^{2+}氧化成Fe^{3+}，又可防止光线导致的硫氰酸铁还原或分解褪色。

6. 硫氰酸铵的影响。试验应加入过量的硫氰酸铵。铁盐与硫氰酸根离子的反应是可逆反应，加入过量的硫氰酸铵，既可以增加生成的配位离子的稳定性从而提高反应灵敏度，又可以消除因氯化物等与铁盐形成配位化合物而引起的干扰。但要注意，硫氰酸根离子能与多种金属离子发生反应干扰测定，例如，与锌、锑等离子形成配位化合物导致硫氰酸铁配离子颜色深度降低，与银、铜、钴、铋等离子生成有色沉淀影响比色。

7. 酸根阴离子的影响。许多酸根阴离子如硫酸根、磷酸根、枸橼酸根等会与Fe^{3+}形成无色配位化合物导致硫氰酸铁的红色消褪，使测定结果偏低。排除干扰的方法包括适当增加酸度，增加硫氰酸铵试液的加入量，用正丁醇提取后比色。

8. 若供试管与对照管色调不一致，或所呈红色太浅不便比较，可将供试管与对照管分别移入分液漏斗中，用正丁醇或异戊醇提取后比色。因为硫氰酸铁配离子在正丁醇或异戊醇中的溶解度大，因此可以增加颜色深度，而且提取过程还可以排除某些干扰物质的影响。具体方法为：将供试管与对照管分别移至分液漏斗中，各加正丁醇20 ml提取，俟分层后，将正丁醇层移置50 ml纳氏比色管中，再用正丁醇稀释至25 ml，比较，即得。

9. 某些有机药物，特别是具环状结构的有机药物，在实验条件下难以溶解，需经炽灼破坏，使铁盐以三氧化二铁状态留于残渣中，经过适当处理，再依法检查。

10. 标准铁储备液应存放于阴凉处，存放期如出现混浊或其他异常情况时，不得再使用。

附录Ⅰ-E　重金属检查法

标准铅溶液的制备：称取硝酸铅 0.160 g，置 1000 ml 量瓶中，加硝酸 5 ml 与水 50 ml 溶解后，用水稀释至刻度，摇匀，作为贮备液。临用前，精密量取贮备液 10 ml，置 100 ml 量瓶中，加水稀释至刻度，摇匀，即得每 1 ml 相当于 10μg 的 Pb 标准溶液。

实验方法：

第一法

除另有规定外，取 25 ml 纳氏比色管两支，甲管中加标准铅溶液一定量与醋酸盐缓冲液(pH3.5)2 ml 后，加水或各品种项下规定的溶剂稀释成 25 ml，乙管中加入按该品种项下规定的方法制成的供试品溶液 25 ml；若供试液带颜色，可在甲管中滴加少量的稀焦糖溶液（取蔗糖少许置坩埚中，小火加热至由黄色转变成红棕色，放冷，加水溶解即得）或其他无干扰的有色溶液，使之与乙管一致；再在甲乙两管中分别加硫代乙酰胺试液各 2 ml，摇匀，放置 2 分钟，同置白纸上，自上向下透视，乙管中显示的颜色与甲管比较，不得更深。

如在甲管中滴加稀焦糖溶液仍不能使颜色一致时，可取该品种项下规定的 2 倍量的供试品和试液，加水或该品种项下规定的溶剂使成 30 ml，将溶液分成甲乙二等份，乙管中加水或该品种项下规定的溶剂稀释成 25 ml；甲管中加入硫代乙酰胺试液 2 ml，摇匀，放置 2 分钟，经滤膜（孔径 3 μm）滤过，然后甲管中加入标准铅溶液一定量，加水或该品种项下规定的溶剂使成 25 ml；再分别在乙管中加硫代乙酰胺试液 2 ml，甲管中加水 2 ml，照上述方法比较，即得。

供试品如含高铁盐影响重金属检查时，可取该品种项下规定方法制成的供试品溶液，加抗坏血酸 0.5～1.0 g，并在对照溶液中加入相同量的抗坏血酸，再照上述方法检查。

配制供试品溶液时，如使用的盐酸超过 1.0 ml（或与盐酸 1.0 ml 相当的稀盐酸），氨试液超过 2 ml，或加入其他试剂进行处理者，除另有规定外，对照溶液中应取同样同量的试剂置瓷皿中蒸干后，加醋酸盐缓冲液(pH3.5)2 ml 与水 15min，微热溶解后，移置纳氏比色管中，加标准铅溶液一定量，再用水稀释成 25 ml。

第二法

除另有规定外，取该品种炽灼残渣项下遗留的残渣，加硝酸 0.5 ml，蒸干，至氧化氮蒸气除尽后（或取供试品一定量，缓缓炽灼至完全炭化，放冷，加硫酸 0.5～1.0 ml，使恰湿润，用低温加热至硫酸除尽后，加硝酸 0.5 ml，蒸干，至氧化氮蒸气除尽后，放冷，在 500～600℃炽灼使完全灰化），放冷，加盐酸 2 ml，置水浴上蒸干后加水 15 ml，滴加氨试液至对酚酞指示液显中性，再加醋酸盐缓冲液(pH3.5)2 ml，微热溶解后，移置纳氏比色管中，加水稀释成 25 ml；另取配制供试溶液的试剂，置瓷皿中蒸干后，加醋酸盐缓冲液(pH3.5)2 ml 与水 15 ml，微热溶解后，移置纳氏比色管中，加标准铅溶液一定量，再用水稀释成 25 ml；照上述第一法检查，即得。

第三法

除另有规定外，取供试品适量，加氢氧化钠试液 5 ml 与水 20 ml 溶解后，置纳氏比色管中，加硫化钠试液 5 滴，摇匀，与一定量的标准铅溶液同样处理后的颜色比较，不得更深。

第四法

［仪器装置］　滤器由具有螺纹丝扣并能密封的上下二部，以及垫圈、滤膜和尼龙垫网所组成。如图1。

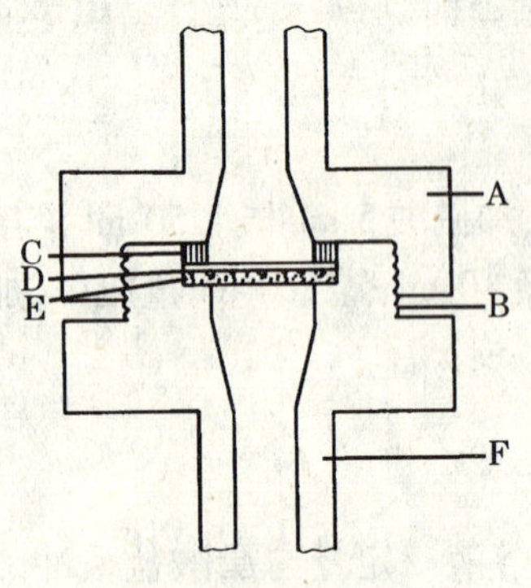

图1　重金属检查仪器装置图

A为滤器上盖部分，入口处应能与50 ml注射器紧密连接；B为连接头；C为垫圈（外径10mm，内径6mm）；D为滤膜，直径10 mm，孔径3.0μm，用前应在水中浸泡24小时以上；E为尼龙垫网（孔径不限），直径10mm；F为滤器下部，出口处套上一合适橡皮管

［标准铅斑的制备］　精密量取标准铅溶液一定量，置小烧杯中，用水或各品种项下规定的溶剂稀释成10 ml，加入醋酸盐缓冲液（pH3.5）2 ml与硫代乙酰胺试液1.0 ml，摇匀，放置10分钟，用50 ml注射器转移至上述滤器中进行压滤（滤速约为每分钟1ml），滤毕，取下滤膜，放在滤纸上干燥，即得。

［检查法］　取按各品种项下规定方法制成的供试溶液10 ml，照标准铅斑的制备，自"加入醋酸盐缓冲液（pH3.5）2 ml"起，依法操作，将生成的斑点与标准铅斑比较，不得更深。

若供试溶液有颜色或浑浊，应用滤膜进行预滤，如滤膜上有污染，应换滤膜再滤，直至滤膜不再染色；然后取滤液10 ml，照标准铅斑的制备，自"加入醋酸盐缓冲液（pH3.5）2 ml"起，依法操作，并照上述检查法中所述比较，即得。

注意事项：

1. 标准铅溶液应在临用前精密量取标准铅贮备液新鲜稀释配制，以防止硝酸铅水解而造成误差；配制与贮存标准铅溶液使用的玻璃容器，均不得含有铅。

第一法：

2. 适宜浓度。目视比色时以27 ml供试品溶液中含10～20μg　Pb为宜，即相当于取标准铁溶液1～2 ml，此时色泽梯度明显，易于观察比较。

3. 酸度的影响。溶液pH值对金属离子与硫化氢呈色影响较大。pH值在3.0～3.5时，硫化铅沉淀较完全，呈色较好。中国药典（2005）选用醋酸盐缓冲液控制溶液pH值。若溶液酸度增大，则呈色变浅甚至不显色。因此供试品若用强酸溶解，或在处理过程中使用了强酸，在加入硫代乙酰胺试液以前，应先在溶液中加氨水至其对酚酞指示液显中性，再加入醋酸盐缓冲液（pH3.5）调节溶液的酸度。

4. 若供试品本身为三价铁盐，可在比重为1.103～1.105的盐酸（9 ml盐酸加水6 ml）中使Fe^{3+}转变为$HFeCl_{62-}$，用乙醚提取除去。然后，加入氨试液使呈碱性，再加入氰化钾掩蔽残存的微量Fe^{3+}，以硫化钠试液为显色剂检查铅盐。

5. 若药物本身也能生成不溶性硫化物时，会干扰重金属的检查，此时，应根据具体情况，采用特殊方法处理。

第二法：

6. 温度的影响。炽灼温度对重金属检查影响较大，温度过低则灰化不完全，温度过高则重金属挥发，综合考虑，炽灼温度应控制在500℃～600℃。

7. 酸的影响。炽灼残渣若需加硝酸进一步处理，则必须蒸干除尽氧化氮，否则亚硝酸可氧化硫化氢析出乳硫，影响比色。蒸干后残渣加盐酸是为了使重金属转化成氯化物，以水溶解后加入氨试液是为了调节溶液酸碱度，为了消除各种试剂中可能夹杂的重金属的影响，在配制供试品溶液时,除另有规定外,对照品溶液应取同样量试剂在磁皿中蒸干后依法检查。

8. 含钠盐或氟的有机药物在炽灼时能腐蚀瓷坩埚而引入重金属,应改用铂坩埚或硬质玻璃蒸发皿。

第三法:

9. 硫化钠试液对玻璃有一定的腐蚀性,且久置后会产生絮状物,应临用新制。

第四法:

10. 供试品溶液如有色或浑浊,应对换辅助滤板与滤膜的位置,进行预滤,如滤膜上有污染,应更换滤膜再滤,直至滤膜无污染,再换回辅助滤板与滤膜于原位置,制备铅斑,检查。

11. 将注射器套于滤器上后,让注射器内管自然下降,产生的压力比较均匀,而且对于大多数样品溶液过滤速度达到每分钟 1 ml 左右;对于较黏稠的样品溶液,可施加一均匀压力使达到该速度,以保证色斑上色调的均匀性。滤过时如滤器中存在气泡则会影响色斑质量,故在装置辅助滤板(尼龙垫网)、滤膜和垫圈时应以水排除气泡。滤器上端与注射器连接处的尺寸大小应以两者能严密嵌合为宜,以免滤过时溶液溢漏;必要时可改用乳胶管连接。

附录Ⅰ-F　砷盐检查法

标准砷溶液的制备:称取三氧化二砷 0.132 g,置 1 000 ml 量瓶中,加 20% 氢氧化钠溶液 5 ml溶解后,用适量稀硫酸中和,再加稀硫酸 10 ml,用水稀释至刻度,摇匀,作为贮备液。

临用前,精密量取贮备液 10 ml,置 1 000 ml 量瓶中,加稀硫酸 10 ml,用水稀释至刻度,摇匀,即得每 1 ml 相当于 1μg As 的标准溶液。

实验方法

第一法(古蔡法):

[**仪器装置**]　如图 2,A 为 100 ml 标准磨口锥形瓶;B 为中空的标准磨口塞,上连导气管 C(外径 8.0mm,内径 6.0mm),全长约 180mm;D 为具孔的有机玻璃旋塞,其上部为圆形平面,中央有一圆孔,孔径与导气管 C 的内径一致,其下部孔径与导气管 C 的外径相适应,将导气管 C 的顶端套入旋塞下部孔内,并使管壁与旋塞的圆孔适相吻合,黏合固定;E 为中央具有圆孔(孔径 6.0mm)的有机玻璃旋塞盖,与 D 紧密吻合。

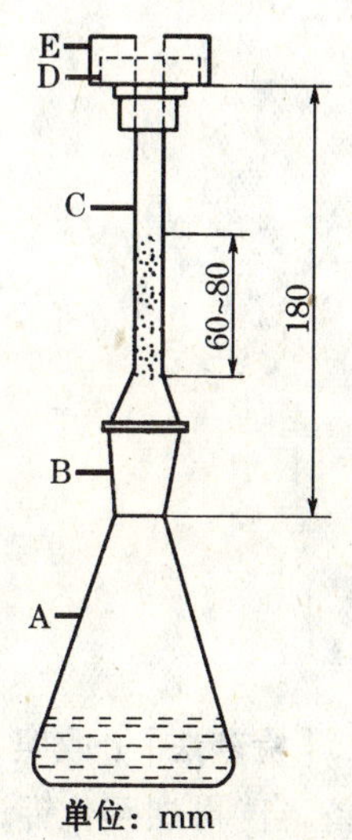

图 2　砷盐检查古蔡法仪器装置图

测试时,于导气管 C 中装入醋酸铅棉花 60 mg(装管高度为 60 ~ 80 mm),再于旋塞 D 的顶端平面上放一片溴化汞试纸(试纸大小以能覆盖孔径而不露出平面外为宜),盖上旋塞盖 E 并旋紧,即得。

[**标准砷斑的制备**]　精密量取标准砷溶液 2 ml,置 A 瓶中,加盐酸 5 ml 与水 21 ml,再加碘化钾试液 5 ml 与酸性氯化亚锡试液 5 滴。室温放置 10 分钟后,加锌粒 2 g,立即将照上法装妥的导气管 C 密塞于 A 瓶上,并将 A 瓶置 25 ~40℃ 水浴中,反应 45 分钟,取出溴化汞试纸,即得。

若供试品需经有机破坏后再行检砷,则应取标准砷溶液代替供试品，照各药品项下规定的方法同法处理后，依法制备标准砷斑。

[检查法]　取按各品种项下规定方法制成的供试品溶液，置 A 瓶中，照标准砷斑的制备，自“再加碘化钾试液 5 ml”起，依法操作。将生成的砷斑与标准砷斑比较，不得更深。

第二法（二乙基二硫代氨基甲酸银法）

[仪器装置]　如图 3。A 为 100 ml 标准磨口锥形瓶；B 为中空的标准磨口塞，上连导气管 C（一端的外径为 8 mm，内径为 6 mm；另一端长 180 mm，外径 4 mm，内径 1.6 mm，尖端内径为 1 mm）。D 为平底玻璃管（长 180 mm，内径 10 mm，于 5.0 ml 处有一刻度）。

测试时，于导气管 C 中装入醋酸铅棉花 60 mg（装管高度约 80 mm），并于 D 管中精密加入二乙基二硫代氨基甲酸银试液 5 ml。

[标准砷对照液的制备]　精密量取标准砷溶液 5 ml，置 A 瓶中，加盐酸 5 ml 与水 21 ml，再加碘化钾试液 5 ml 与酸性氯化亚锡试液 5 滴，在室温放置 10 分钟后，加锌粒 2 g，立即将导气管 C 与 A 瓶密塞，使生成的砷化氢气体导入 D 管中，并将 A 瓶置 25 ~ 40℃ 水浴中反应 45 分钟，取出 D 管，添加三氯甲烷至刻度，混匀，即得。

若供试品需经有机破坏后再行检砷，则应取标准砷溶液代替供试品，照各品种项下规定的方法同法处理后，依法制备标准砷对照液。

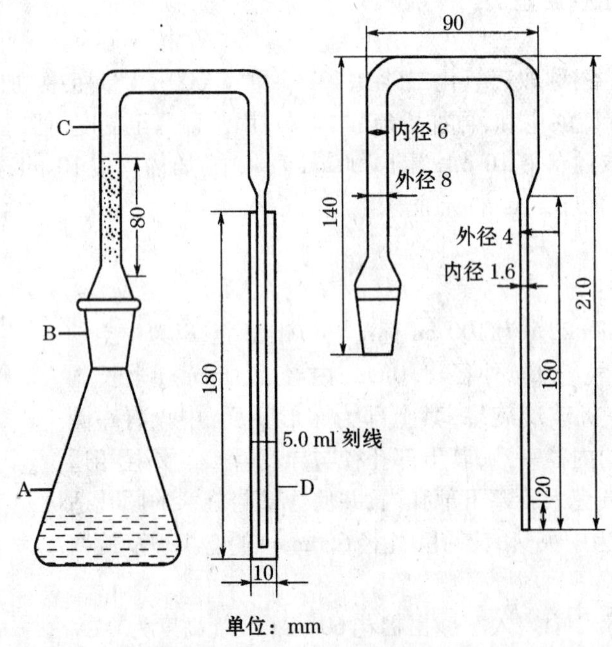

图 3　砷盐检查二乙基二硫代氨基甲酸银法仪器装置图

[检查法]　取照各品种项下规定方法制成的供试品溶液，置 A 瓶中，照标准砷对照液的制备，自“再加碘化钾试液 5 ml”起，依法操作。将所得溶液与标准砷对照液同置白色背景上，从 D 管上方向下观察、比较，所得溶液的颜色不得比标准砷对照液更深。必要时，可将所得溶液转移至 1 cm 吸收池中，依照紫外 - 可见分光光度法在 510 nm 波长处以二乙基二硫代氨基甲酸银试液作空白，测定吸光度，与标准砷对照液按同法测得的吸光度比较，即得。

注意事项：

1. 所用仪器和试液等照本法检查，均不应生成砷斑，或至多生成仅可辨认的斑痕。新购置的仪器装置，在使用前应检查是否符合要求。可将所使用的仪器装置依法制备标准砷斑，所得砷斑应呈色一致。同一套仪器应能辨别出标准砷溶液1.5 ml与2.0 ml所呈砷斑的深浅。

2. 制备标准砷斑或标准砷对照品溶液，应与供试品检查同时进行。标准砷溶液应于实验当天配制，标准砷贮备液存放时间一般不宜超过1年。

3. 本法所用锌粒应无砷，以能通过一号筛的细粒为宜，如使用的锌粒较大时，用量应酌情增加，反应时间亦应延长为1小时。

4. 醋酸铅棉花系取脱脂棉1.0 g，浸入醋酸铅试液与水的等容混合液12 ml中，湿透后，挤压除去过多的溶液，并使之疏松，在100℃以下干燥后，贮于玻璃塞瓶中备用。

5. 中国药典(2005)制备标准砷斑，皆取2 ml标准砷溶液(相当2μg As)制备，所得砷斑清晰，便于观察比较。若砷溶液浓度过大或偏小，则制得砷斑会过深或偏浅，影响比色正确性。因此，中国药典规定，各种药物的砷盐检查一律取标准砷溶液2 ml，若药物的含砷限量不同时，可按规定限量改变供试品的取用量。

6. 氢气发生速度的影响。氢气发生的速度会影响砷化氢的逸出速度，使砷斑的色泽和清晰程度受影响。而氢气的发生速度与溶液的酸度、锌粒的粒度与用量、反应温度等有关。中国药典(2005)的实验条件为：供试品溶液酸度为2 mol/L盐酸，碘化钾浓度为2.5%，氯化亚锡浓度为0.3%，加入试液后室温放置10分钟，再加锌粒(通过一号筛)2 g，立即密塞导气管，A瓶置25～40℃水浴，反应45分钟。

7. 滤纸的影响。溴化汞试纸与砷化氢作用较氯化汞试纸灵敏，但所呈砷斑不稳定，反应中应保持干燥及避光，反应完毕应立即比色制备溴化汞试纸所用滤纸的质量，对生成砷斑的色泽有影响，用定性滤纸，所显砷斑色调较暗，深浅梯度无规律；用定量滤纸质地疏松者，所显砷斑色调鲜明，梯度规律。因此必须选用质量较好、组织疏松的中速定量滤纸。溴化汞试纸一般宜新鲜制备。取用溴化汞试纸应用镊子，不可用手接触生成砷斑部分。

8. 碘化钾及氯化亚锡的作用。在反应液中加入碘化钾及氯化亚锡可将五价砷还原为三价砷，五价砷在酸性溶液中虽然也能被金属锌还原为砷化氢，但生成砷化氢的速度较三价砷慢。同时加入碘化钾与氯化亚锡，碘化钾被氧化生成的碘又可被氯化亚锡还原为碘离子，再与反应中产生的锌离子形成稳定的配位离子，利于生成砷化氢的反应不断进行。此外，因为锑化氢也能与溴化汞试纸作用生成锑斑，影响检查，而氯化亚锡与碘化钾可以抑制锑化氢的生成。氯化亚锡还可与锌作用，在锌粒表面形成锌锡齐，起去极化作用，从而使氢气均匀而连续地发生。

9. 醋酸铅棉花的作用。锌粒与供试品中可能含有的少量硫化物在酸性液中能产生硫化氢气体，进而与溴化汞作用生成硫化汞色斑，干扰检查。中国药典采用醋酸铅棉花吸收硫化氢。中国药典(2005)规定装入醋酸铅60 mg棉花，装管高度为60～80 mm，则既可免除硫化氢的干扰，又可使砷化氢以适宜的速度通过。导气管中的醋酸铅棉花，要保持疏松、干燥，不要塞入近下端。

10. 供试品若为硫化物、亚硫酸盐、硫代硫酸盐等，会在酸性溶液中生成硫化氢或二氧化硫气体，与溴化汞作用生成黑色硫化汞或金属汞，干扰检查。此时，应先加硝酸处理，使之氧化成硫酸盐，消除干扰。注意蒸干除尽过量的硝酸及产生的氮的氧化物。

11. 供试品若为铁盐，不仅消耗还原剂，还会氧化砷化氢，干扰检查。应先加酸性氯化亚锡试液,将高铁离子还原为低铁离子,再依法检查。

12. 供试品若为强氧化剂或在酸性溶液中能产生强氧化性物质者,不仅消耗锌粒且产生的氮的氧化物氧化新生态的氢,影响砷化氢的生成,因此需加入硫酸先行分解后再依法测定。

13. 具环状结构的有机药物,因砷可能以共价键与其结合,需在有机破坏后进行检查,否则会难以检出砷盐,或检查结果偏低。通常采用石灰法破坏,即供试品与无砷氢氧化钙混匀,加水润湿,烘干,小火灼烧使炭化,再于500~600℃炽灼至完全灰化,则有机结合的砷转化为亚砷酸钙。环状结构的有机酸碱金属盐用石灰法不能破坏完全,需用无水碳酸钠进行碱熔破坏。此外,也可采用硝酸镁乙醇溶液灼烧破坏,使砷生成非挥发性砷酸镁[$Mg_3(AsO_4)_2$],该残渣加盐酸后易于溶解,方法操作简便,易于灰化,用于有机药物破坏后砷能定量回收,但操作中需注意使硝酸镁完全分解为氧化镁以保证灰化完全,若有硝酸盐或亚硝酸盐残留,则会在酸性液中生成硝酸或亚硝酸,影响检查。

14. 供试品若为锑盐时,生成的锑化氢会与溴化汞试纸作用产生灰色锑斑〔$SbH_2(HgBr)$〕,干扰检查。因此,应改用白田道夫(Bettendorff)法。

15. 砷斑的保存。砷斑遇光、热及湿气会褪色。若需保存,可将砷斑在石蜡饱和的石油醚溶液中浸过晾干,或避光置于干燥器内,或将砷斑用滤纸包好夹在记录本中。

附录Ⅱ　测定法

附录Ⅱ－A　氧瓶燃烧法

指将含有卤素或硫等元素的有机物,在充满氧气的燃烧瓶中,在铂丝的催化作用下进行燃烧,使有机化合物快速分解为水溶性的无机离子型产物。燃烧过程的局部温度达1000～1200℃,燃烧产物被吸入吸收液后,采用适宜的分析方法检查或测定卤素或硫等相应元素的含量。本法亦可用于含硒、镉等化合物的燃烧分解。吸收液常用水、稀酸、稀碱、过氧化氢溶液或含有过氧化氢的稀酸、稀碱溶液。

仪器装置:燃烧瓶为500 ml、1 000 ml或2 000 ml磨口、硬质玻璃锥形瓶,瓶塞应严密、空心,底部熔封铂丝一根(直径为1 mm),铂丝下端做成网状或螺旋状,长度约为瓶身长度的2/3,如图4－A。

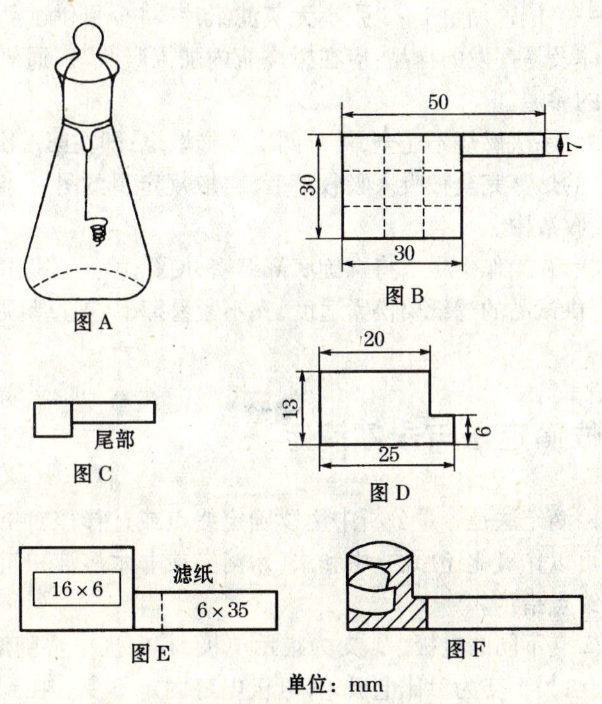

图4　氧瓶燃烧仪器装置图

操作法:按各品种项下的规定,精密称取供试品(如为固体,应研细)适量,除另有规定外,置于无灰滤纸(图4－B)中心,按虚线折叠(图4－C)后,固定于铂丝下端的网内或螺旋处,使尾部露出。如为液体供试品,可在透明胶纸和滤纸做成的纸袋中称样,方法为将透明胶纸剪成规定的大小和形状(图4－D),中部贴一约16 mm×6 mm的无灰滤纸条,并于其突出部分贴一

6 mm × 35 mm 的无灰滤纸条（图 4 – E），将胶纸对折，紧粘住底部及另一边，并使上口敞开（图 4 – F）；精密称定重量，用滴管将供试品从上口滴在无灰滤纸条上，立即捏紧粘住上口，精密称定重量，两次重量之差即为供试品重，将含有供试品的纸袋固定于铂丝下端的网内或螺旋处，使尾部露出。

另在燃烧瓶内按各品种项下的规定加入吸收液，并将瓶口用水湿润，小心急速通入氧气约 1 分钟（通气管应接近液面，使瓶内空气排尽），立即用表面皿覆盖瓶口，移置他处；点燃包有供试品的滤纸尾部，迅速放入燃烧瓶中，按紧瓶塞，用水少量封闭瓶口，俟燃烧完毕（应无黑色碎片），充分振摇，使生成的烟雾完全吸入吸收液中，放置 15 分钟，用水少量冲洗瓶塞及铂丝，合并洗液及吸收液。同法另做空白试验。然后按各品种项下规定的方法进行检查或测定。

注意事项：

1. 燃烧瓶的选择。根据取样量多少，选择适当容量的燃烧瓶：取样 10 ~ 20 mg 时，可选用容量为 500 ml 燃烧瓶；取样 100 mg 左右，一般要选用容量为 1000 ml 燃烧瓶；取样 200 mg 时，则要用容量为 2 000 ml 燃烧瓶。测定含氟有机物时，需选用石英燃烧瓶。

2. 取样。称取固体样品时应先研细。取样用的无灰滤纸剪裁和折叠时，手不能接触滤纸，特别是测定和检查氯化物，可将无灰滤纸夹在其他洁净的纸张中间，剪后用镊子折叠并夹入螺旋状铂丝中；取样用透明胶纸，可采用上海出品的熊猫牌胶纸带；液体样品取样亦可在供固体取样的无灰滤纸中心一格位置加垫 1 ~ 2 张小无灰滤纸片，将少量供试品滴加在小滤纸片上，立即按规定折叠。液体及易挥发的样品，应在燃烧瓶内加入吸收液，通氧气后取样，以减少样品的挥发及在滤纸上的渗透。

有的品种取样量大，一次燃烧不完全，可分两次取样燃烧；即在第一次取规定量的半量，按法操作，俟燃烧完毕后的烟雾完全被吸入吸收液后，再取规定量的另一半量，在原燃烧瓶通氧后燃烧，吸收入同一吸收液中。

将铂丝绕成螺旋状，在操作中尽量将螺旋底部缠密，使孔隙小，并保持铂丝干燥，便于供试品燃烧完全；夹持包有供试品的滤纸要松紧适度，夹不紧易掉下，夹过紧则不易燃烧完全。

附录Ⅱ – B　电位滴定法与永停滴定法

电位滴定法与永停滴定法是容量分析中用以确定终点或选择核对指示剂变色域的方法。选用适当的电极系统可以作氧化还原法、中和法（水溶液或非水溶液）、沉淀法、重氮化法或水分测定法第一法等的终点指示。

电位滴定法选用 2 支不同的电极。1 支为指示电极，其电极电势随溶液中被分析成分的离子浓度的变化而变化；另 1 支为参比电极，其电极电势固定不变。在到达滴定终点时，因被分析成分的离子浓度急剧变化而引起指示电极的电势突减或突增，此转折点称为突跃点。

永停滴定法采用 2 支相同的铂电极，当在电极间加一低电压（例如 50 mV）时，若电极在溶液中极化，则在未到滴定终点时，仅有很小或无电流通过；但当到达终点时，滴定液略有过剩，使电极去极化，溶液中即有电流通过，电流计指针突然偏转，不再回复。反之，若电极由去极化变为极化，则电流计指针从有偏转回到零点，也不再变动。

[仪器装置]　电位滴定可用电位滴定仪、酸度计或电位差计，永停滴定可用永停滴定仪

或按图5所示装置。

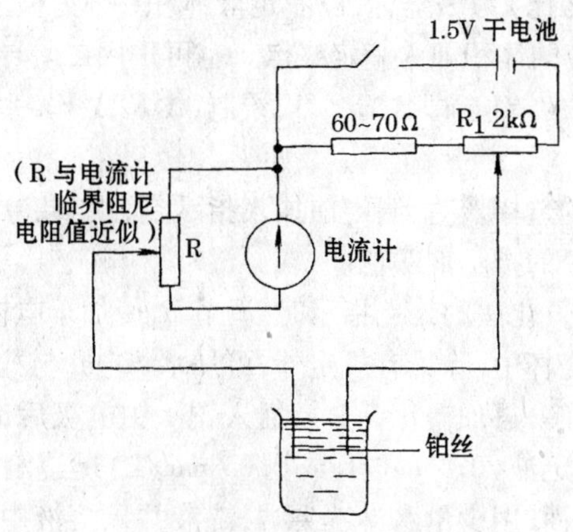

图5　永停滴定仪器装置图

电流计的灵敏度除另有规定外，测定水分时用10^{-6}A/格，重氮化法用10^{-9}A/格。所用电极可按表11选择。

表11　电极的选择

方　法	电极系统	说　明
水溶液氧化还原法	铂－饱和甘汞	铂电极用加有少量三氯化铁的硝酸或用铬酸清洁液浸洗
水溶液中和法	玻璃－饱和甘汞	
非水溶液中和法	玻璃－饱和甘汞	饱和甘汞电极套管内装氯化钾的饱和无水甲醇溶液。玻璃电极用过后应即清洗并浸在水中保存
水溶液银量法	银－玻璃	银电极可用稀硝酸迅速浸洗
	银－硝酸钾盐桥－饱和甘汞	
－C≡CH中氢置换法	玻璃－硝酸钾盐桥－饱和甘汞	
硝酸汞电位滴定法	铂－汞－硫酸亚汞	铂电极可用10%（g/ml）硫代硫酸钠溶液浸泡后用水清洗。汞－硫酸亚汞电极可用稀硝酸浸泡后用水清洗
永停滴定法	铂－铂	铂电极用加有少量三氯化铁的硝酸或用铬酸清洁液浸洗

［滴定法］

1. 电位滴定法：将盛有供试品溶液的烧杯置电磁搅拌器上，浸入电极，搅拌，并自滴定管中分次滴加滴定液；开始时可每次加入较多的量，搅拌，记录电位；至将近终点前，则应每次加入少量，搅拌，记录电位；至突跃点已过，仍应继续滴加几次滴定液，并记录电位。

滴定终点的确定　用坐标纸以电位（E）为纵坐标，以滴定液体积（V）为横坐标，绘制$E-V$

曲线，以此曲线的陡然上升或下降部分的中心为滴定终点。或以 $\Delta E/\Delta V$（即相邻两次的电位差和加入滴定液的体积差之比）为纵坐标，以滴定液体积（V）为横坐标，绘制（$\Delta E/\Delta V$）－V 曲线，与 $\Delta E/\Delta V$ 的极大值对应的体积即为滴定终点。也可采用二阶导数确定终点。根据求得的 $\Delta E/\Delta V$ 值，计算相邻数值间的差值，即 $\Delta^2 E/\Delta^2 V$，绘制（$\Delta^2 E/\Delta^2 V$）－V 曲线，曲线过零时的体积即为滴定终点。

如系供指示剂变色域的选择核对，滴定前加入指示剂，观察终点前至终点后的颜色变化，以选定该品种在滴定终点时的指示剂颜色。

2. 永停滴定法：用作重氮化法的终点指示时，调节 R_1 使加于电极上的电压约为 50mV。取供试品适量，精密称定，置烧杯中，除另有规定外，可加水 40 ml 与盐酸溶液（1→2）15 ml，而后置电磁搅拌器上，搅拌使溶解，再加溴化钾 2 g，插入铂－铂电极后，将滴定管的尖端插入液面下约 2/3 处，用亚硝酸钠滴定液（0.1 mol/L 或 0.05 mol/L）迅速滴定，随滴随搅拌，至近终点时，将滴定管的尖端提出液面，用少量水淋洗尖端，洗液并入溶液中，继续缓缓滴定，至电流计指针突然偏转，并不再回复，即为滴定终点。

用作水分测定法第一法的终点指示时，可调节 R_1 使电流计的初始电流为 5～10 μA，待滴定到电流突增至 50～150 μA，并持续数分钟不退回，即为滴定终点。

附录Ⅱ－C　非水溶液滴定法

非水溶液滴定法是在非水溶剂中进行滴定的方法。主要用来测定有机碱及其氢卤酸盐、磷酸盐、硫酸盐或有机酸盐，以及有机酸碱金属盐类药物的含量，也用于测定某些有机弱酸的含量。

非水溶剂的种类

1. 酸性溶剂：有机弱碱在酸性溶剂中可显著地增强其相对碱度，最常用的酸性溶剂为冰醋酸。

2. 碱性溶剂：有机弱酸在碱性溶剂中可显著地增强其相对酸度，最常用的碱性溶剂为二甲基甲酰胺。

3. 两性溶剂：兼有酸、碱两种性能，最常用的为甲醇。

4. 惰性溶剂：这一类溶剂没有酸、碱性，如苯、三氯甲烷等。

第一法　除另有规定外，精密称取供试品适量［约消耗高氯酸滴定液（0.1 mol/L）8 ml］，加冰醋酸 10～30 ml 使溶解，加各品种项下规定的指示液 1～2 滴，用高氯酸滴定液（0.1 mol/L）滴定。终点颜色应以电位滴定时的突跃点为准，并将滴定的结果用空白试验校正。

若滴定公试品与标定高氯酸滴定液时的温度差别超过 10℃，则应重新标定；若未超过 10℃，则可根据下式将高氯酸滴定液的浓度加以校正。

$$N_1 = \frac{N_0}{1 + 0.0011(t_1 - t_0)}$$

式中　0.0011 为冰醋酸的膨胀系数；

t_0 为标定高氯酸滴定液时的温度；

t_1为滴定样品时的温度；

N_0为 t_0时高氯酸滴定液的浓度；

N_1为 t_1时高氯酸滴定液的浓度。

供试品如为氢卤酸盐，应在加入醋酸汞试液 3～5 ml 后，再进行滴定；供试品如为磷酸盐，可以直接滴定；硫酸盐也可直接滴定，但滴定至其成为硫酸氢盐为止；供试品如为硝酸盐时，因硝酸可使指示剂褪色，终点极难观察，遇此情况应以电位滴定法指示终点为宜。

电位滴定时用玻璃电极为指示电极，饱和甘汞电极（玻璃套管内装氯化钾的饱和无水甲醇溶液）为参比电极。

第二法　除另有规定外，精密称取供试品适量［约消耗碱滴定液（0.1 mol/L）8 ml］，加各品种项下规定的溶剂使溶解，再加规定的指示液 1～2 滴，用规定的碱滴定液（0.1 mol/L）滴定。终点颜色应以电位滴定时的突跃点为准，并将滴定的结果用空白试验校正。

在滴定过程中，应注意防止溶剂和滴定液吸收大气中的二氧化碳和水蒸气，以及滴定液中溶剂的挥发。

电位滴定时所用的电极同第一法。

附录Ⅱ－D　维生素 A 测定法

本法是用分光光度法测定维生素 A 在特定波长处的吸光度来计算其含量，以单位表示，每单位相当于全反式维生素 A 醋酸酯 0.344 μg 或全反式维生素 A 醇 0.300 μg。

由于维生素 A 制剂中含有稀释用油和维生素 A 原料药中混有其他杂质，所测得的吸光度不是维生素 A 独有的吸收。在以下规定的条件下，非维生素 A 物质的无关吸收所引入的误差可以用校正公式校正，以便得到正确结果。

校正公式采用三点法，除其中一点是在吸收峰波长处测得外，其他两点分别在吸收峰两侧的波长处测定，因此仪器波长若不够准确时，会有较大误差，故在测定前，应校正仪器波长。

测定应在半暗室中尽快进行。

合成维生素 A 和天然鱼肝油中的维生素 A 是酯式维生素 A。如供试品中干扰测定的杂质较少，能符合下列第一法测定的规定时，可直接用溶剂溶解供试品后测定；否则应按第二法，经皂化提取，除去干扰后测定。

第一法

取供试品适量，精密称定，加环己烷溶解并定量稀释制成每 1 ml 中含 9～15 单位的溶液，照紫外－可见分光光度法，测定其吸收峰的波长，并在表 12 所列各波长处测定吸光度，计算各吸光度与波长 328nm 处吸光度的比值和波长 328 nm 处的 $E_{1\,cm}^{1\%}$值。

表 12　维生素 A 测定第一法吸光度比值

波长/nm	300	316	328	340	360
吸光度比值	0.555	0.907	1.000	0.811	0.299

如果吸收峰波长在326～329 nm之间，且所测得各波长吸光度比值不超过表中规定的±0.02，可用下式计算含量：

每1 g供试品中含有的维生素A的单位 = $E_{1cm}^{1\%}$（328 nm）×1900

如果吸收峰波长在326～329 nm之间，但所测得的各波长吸光度比值超过表中规定值的±0.02，应按下式求出校正后的吸光度，然后再计算含量：

$$A_{328}(\text{校正}) = 3.52\ (2A_{328} - A_{316} - A_{340})$$

如果在328 nm处的校正吸光度与未校正吸光度相差不超过±3.0%，则不用校正吸光度，仍以未经校正的吸光度计算含量。

如果校正吸光度与未校正吸光度相差在－15%至－3%之间，则以校正吸光度计算含量。

如果校正吸光度超出未校正吸光度的－15%至－3%的范围，或者吸收峰波长不在326～329 nm之间，则供试品须按下述第二法测定。

第二法

精密称取供试品适量（约相当于维生素A总量500单位以上，重量不多于2g），置皂化瓶中，加乙醇30 ml与50%（g/g）氢氧化钾溶液3 ml，置水浴中煮沸回流30分钟，冷却后，自冷凝管顶端加水10 ml冲洗冷凝管内部管壁，将皂化液移至分液漏斗中（分液漏斗活塞涂以甘油淀粉润滑剂），皂化瓶用水60～100 ml分数次洗涤，洗液并入分液漏斗中，用不含过氧化物的乙醚振摇提取4次，每次振摇约5分钟，第一次60 ml，以后各次40 ml，合并乙醚液，用水洗涤数次，每次约100 ml，洗涤应缓缓旋动，避免乳化，直至水层遇酚酞指示液不再显红色，乙醚液用铺有脱脂棉与无水硫酸钠的滤器滤过，滤器用乙醚洗涤，洗液与乙醚液合并，放入250 ml量瓶中，用乙醚稀释至刻度，摇匀；精密量取适量，置蒸发皿内，在水浴上低温蒸发至5 ml后，置减压干燥器中，抽干，迅速加异丙醇溶解并定量稀释制成每1 ml中含维生素A 9～15单位，照紫外－可见分光光度法，在300 nm、310 nm、325 nm与334 nm四个波长处测定吸光度，并测定吸收峰的波长。吸收峰的波长应在323～327 nm之间，且300 nm波长处的吸光度与325 nm波长处的吸光度的比值应不超过0.73，按下式计算校正吸光度：

$$A_{325}(\text{校正}) = 6.815A_{325} - 2.555A_{310} - 4.260A_{334}$$

每1 g供试品中含有的维生素A的单位 = $E_{1cm}^{1\%}$（325 nm，校正）×1830

如果校正吸光度在未校正吸光度的(100±3)%以内，则仍以未经校正的吸光度计算含量。

如果吸收峰的波长不在323～327 nm之间，或300 nm波长处的吸光度与325 nm波长处的吸光度的比值超过0.73，则应自上述皂化后的乙醚提取液250 ml中，另精密量取适量（相当于维生素A 300～400单位），减压蒸去乙醚至约剩5 ml，再在氮气流下吹干，立即精密加入甲醇3 ml，溶解后，精密量取500 μl，注入维生素D测定法第二法项下的净化用色谱柱系统，准确收集含有维生素A的流出液，在氮气流下吹干，而后照上述方法自“迅速加异丙醇溶解”起，依法操作并计算含量。

【附注】

（1）甘油淀粉润滑剂　取甘油22 g，加入可溶性淀粉9 g，加热至140℃，保持30分钟并不断搅拌，放冷，即得。

（2）不含过氧化物的乙醚　照麻醉乙醚项下的过氧化物检查，如不符合规定，可用5%硫代硫酸钠溶液振摇，静置，分取乙醚层，再用水振摇洗涤1次，重蒸，弃去首尾5%部分，馏出的乙醚再检查过氧化物，应符合规定。

附录Ⅲ　制剂通则

附录Ⅲ－A　胶囊剂

胶囊剂系指药物或加有辅料充填于空心胶囊或软质囊材中的固体制剂。

胶囊剂分硬胶囊剂、软胶囊剂(胶丸)、缓释胶囊、控释胶囊和肠溶胶囊剂,主要供口服用。

硬胶囊(通称为胶囊):系采用适宜的制剂技术,将药物或加适宜辅料制成粉末、颗粒、小片或小丸等充填于空心胶囊中的胶囊剂。

软胶囊:系将一定量的液体药物直接包封,或将固体药物溶解或分散在适宜的赋形剂中制备成溶液、混悬液、乳状液或半固体,密封于球形或椭圆形的软质囊材中的胶囊剂。可用滴制法或压制法制备。软质囊材是由胶囊用明胶、甘油或其他适宜的药用材料单独或混合制成。

缓释胶囊:系指在水中或规定的释放介质中缓慢地非恒速释放药物的胶囊剂。缓释胶囊应符合缓释制剂的有关要求并应进行释放度检查。

控释胶囊:系指在水中或规定的释放介质中缓慢地恒速或接近恒速释放药物的胶囊剂。控释胶囊应符合控释制剂的有关要求并应进行释放度检查。

肠溶胶囊:系指硬胶囊或软胶囊是用适宜的肠溶材料制备而得,或用经肠溶材料包衣的颗粒或小丸充填胶囊而制成的胶囊剂。肠溶胶囊不溶于胃液,但能在肠液中崩解而释放活性成分。除另有规定外,照释放度检查法检查,应符合规定。

胶囊剂在生产与贮藏期间应符合下列有关规定:

1. 胶囊剂内容物不论其活性成分或辅料,均不应造成胶囊壳的变质。

2. 硬胶囊可根据下列制剂技术制备不同形式内容物充填于空心胶囊中。

(1)将药物加适宜的辅料如稀释剂、助流剂、崩解剂等制成均匀的粉末、颗粒或小片。

(2)将普通小丸、速释小丸、缓释小丸、控释小丸或肠溶小丸单独填充或混合后填充,必要时加入适量空白小丸作填充剂。

(3)将药物粉末直接填充。

(4)将药物制成包合物、固体分散体、微囊或微球。

(5)溶液、混悬液、乳状液等也可采用特制灌囊机填充于空心胶囊中,必要时密封。

3. 小剂量药物,应先用适宜的稀释剂稀释,并混合均匀。

4. 胶囊剂应整洁,不得有黏结、变形、渗漏或囊壳破裂现象,并应无异臭。

5. 胶囊剂的溶出度、释放度、含量均匀度、微生物限度等应符合要求。必要时,内容物包衣的胶囊剂应检查残留溶剂。

6. 除另有规定外,胶囊剂应密封贮存。其存放环境温度不高于30℃,湿度应适宜,防止受潮、发霉、变质。

除另有规定外,胶囊剂应进行以下相应检查:

[装量差异]　胶囊剂的装量差异限度,应符合下列规定:平均装量小于0.30 g的,其装量

差异限度在±10%之间;平均装量大于等于0.30 g的,其装量差异限度在±7.5%之间。

装量差异检查法:除另有规定外,取供试品20粒,分别精密称定重量后,倾出内容物(不得损失囊壳),硬胶囊用小刷或其他适宜用具拭净,软胶囊用乙醚等易挥发性溶剂洗净,置通风处使溶剂自然挥尽,再分别精密称定囊壳重量,求出每粒内容物的装量与平均装量。每粒的装量与平均装量相比较,超出装量差异限度的不得多于2粒,并不得有1粒超出限度1倍。

凡规定检查含量均匀度的胶囊剂,一般不再进行装量差异的检查。

[**崩解时限**]　除另有规定外,照崩解时限检查法检查,均应符合规定。

凡规定检查溶出度或释放度的胶囊剂,可不进行崩解时限的检查。

附录Ⅲ-B　注射剂

注射剂系指药物与适宜的溶剂或分散介质制成的供注入体内的溶液、乳状液或混悬液及供临用前配制或稀释成溶液或混悬液的粉末或浓溶液的无菌制剂。

注射剂可分为注射液、注射用无菌粉末与注射用浓溶液。

注射液　系指药物制成的供注射入体内用的无菌溶液型注射液、乳状液型注射液或混悬型注射液。可用于肌内注射、静脉注射、静脉滴注等。其中,供静脉滴注用的大体积(除另有规定外,一般不小于100 ml)注射液也称静脉输液。

注射用无菌粉末:系指药物制成的供临用前用适宜的无菌溶液配制成澄清溶液或均匀混悬液的无菌粉末或无菌块状物。可用适宜的注射用溶剂配制后注射,也可用静脉输液配制后静脉滴注。无菌粉末用溶剂结晶法、喷雾干燥法或冷冻干燥法等制得。

注射用浓溶液:系指药物制成的供临用前稀释供静脉滴注用的无菌浓溶液。

注射剂在生产与贮藏期间应符合下列有关规定。

1. 溶液型注射液应澄明;除另有规定外,混悬型注射液药物粒度应控制在15 μm以下,含15~20 μm(间有个别20~50 μm)者,不应超过10%,若有可见沉淀,振摇时应容易分散均匀,不得用于静脉注射或椎管注射;乳状液型注射液应稳定,不得有相分离现象,不得用于椎管注射,静脉用乳状液型注射液分散相球粒的粒度90%应在1 μm以下,不得有大于5 μm的球粒。静脉输液应尽可能与血液等渗。

2. 注射剂所用溶剂必须安全无害,并不得影响疗效和质量。一般分为水性溶剂和非水性溶剂。

(1)水性溶剂:最常用的为注射用水,也可用0.9%氯化钠溶液或其他适宜的水溶液。

(2)非水性溶剂:常用的为植物油,主要为供注射用大豆油,其质量应符合"大豆油(供注射用)"标准;其他还有乙醇、丙二醇、聚乙二醇等溶液。

3. 配制注射剂时,可根据药物的性质加入适宜的附加剂。如渗透压调节剂、pH值调节剂、增溶剂、助溶剂、抗氧剂、抑菌剂、乳化剂、助悬剂等。所用附加剂应不影响药物疗效,避免对检验产生干扰,使用浓度不得引起毒性或过度的刺激。常用的抗氧剂有亚硫酸钠、亚硫酸氢钠、焦亚硫酸钠,一般浓度为0.1%~0.2%;常用的抑菌剂为0.5%苯酚、0.3%甲酚、0.5%三氯叔丁醇等。多剂量包装的注射液可加适宜的抑菌剂,抑菌剂的用量应能抑制注射液中微生物的生长,加有抑菌剂的注射液,仍应用适宜的方法灭菌。静脉输液与脑池内、硬膜外、椎管内用的注射液均不得加抑菌剂。除另有规定外,一次注射量超过 15 ml 的注射液,不得加抑菌剂。

4. 注射剂常用容器有玻璃安瓿、玻璃瓶、塑料安瓿、塑料瓶(袋)等。容器的密封性,须用适宜的方法确证。除另有规定外,容器应符合有关注射用玻璃容器和塑料容器的国家标准规定。容器用胶塞特别是多剂量包装注射液用的胶塞要有足够的弹性,其质量应符合有关国家标准规定。

5. 生产过程中应尽可能缩短注射剂的配制时间,防止微生物与热原的污染及药物变质。静脉输液的配制过程更应严格控制。制备混悬型注射液、乳状液型注射液过程中,要采取必要的措施,保证粒子大小符合质量标准的要求。注射用无菌粉末应按无菌操作制备。

6. 灌装标示装量为不大于 50 ml 的注射剂,应按表 13 适当增加装量。除另有规定外,多剂量包装的注射剂,每一容器的装量不得超过 10 次注射量,增加装量应能保证每次注射用量。

接触空气易变质的药物,在灌装过程中,应排除容器内空气,可填充二氧化碳或氮等气体,立即熔封或严封。

7. 熔封或严封后,一般应根据药物性质选用适宜的方法灭菌,必须保证制成品无菌。注射剂在灭菌时或灭菌后,应采用减压法或其他适宜的方法进行容器检漏。

8. 除另有规定外,注射剂应遮光贮存。

9. 加有抑菌剂的注射剂,在标签中应标明所加抑菌剂的名称与浓度;注射用无菌粉末,应标明所用溶剂。

表 13　注射液的装量

标示装量/ ml	增加量/ ml	
	易流动液	黏稠液
0.5	0.10	0.12
1	0.10	0.15
2	0.15	0.25
5	0.30	0.50
10	0.50	0.70
20	0.60	0.90
50	1.0	1.5

除另有规定外,注射剂应进行以下相应检查。

【装量】　注射液及注射用浓溶液照下述方法检查,应符合规定。

检查法:标示装量为不大于 2 ml 者,取供试品 5 支,2 ml 以上至 50 ml 者取供试品 3 支;开启时注意避免损失,将内容物分别用相应体积的干燥注射器及注射针头抽尽,然后注入经标化的量具内(量具的大小应使待测体积至少占其额定体积的 40%),在室温下检视。测定油溶液或混悬液的装量时,应先加温摇匀,再用干燥注射器及注射针头抽尽后,同前法操作,放冷,检视,每支的装量均不得少于其标示量。

标示装量为 50 ml 以上的注射液及注射用浓溶液照最低装量检查法检查,应符合规定。

【装量差异】　除另有规定外,注射用无菌粉末照下述方法检查,应符合规定。

检查法　取供试品 5 瓶(支),除去标签、铝盖,容器外壁用乙醇擦净,干燥,开启时注意避免玻璃屑等异物落入容器中,分别迅速精密称定,倾出内容物,容器用水或乙醇洗净,在适宜条件下干燥后,再分别精密称定每一容器的重量,求出每瓶(支)的装量与平均装量。每瓶(支)装量与平均装量相比较,应符合下列规定:平均装量小于等于 0.05 g,装量差异限度 ±15%;平均装量大于 0.05 g 小于等于 0.15 g,装量差异限度 ±10%;平均装量大于 0.15 g 小于等于 0.50 g,装量差异限度 ±7%;平均装量大于 0.50 g,装量差异限度 ±5%。如有 1 瓶(支)不符合,应另取 10 瓶(支)复试,均符合规定。

凡规定检查含量均匀度的注射用无菌粉末,一般不再进行装量差异检查。

【可见异物】 除另有规定外,照可见异物检查法检查,应符合规定。

【不溶性微粒】 除另有规定外,溶液型静脉用注射液、注射用无菌粉末及注射用浓溶液照不溶性微粒检查法检查,均应符合规定。

【无菌】 照无菌检查法检查,应符合规定。

【细菌内毒素】或【热原】 除另有规定外,静脉用注射剂按各品种项下的规定,照细菌内毒素检查法或热原检查法检查,应符合规定。

附录Ⅲ-C　片剂

片剂系指药物与适宜的辅料混匀压制而成的圆片状或异形片状的固体制剂。

片剂以口服普通片为主,另有含片、舌下片、口腔贴片、咀嚼片、分散片、可溶片、泡腾片、阴道片、阴道泡腾片、缓释片、控释片与肠溶片等。

含片:系指含于口腔中,药物缓慢溶解产生持久局部作用的片剂。

含片中的药物应是易溶性的,主要起局部消炎、杀菌、收敛、止痛或局部麻醉作用。

含片照崩解时限检查法检查,除另有规定外,30 分钟内应全部崩解。

舌下片:系指置于舌下能迅速溶化,药物经舌下黏膜吸收发挥全身作用的片剂。

舌下片中的药物与辅料应是易溶性的,主要适用于急症的治疗。

舌下片照崩解时限检查法检查,除另有规定外,应在 5 分钟内全部溶化。

口腔贴片:系指粘贴于口腔,经黏膜吸收后起局部或全身作用的片剂。

口腔贴片应进行溶出度或释放度检查。

咀嚼片:系指于口腔中咀嚼或吮服使片剂溶化后吞服,在胃肠道中发挥作用或经胃肠道吸收发挥全身作用的片剂。

咀嚼片一般应选择甘露醇、山梨醇、蔗糖等水溶性辅料作填充剂和黏合剂。咀嚼片的硬度应适宜。

分散片:系指在水中能迅速崩解并均匀分散的片剂。

分散片中的药物应是难溶性的。分散片可加水分散后口服,也可将分散片含于口中吮服或吞服。

分散片应进行溶出度和分散均匀性检查。

可溶片:系指临用前能溶解于水的非包衣片或薄膜包衣片剂。

可溶片应溶解于水中,溶液可呈轻微乳光。可供口服、外用、含漱等用。

泡腾片:系指含有碳酸氢钠和有机酸,遇水可产生气体而呈泡腾状的片剂。

泡腾片中的药物应是易溶性的，加水产生气泡后应能溶解。有机酸一般用枸橼酸、酒石酸、富马酸等。

阴道片与阴道泡腾片：系指置于阴道内应用的片剂。阴道片和阴道泡腾片的形状应易置于阴道内，可借助器具将阴道片送入阴道。阴道片为普通片，在阴道内应易溶化、溶散或融化、崩解并释放药物，主要起局部消炎杀菌作用，也可给予性激素类药物。具有局部刺激性的药物，不得制成阴道片。

阴道片照融变时限检查法检查，应符合规定。

阴道泡腾片照发泡量检查，应符合规定。

缓释片：系指在水中或规定的释放介质中缓慢地非恒速释放药物的片剂。缓释片应符合缓释制剂的有关要求并应进行释放度检查。

控释片：系指在水中或规定的释放介质中缓慢地恒速或接近恒速释放药物的片剂。控释片应符合控释制剂的有关要求并应进行释放度检查。

肠溶片：系指用肠溶性包衣材料进行包衣的片剂。

为防止药物在胃内分解失效、对胃的刺激或控制药物在肠道内定位释放，可对片剂包肠溶衣；为治疗结肠部位疾病等，可对片剂包结肠定位肠溶衣。

肠溶片除另有规定外，应进行释放度检查。

片剂在生产与贮藏期间应符合下列规定：

1. 原料药与辅料混合均匀。含药量小或含毒、剧药物的片剂，应采用适宜方法使药物分散均匀。

2. 凡属挥发性或对光、热不稳定的药物，在制片过程中应遮光、避热，以避免成分损失或失效。

3. 压片前的物料或颗粒应控制水分，以适应制片工艺的需要，防止片剂在贮存期间发霉、变质。

4. 含片、口腔贴片、咀嚼片、分散片、泡腾片等根据需要可加入矫味剂、芳香剂和着色剂等附加剂。

5. 为增加稳定性、掩盖药物不良臭味、改善片剂外观等，可对片剂进行包衣。

6. 片剂外观应完整光洁，色泽均匀，有适宜的硬度和耐磨性，除另有规定外，对于非包衣片，应符合片剂脆碎度检查法的要求，防止包装、运输过程中发生磨损或破碎。

7. 片剂的溶出度、释放度、含量均匀度、微生物限度等应符合要求。必要时，薄膜包衣片剂应检查残留溶剂。

8. 除另有规定外，片剂应密封贮存。

除另有规定外，片剂应进行以下相应检查。

【重量差异】　照下述方法检查，应符合规定：平均重量小于 0.30 g 的，重量差异限度在 ±7.5% 之间；平均重量大于等于 0.30 g 的，重量差异限度在 ±5% 之间。

检查法：取供试品 20 片，精密称定总重量，求得平均片重后，再分别精密称定每片的重量，每片重量与平均片重相比较（凡无含量测定的片剂，每片重量应与标示片重比较），按前述规定，超出重量差异限度的不得多于 2 片，并不得有 1 片超出限度 1 倍

糖衣片的片心应检查重量差异并符合规定，包糖衣后不再检查重量差异。薄膜衣片应在包薄膜衣后检查重量差异并符合规定。

凡规定检查含量均匀度的片剂,一般不再进行重量差异检查。

【崩解时限】 照崩解时限检查法检查,应符合规定。

阴道片照融变时限检查法检查,应符合规定。

咀嚼片不进行崩解时限检查。

凡规定检查溶出度、释放度的片剂,不再进行崩解时限检查。

【发泡量】 阴道泡腾片照下述方法检查,应符合规定。

检查法:取25 ml具塞刻度试管(内径1.5cm)10支,各精密加水2 ml,置37℃±1℃水浴中5分钟后,各管中分别投入供试品1片,密塞,20分钟内观察最大发泡量的体积,平均发泡体积应不少于6 ml,且少于3 ml的不得超过2片。

【分散均匀性】 分散片照下述方法检查,应符合规定。

检查法:取供试品2片,置20℃±1℃的100 ml水中,振摇3分钟,应全部崩解并通过二号筛。

【微生物限度】 口腔贴片、阴道片、阴道泡腾片和外用可溶片等局部用片剂照微生物限度检查法检查,应符合规定。

附录Ⅲ-D　口服溶液剂　口服混悬剂　口服乳剂

口服溶液剂:系指药物溶解于适宜溶剂中制成供口服的澄清液体制剂。

口服混悬剂:系指难溶性固体药物,分散在液体介质中,制成供口服的混悬液体制剂。也包括干混悬剂或浓混悬液。

口服乳剂:系指两种互不相溶的液体,制成供口服的稳定的水包油型乳液制剂。

用适宜的量具以小体积或以滴计量的口服溶液剂、口服混悬剂、口服乳剂的液体制剂称为滴剂。

口服溶液剂、口服混悬剂、口服乳剂在生产与贮藏期间均应符合下列有关规定。

1. 口服溶液剂的溶剂、口服混悬剂的分散介质常用纯化水。

2. 根据需要可加入适宜的附加剂,如防腐剂、分散剂、助悬剂、增稠剂、助溶剂、润湿剂、缓冲剂、乳化剂、稳定剂、矫味剂以及色素等,其品种与用量应符合国家标准的有关规定,不影响产品的稳定性,并避免对检验产生干扰。

3. 不得有发霉、酸败、变色、异物、产生气体或其他变质现象。

4. 口服乳剂应呈均匀的乳白色,以半径为10 cm的离心机每分钟4000转的转速(约1 800×g)离心15分钟,不应有分层现象。

5. 口服混悬剂的混悬物应分散均匀,放置后有沉降物经振摇应易再分散,并应检查沉降体积比。

6. 口服滴剂包装内一般应附有滴管和吸球或其他量具。

7. 单剂量口服混悬剂、口服乳剂的含量均匀度等应符合规定。

8. 除另有规定外,应密封,遮光贮存。

9. 口服混悬剂在标签上应注明"用前摇匀";以滴计量的滴剂在标签上要标明每毫升或每克液体制剂相当的滴数。

除另有规定外，口服溶液剂、口服混悬剂、口服乳剂应进行以下相应检查。

【重量差异】　除另有规定外，单剂量包装的干混悬剂照下述方法检查，应符合规定。

检查法：取供试品 20 个（袋），分别称量内容物，计算平均重量，超过平均重量 ±10% 者不得超过 2 个，并不得有超过平均重量 ±20% 者。

凡规定检查含量均匀度者，一般不再进行重量差异检查。

【装量】　除另有规定外，单剂量包装的口服溶液剂、口服混悬剂、口服乳剂装量，应符合下列规定。

取供试品 10 个（袋、支），分别将内容物倾尽，测定其装量，每个（袋、支）装量均不得少于其标示量。

多剂量包装的口服溶液剂、口服混悬剂、口服乳剂、口服滴剂照最低装量检查法检查，应符合规定。

【干燥失重】　除另有规定外，干混悬剂照干燥失重测定法检查，减失重量不得过 2.0%。

【沉降体积比】　口服混悬剂照下述方法检查，沉降体积比应不低于 0.90。

检查法：除另有规定外，用具塞量筒量取供试品 50 ml，密塞，用力振摇 1 分钟，记下混悬物的开始高度 H_0，静置 3 小时，记下混悬物的最终高度 H，按下式计算：

$$\text{沉降体积比} = H/H_0$$

干混悬剂按各品种项下规定的比例加水振摇，应均匀分散，并照上法检查沉降体积比，应符合规定。

【微生物限度】　照微生物限度检查法检查，应符合规定。

附录Ⅲ－E　颗粒剂

颗粒剂系指药物与适宜的辅料制成具有一定粒度的干燥颗粒状制剂。颗粒剂可分为可溶颗粒（通称为颗粒）、混悬颗粒、泡腾颗粒、肠溶颗粒、缓释颗粒和控释颗粒等。供口服用。

混悬颗粒：系指难溶性固体药物与适宜辅料制成一定粒度的干燥颗粒剂。临用前加水或其他适宜的液体振摇即可分散成混悬液供口服。

除另有规定外，混悬颗粒应进行溶出度检查。

泡腾颗粒：系指含有碳酸氢钠和有机酸，遇水可放出大量气体而呈泡腾状的颗粒剂。

泡腾颗粒中的药物应是易溶性的，加水产生气泡后应能溶解。有机酸一般用枸橼酸、酒石酸等。

泡腾颗粒应溶解或分散于水中后服用。

肠溶颗粒：系指采用肠溶材料包裹颗粒或其他适宜方法制成的颗粒剂。

肠溶颗粒耐胃酸而在肠液中释放活性成分，可防止药物在胃内分解失效，避免对胃的刺激或控制药物在肠道内定位释放。

肠溶颗粒应进行释放度检查。

缓释颗粒：系指在水或规定的释放介质中缓慢地非恒速释放药物的颗粒剂。

缓释颗粒应符合缓释制剂的有关要求并应进行释放度检查。

控释颗粒：系指在水或规定的释放介质中缓慢地恒速或接近于恒速释放药物的颗粒剂。

控释颗粒应符合控释制剂的有关要求并应进行释放度检查。

颗粒剂在生产与贮藏期间应符合下列有关规定：

1. 药物与辅料应均匀混合；凡属挥发性药物或遇热不稳定的药物在制备过程应注意控制适宜的温度条件，凡遇光不稳定的药物应遮光操作。

2. 颗粒剂应干燥，色泽一致，无吸潮、结块、潮解等现象。

3. 根据需要可加入适宜的矫味剂、芳香剂、着色剂、分散剂和防腐剂等添加剂。

4. 颗粒剂的溶出度、释放度、含量均匀度、微生物限度等应符合要求。必要时，包衣颗粒剂应检查残留溶剂。

5. 除另有规定外，颗粒剂应密封，置于燥处贮存，防止受潮。

6. 单剂量包装的颗粒剂在标签上要标明每个袋（瓶）中活性成分的名称及含量。多剂量包装的颗粒剂除应有确切的分剂量方法外，在标签上要标明颗粒中活性成分的名称和重量。

除另有规定外，颗粒剂应进行以下相应检查。

【粒度】　除另有规定外，照粒度和粒度分布测定法检查，不能通过1号筛（2 000 μm）与能通过5号筛（180 μm）的总和不得超过供试量的15%。

【干燥失重】　除另有规定外，照干燥失重测定法测定，于105℃干燥至恒重，含糖颗粒应在80℃减压干燥，减失重量不得过2.0%。

【溶化性】　除另有规定外，可溶颗粒和泡腾颗粒照下述方法检查，溶化性应符合规定。

可溶颗粒检查法：取供试品10 g，加热水200 ml，搅拌5分钟，可溶颗粒应全部溶化或轻微浑浊，但不得有异物。

泡腾颗粒检查法：取单剂量包装的泡腾颗粒6袋，分别置盛有200 ml水的烧杯中，水温为15～25℃，应迅速产生气体而成泡腾状，5分钟内6袋颗粒均应完全分散或溶解在水中。

混悬颗粒或已规定检查溶出度或释放度的颗粒剂，可不进行溶化性检查。

【装量差异】　单剂量包装的颗粒剂按下述方法检查，应符合规定：平均装量或标示装量小于等于1.0 g的，装量差异限度在±10%之间；平均装量或标示装量大于1.0 g小于等于1.5 g的，装量差异限度在±8%之间；平均装量或标示装量大于1.5 g小于等于6.0 g的，装量差异限度在±7%之间；平均装量或标示装量大于6.0 g的，装量差异限度在±5%之间。

检查法：取供试品10袋（瓶），除去包装，分别精密称定每袋（瓶）内容物的重量，求出每袋（瓶）内容物的装量与平均装量。每袋（瓶）装量与平均装量相比较[凡无含量测定的颗粒剂，每袋（瓶）装量应与标示装量比较]，超出装量差异限度的颗粒剂不得多于2袋（瓶），并不得有1袋（瓶）超出装量差异限度1倍。

凡规定检查含量均匀度的颗粒剂，一般不再进行装量差异的检查。

【装量】　多剂量包装的颗粒剂，照最低装量检查法检查，应符合规定。

附录Ⅳ　物理常数测定法

附录Ⅳ-A　熔点测定法

依照待测物质的性质不同，测定法分为下列3种。各品种项下未注明时，均系指第一法。

第一法　测定易粉碎的固体药品

取供试品适量，研成细粉，除另有规定外，应按照各品种项下干燥失重的条件进行干燥。若该品种为不检查干燥失重、熔点范围低限在135℃以上、受热不分解的供试品，可采用105℃干燥；熔点在135℃以下或受热分解的供试品，可在五氧化二磷干燥器中干燥过夜或用其他适宜的干燥方法干燥，如恒温减压干燥。

分取供试品适量，置熔点测定用毛细管（简称毛细管，由中性硬质玻璃管制成，长9 cm以上，内径0.9～1.1 mm，壁厚0.10～0.15 mm，一端熔封；当所用温度计浸入传温液在6 cm以上时，管长应适当增加，使露出液面3 cm以上）中，轻击管壁或借助长短适宜的洁净玻璃管，垂直放在表面皿或其他适宜的硬质物体上，将毛细管自上口放入使自由落下，反复数次，使粉末紧密集结在毛细管的熔封端。装入供试品的高度为3 mm。另将温度计（分浸型，具有0.5℃刻度，经熔点测定用对照品校正）放入盛装传温液（熔点在80℃以下者，用水；熔点在80℃以上者，用硅油或液状石蜡）的容器中，使温度计汞球部的底端与容器的底部距离2.5 cm以上（用内加热的容器，温度计汞球与加热器上表面距离2.5 cm以上）；加入传温液以使传温液受热后的液面适在温度计的分浸线处。将传温液加热，俟温度上升至较规定的熔点低限约低10℃时，将装有供试品的毛细管浸入传温液，贴附在温度计上（可用橡皮圈或毛细管夹固定），位置须使毛细管的内容物适在温度计汞球中部；继续加热，调节升温速率为每分钟上升1.0～1.5℃，加热时须不断搅拌使传温液温度保持均匀，记录供试品在初熔至全熔时的温度，重复测定3次，取其平均值，即得。

“初熔”系指供试品在毛细管内开始局部液化出现明显液滴时的温度。

“全熔”系指供试品全部液化时的温度。

测定熔融同时分解的供试品时，方法如上述，但调节升温速率使每分钟上升2.5～3.0℃；供试品开始局部液化时（或开始产生气泡时）的温度作为初熔温度；供试品固相消失全部液化时的温度作为全熔温度。遇有固相消失不明显时，应以供试品分解物开始膨胀上升时的温度作为全熔温度。某些药品无法分辨其初熔、全熔时，可以其发生突变时的温度作为熔点。

第二法　测定不易粉碎的固体药品（如脂肪、脂肪酸、石蜡、羊毛脂等）

取供试品，注意用尽可能低的温度熔融后，吸入两端开口的毛细管（同第一法，但管端不熔封）中，使供试品高约10 mm。在10℃或10℃以下的冷处静置24小时，或置冰上放冷不少于2小时，凝固后用橡皮圈将毛细管紧缚在温度计（同第一法）上，使毛细管的内容物适在温度计汞球中部。照第一法将毛细管连同温度计浸入传温液中，供试品的上端应适在传温液液面下约10 mm处；小心加热，俟温度上升至较规定的熔点低限低约5℃时，调节升温速率使每分钟上升不超过0.5℃,至供试品在毛细管中开始上升时,检读温度计上显示的温度,即得。

第三法　测定凡士林或其他类似物质

取供试品适量,缓缓搅拌并加热至温度达90～92℃时,放入一平底耐热容器中,使供试品厚度达到12 mm±1 mm,放冷至较规定的熔点上限高8～10℃;取刻度为0.2℃、汞球长18～28 mm、直径5～6 mm的温度计(其上部预先套上软木塞,在塞子边缘开一小槽),使冷至5℃后,擦干并小心地将温度计汞球部垂直插入上述熔融的供试品中,直至碰到容器的底部(浸没12 mm),随即取出,直立悬置,俟黏附在温度计汞球部的供试品表面浑浊,将温度计浸入16℃以下的水中5分钟,取出,再将温度计插入一外径约25 mm、长150 mm的试管中,塞紧,使温度计悬于其中,并使温度计汞球部的底端距试管底部约为15 mm;将试管浸入约16℃的水浴中,通过软木塞在试管口处调节试管的高度使温度计的分浸线同水面相平;加热使水浴温度以每分钟2℃的速率升至38℃,再以每分钟1℃的速率升温至供试品的第一滴脱离温度计为止;检读温度计上显示的温度,即可作为供试品的近似熔点。再取供试品,照前法反复测定数次;如前后3次测得的熔点相差不超过1℃,可取3次的平均值作为供试品的熔点;如3次测得的熔点相差超过1℃时,可再测定2次,并取5次的平均值作为供试品的熔点。

注意事项:

1. 结果与判定

对第一法中的初熔、全熔或分解突变时的温度,以及第二、三法中熔点的温度,都要估读到0.1℃,并记录突变时或不正常的现象。每一检品应至少重复测定3次,3次读数的极差不大于0.5℃且不在合格与不合格边缘时,可取3次的均值加上温度计的校正值后作为熔点测定的结果。如3次读数的极差为0.5℃以上时,或在合格与不合格边缘时,可再重复测定2次,并取5次的均值加上温度计的校正值后作为熔点测定的结果。必要时可选用正常的同一药品再次进行测定,记录其结果并进行比较。

测定结果的数据应按修约间隔为0.5进行修约,即0.1～0.2℃舍去,0.3～0.7℃修约为0.5℃,0.8～0.9℃进为1℃;并以修约后的数据报告。但当标准规定的熔点范围,其有效数字的定位为个位数时,则其测定结果的数据应按修约间隔为1进行修约,即一次修约到标准规定的个位数。

经修约后的初熔、全熔或分解突变时的温度均在各品种"熔点"项下规定的范围以内时,判为"符合规定"。但如有下列情况之一者,即判为"不符合规定":①初熔温度低于规定范围的低限,②全熔温度超过规定范围的高限,③分解点或熔点温度处于规定范围之外,④初熔前出现严重的"发毛"、"收缩"、"软化"、"出汗"现象,且其过程较长,并与正常的该药品作对照比较后有明显差异者。

2. 温度计的校正

温度计除应符合国家质量技术监督局的规定外,还因其规定的允差较大,且在较长期的使用后,其标值因经受多次反复受热、冷却而产生误差,因此应经常采用中国药品生物制品检定所分发的熔点标准品进行校正。通常可在测定供试品时同时进行。方法如下:

按下表选择及干燥熔点标准品。必要时也可在临用前再干燥。注意熔点标准品用前应在研钵中研细,并按规定条件干燥后,置五氧化二磷干燥器中避光保存备用。

表 14　熔点标准品的选择及干燥

标准品	熔点(℃)	干燥处理方法
偶氮苯	69	五氧化二磷干燥器干燥
香草醛	83	五氧化二磷干燥器干燥
乙酰苯胺	116	五氧化二磷干燥器干燥
非那西丁	136	105℃干燥
磺胺	166	105℃干燥
磺胺二甲嘧啶	200	105℃干燥
双氰胺	210.5	105℃干燥
糖精	229	105℃干燥
咖啡因	237	105℃干燥
酚酞	263	105℃干燥

按前述第一法的方法将熔点标准品装入毛细管中。所用毛细管的内径应尽量接近 1.0 mm,内容物的高度应比较准确为 3 mm。然后依法用待校正的温度计,以每分钟 1.5℃的升温速度,检读熔点标准品到达全熔(固相刚刚全部消失)时的温度,重复测定两次,并要求两次之差不得大于 0.3℃。以其均值与该标准品标示的温度相比较,得出该待校温度计该点(或其附近)时应加上或减去的校正值(200℃以下的校正值不得大于 0.5℃,200℃以上的校正值不得大于 0.8℃)。

校正时,通常采用与被测供试品熔点相近的上下二个熔点标准品进行测定,得出此二点的校正值,并按供试品熔点在二点之间的位置,计算出该点的校正值。

温度计的校正值应大体上呈现有规律的变化,如果发现多个部位的校正值忽高忽低不呈现有规律性的变化时,则该支温度计应当停用。

3. 个别品种的特殊要求

药典规定一般供试品均应在干燥后测定熔点,但对个别品种规定不经干燥,而采用含结晶水的供试品直接测定熔点,应予注意。如环磷酰胺、重酒石酸去甲肾上腺素和氯化琥珀胆碱均含 1 分子结晶水,规定在测定前不要进行干燥。

硫酸阿托品含 1 分子结晶水,规定在 120℃干燥 3 小时后立即依法测定;操作中应严格控制温度与时间,且因干燥后的无水物极易吸潮,在干燥后要立即装入毛细管并熔封,测定前再锯开上端。

药典规定熔点在 80℃以下者的传温液用水,80℃以上者的传温液用硅油或液状石蜡。通常的概念认为液体石蜡也可以适用于 80℃以下物质的测定,但已知有二个品种,即优奎宁和偶氮苯,用水作传温液和用液状石蜡作传温液测得的熔点不一致,如用液体石蜡作传温液,其全熔点较用水时约高 1℃。因此,应严格按中国药典的规定使用传温液。

某些药品受热后除失去结晶水外,还会有晶型改变、分子重排等现象产生,如鬼臼毒素在其熔点前 10℃放入,会立即熔融;而长时间缓缓升温到初熔点 180℃时,可以测出其熔点。

第一法:

4. 个别品种规定不能研磨、不能受热、并要减压熔封测定的,可将供试品少许置洁净的称量纸上,隔纸迅速用玻璃棒压碎成粉末,迅速装入毛细管使其高度达 3 mm;再将毛细管开口一端插入一根管壁有一小孔的耐压橡皮管的小孔中,橡皮管末端用玻璃棒密塞,另一端接在抽气泵上，在抽气减压的情况下熔封毛细管。

5. 传温液的升温速度，毛细管的内径和壁厚及其洁净与否，以及供试品装入毛细管内的高度及其紧密程度，均将影响测定结果，因此必须严格按照规定进行操作。

6. 初熔之前，毛细管内的供试物可能出现“发毛”、“收缩”、“软化”、“出汗”等现象，在未出现局部液化的明显液滴和持续熔融过程时，均不作初熔判断。但如上述现象严重，过程较长或因之影响初熔点的观察时，应视为供试品纯度不高的标志而予以记录；并设法与正常的该品种作对照测定，以便于最终判断。

“发毛”系指毛细管内的柱状供试物因受热而在其表面呈现毛糙；

“收缩”系指柱状供试物向其中心聚集紧缩，或贴在某一边壁上；

“软化”系指柱状供试物在收缩后变软，而形成软质柱状物，并向下弯塌；

“出汗”系指柱状供试物收缩后在毛细管内壁出现细微液滴，但尚未出现局部液化的明显液滴和持续的熔融过程。

7. 全熔时毛细管内的液体应完全澄清。个别药品在熔融成液体后会有小气泡停留在液体中，此时容易与未熔融的固体相混淆，应仔细辨别。

第三法：

8. 第三法操作中，为便于清洗测定后的试管，可事先在试管内放置一张直径略小于试管内径的图形白纸，用于接受熔融下落的供试品液滴。

附录Ⅳ－B　pH 值测定法

除另有规定外，水溶液的 pH 值应以玻璃电极为指示电极、饱和甘汞电极为参比电极的酸度计进行测定。酸度计应定期进行计量检定，并符合国家有关规定。测定前，应采用下列标准缓冲液校正仪器，也可用国家标准物质管理部门发放的标示 pH 值准确至 0.01pH 单位的各种标准缓冲液校正仪器。

1. 仪器校正用的标准缓冲液

(1)草酸盐标准缓冲液

精密称取在 54℃ ±3℃ 干燥 4～5 小时的草酸三氢钾 12.71 g，加水使溶解并稀释至 1 000 ml。

(2)苯二甲酸盐标准缓冲液

精密称取在 115℃ ±5℃ 干燥 2～3 小时的邻苯二甲酸氢钾 10.21 g，加水使溶解并稀释至 1 000 ml。

(3)磷酸盐标准缓冲液

精密称取在 115℃ ±5℃ 干燥 2～3 小时的无水磷酸氢二钠 3.55 g 与磷酸二氢钾 3.40 g，加水使溶解并稀释至 1 000 ml。

(4)硼砂标准缓冲液

精密称取硼砂 3.81 g(注意避免风化)，加水使溶解并稀释至 1 000 ml，置聚乙烯塑料瓶中，密塞，避免空气中二氧化碳进入。

(5)氢氧化钙标准缓冲液

于25℃,用无二氧化碳的水制备氢氧化钙的饱和溶液,取上清液使用。存放时应防止空气中二氧化碳进入。一旦出现浑浊,应弃去重配。

上述标准缓冲溶液必须用pH值基准试剂配制。不同温度时各种标准缓冲液的pH值如表15。

2.注意事项

测定pH值时,应严格按仪器的使用说明书操作,并注意下列事项。

(1)测定前,按各品种项下的规定,选择二种pH值约相差3个pH单位的标准缓冲液,并使供试液的pH值处于二者之间。

(2)取与供试液pH值较接近的第一种标准缓冲液对仪器进行校正(定位),使仪器示值与表列数值一致。

(3)仪器定位后,再用第二种标准缓冲液核对仪器示值,误差应不大于±0.02pH单位。若大于此偏差,则应小心调节斜率,使示值与第二种标准缓冲液的表列数值相符。重复上述定位与斜率调节操作,至仪器示值与标准缓冲液的规定数值相差不大于0.02 pH单位。否则,需检查仪器或更换电极后,再行校正至符合要求。

(4)每次更换标准缓冲液或供试液前,应用纯化水充分洗涤电极,然后将水吸尽,也可用所换的标准缓冲液或供试液洗涤。

(5)在测定高pH值的供试品和标准缓冲液时,应注意碱误差的问题,必要时选用适当的玻璃电极测定。

(6)对弱缓冲液(如水)的pH值测定,先用苯二甲酸盐标准缓冲液校正仪器后测定供试液,并重取供试液再测,直至pH值的读数在1分钟内改变不超过±0.05止;然后再用硼砂标准缓冲液校正仪器,再如上法测定;二次pH值的读数相差应不超过0.1,取二次读数的平均值为其pH值。

表15　不同温度时各标准缓冲液pH值

温度/℃	草酸盐标准缓冲液	苯二甲酸盐标准缓冲液	磷酸盐标准缓冲液	硼砂标准缓冲液	氢氧化钙标准缓冲液
0	1.67	4.01	6.98	9.64	13.43
5	1.67	4.00	6.95	9.40	13.21
10	1.67	4.00	6.92	9.33	13.00
15	1.67	4.00	6.90	9.28	12.81
20	1.68	4.00	6.88	9.23	12.63
25	1.68	4.01	6.86	9.18	12.45
30	1.68	4.02	6.85	9.14	12.29
35	1.69	4.02	6.84	9.10	12.13
40	1.69	4.04	6.84	9.07	11.98
45	1.70	4.05	6.83	9.04	11.84
50	1.71	4.06	6.83	9.01	11.71
55	1.72	4.08	6.83	8.99	11.57
60	1.72	4.09	6.84	8.96	11.45

(7)配制标准缓冲液与溶解供试品的水,应是新沸过并放冷的纯化水,其 pH 值应为5.5~7.0。

(8)标准缓冲液一般可保存2~3个月,但发现有浑浊、发霉或沉淀等现象时,不能继续使用。

附录Ⅴ　色谱法

色谱法根据其分离原理可分为:吸附色谱法、分配色谱法、离子交换色谱法与排阻色谱法等。吸附色谱法是利用被分离物质在吸附剂上吸附能力的不同,用溶剂或气体洗脱使组分分离;常用的吸附剂有氧化铝、硅胶、聚酰胺等有吸附活性的物质。分配色谱是利用被分离物质在两相中分配系数的不同使组分分离,其中一相被涂布或键合在固体载体上,称为固定相,另一相为液体或气体,称为流动相;常用的载体有硅胶、硅藻土、硅镁型吸附剂与纤维素粉等。离子交换色谱是利用被分离物质在离子交换树脂上交换能力的不同使组分分离;常用的树脂有不同强度的阳离子交换树脂、阴离子交换树脂,流动相为水或含有机溶剂的缓冲液。分子排阻色谱法又称凝胶色谱法,是利用被分离物质分子大小的不同导致在填料上渗透程度不同使组分分离;常用的填料有分子筛、葡聚糖凝胶、微孔聚合物、微孔硅胶或玻璃珠等,根据固定相和供试品的性质选用水或有机溶剂作为流动相。

色谱法又可根据分离方法分为:纸色谱法、薄层色谱法、柱色谱法、气相色谱法、高效液相色谱法等。所用溶剂应与供试品不起化学反应,纯度要求较高。分析时的温度,除气相色谱法或另有规定外,系指在室温操作。分离后各成分的检出,应采用各品种项下所规定的方法。采用纸色谱法、薄层色谱法或柱色谱法分离有色物质时,可根据其色带进行区分;分离无色物质时,可在短波(254 nm)或长波(365 nm)紫外光灯下检视,其中纸色谱或薄层色谱也可喷以显色剂使之显色,或在薄层色谱中用加有荧光物质的薄层硅胶,采用荧光猝灭法检视。柱色谱法、气相色谱法和高效液相色谱法可用接于色谱柱出口处的各种检测器检测。柱色谱法还可分部收集流出液后用适宜方法测定。

附录Ⅴ-A　薄层色谱法

薄层色谱法系将供试品溶液点样于薄层板上,经展开、检视后所得的色谱图,与适宜的对照物按同法所得的色谱图作对比,用于药品的鉴别或杂质检查。

1. 仪器与材料

(1)薄层板

自制薄层板　除另有规定外,玻板要求光滑、平整,洗净后不附水珠,晾干。最常用的固定相有硅胶G、硅胶 GF_{254}、硅胶H和硅胶 HF_{254},其次有硅藻土、硅藻土G、氧化铝、氧化铝G、微晶纤维素、微晶纤维素 F_{254} 等。其颗粒大小,一般要求粒径为5~40 μm。

薄层涂布,一般可分为无黏合剂和含黏合剂两种。前者系将固定相直接涂布于玻板上,后者系在固定相中加入一定量的黏合剂,一般常用10%~15%煅石膏($CaSO_4 \cdot 2H_2O$ 在140℃加热4小时),混匀后加水适量使用,或用羧甲基纤维素钠水溶液(0.2%~0.5%)适量调成糊状,均匀涂布于玻板上。使用涂布器涂布应能使固定相在玻板上涂成一层符合厚度要求的均匀薄层。

市售薄层板　分普通薄层板和高效薄层板，如硅胶薄层板、硅胶 GF_{254} 薄层板、聚酰胺薄膜和铝基片薄层板等。

(2)点样器：常用具支架的微量注射器或定量毛细管，应能使点样位置正确、集中。

(3)展开容器：应使用适合薄层板大小的玻璃制薄层色谱展开缸，并有严密的盖子，底部应平整光滑，或有双槽。

(4)显色剂：见各品种项下的规定。可采用喷雾显色、浸渍显色或置碘蒸气中显色，用以检出斑点。

(5)显色装置：喷雾显色要求用压缩气体使显色剂呈均匀细雾状喷出；浸渍显色可用专用玻璃器皿或用适宜的玻璃缸代替；蒸气熏蒸显色可用双槽玻璃缸或适宜大小的干燥器代替。

(6)检视装置：为装有可见光、短波紫外光(254 nm)、长波紫外光(365 nm)光源及相应滤片的暗箱，可附加摄像设备供拍摄色谱用，暗箱内光源应有足够的光照度。

2. 操作方法

(1)薄层板制备

自制薄层板：除另有规定外，将 1 份固定相和 3 份水在研钵中按同一方向研磨混合，去除表面的气泡后，倒人涂布器中，在玻板上平稳地移动涂布器进行涂布(厚度为 0.2～0.3mm)，取下涂好薄层的玻板，置水平台上于室温下晾干后，在 110℃ 活化 30 分钟，即置有干燥剂的干燥箱中备用。使用前检查其均匀度(可通过透射光和反射光检视)。

市售薄层板：临用前一般应在 110℃ 活化 30 分钟。聚酰胺薄膜不需活化。铝基片薄层板可根据需要剪裁，但须注意剪裁后的薄层板底边的硅胶层不得有破损。如在贮放期间被空气中杂质污染，使用前可用适宜的溶剂在展开容器中上行展开预洗，110℃ 活化后，放干燥器中备用。

(2)点样

除另有规定外，用点样器点样于薄层板上，一般为圆点，点样基线距底边 2.0 cm，样点直径为 2～4 mm，点间距离可视斑点扩散情况以不影响检出为宜，一般为 1.0～2.0 cm。点样时必须注意勿损伤薄层板表面。

(3)展开

展开缸如需预先用展开剂饱和，可在缸中加入足够量的展开剂，并在壁上贴两条与缸一样高、宽的滤纸条，一端浸入展开剂中，密封顶盖，使系统平衡或按各品种项下的规定操作。

将点好供试品的薄层板放入展开缸中，浸入展开剂的深度为距薄层板底边 0.5～1.0 cm(切勿将样点浸入展开剂中)，密封顶盖，待展开至规定距离(一般为 10～15 cm)，取出薄层板，晾干，按各品种项下的规定检测。

展开可以单向展开，即向一个方向进行；也可以进行双向展开，即先向一个方向展开，取出，待展开剂完全挥发后，将薄层板转动 90℃，再用原展开剂或另一种展开剂进行展开；亦可多次展开。

(4)显色与检视

荧光薄层板可用荧光猝灭法；普通薄层板，有色物质可直接检视，无色物质可用物理或化学方法检视。物理方法是检出斑点的荧光颜色及强度；化学方法一般用化学试剂显色后，立即覆盖同样大小的玻板，检视。

3. 系统适用性试验

按各品种项下要求对检测方法进行系统适用性试验，使斑点的检测灵敏度、比移值(R_f)和分离效能符合规定。

(1)检测灵敏度

系指杂质检查时，采用对照溶液稀释若干倍的溶液与供试品溶液和对照溶液在规定的色谱条件下，在同一块薄层板上点样、展开、检视，前者应显示清晰的斑点。

(2)比移值(R_f)

系指从基线至展开斑点中心的距离与从基线至展开剂前沿的距离的比值。

$$R_f = \frac{从基线至展开斑点中心的距离}{从基线至展开剂前沿的距离}$$

可用供试品溶液主斑点与对照品溶液主斑点的比移值进行比较，或用比移值来说明主斑点或杂质斑点的位置。

(3)分离效能

鉴别时，在对照品与结构相似药物的对照品制成混合对照溶液的色谱图中，应显示两个清晰分离的斑点。杂质检查时，在杂质对照品用供试品自身稀释对照溶液或同品种对照品溶液溶解制成混合对照溶液的色谱图中，应显示两个清晰分离的斑点，或待测成分与相邻的杂质斑点应清晰分离。

4. 测定法

(1)鉴别

可采用与同浓度的对照品溶液，在同一块薄层板上点样、展开与检视，供试品溶液所显主斑点的颜色(或荧光)与位置(R_f)应与对照品溶液的主斑点一致，而且主斑点的大小与颜色的深浅也应大致相同。或采用供试品溶液与对照品溶液等体积混合，应显示单一、紧密的斑点；或选用与供试品化学结构相似的药物对照品与供试品溶液的主斑点比较，两者 R_f应不同，或将上述两种溶液等体积混合，应显示两个清晰分离的斑点。

(2)杂质检查

可采用杂质对照品法、供试品溶液的自身稀释对照法或杂质对照品法与供试品溶液自身稀释对照法并用。供试品溶液除主斑点外的其他斑点应与相应的杂质对照品溶液或系列杂质对照品溶液的主斑点比较，或与供试品溶液的自身稀释对照溶液或系列自身稀释对照溶液的主斑点比较，不得更深。

通常应规定杂质的斑点数和单一杂质量，当采用系列自身稀释对照溶液时，也可规定估计的杂质总量。

附录Ⅴ-B　高效液相色谱法

高效液相色谱法系采用高压输液泵将规定的流动相泵入装有填充剂的色谱柱进行分离测定的色谱方法。注入的供试品，由流动相带入柱内，各成分在柱内被分离，并依次进入检测器，由记录仪、积分仪或数据处理系统记录色谱信号。

1. 对仪器的一般要求

所用的仪器为高效液相色谱仪。仪器应定期检定并符合有关规定。

(1)色谱柱

最常用的色谱柱填充剂为化学键合硅胶。反相色谱系统使用非极性填充剂,以十八烷基硅烷键合硅胶最为常用,辛基硅烷键合硅胶和其他类型的硅烷键合硅胶(如氰基硅烷键合相和氨基硅烷键合相等)也有使用。正相色谱系统使用极性填充剂,常用的填充剂有硅胶等。离子交换填充剂用于离子交换色谱;凝胶或高分子多孔微球等填充剂用于分子排阻色谱等;手性键合填充剂用于对映异构体的拆分分析。

填充剂的性能(如载体的形状、粒径、孔径、表面积、键合基团的表面覆盖度、含碳量和键合类型等)以及色谱柱的填充,直接影响待测物的保留行为和分离效果。孔径在 15 nm(1 nm = 10Å)以下的填料适合于分析分子量小于 2 000 的化合物,分子量大于 2 000 的化合物则应选择孔径在 30 nm 以上的填料。

以硅胶为载体的一般键合固定相填充剂适用 pH2 ~ 8 的流动相。当 pH > 8 时,可使载体硅胶溶解;当 pH 小于 2 时,与硅胶相连的化学键合相易水解脱落。当色谱系统中需使用 pH > 8 的流动相时,应选用耐碱的填充剂,如采用高纯硅胶为载体并具有高表面覆盖度的键合硅胶、包覆聚合物填充剂、有机—无机杂化填充剂或非硅胶填充剂等;当需使用 pH < 2 的流动相时,应选用耐酸的填充剂,如具有大体积侧链能产生空间位阻保护作用的二异丙基或二异丁基取代十八烷基硅烷键合硅胶、有机 - 无机杂化填充剂等。

(2)检测器

最常用的检测器为紫外检测器,其他常见的检测器有二极管阵列检测器(DAD)、荧光检测器、示差折光检测器、蒸发光散射检测器、电化学检测器和质谱检测器等。

紫外、二极管阵列、荧光、电化学检测器为选择性检测器,其响应值不仅与待测溶液的浓度有关,还与化合物的结构有关;示差折光检测器和蒸发光散射检测器为通用型检测器,对所有的化合物均有响应;蒸发光散射检测器对结构类似的化合物,其响应值几乎仅与待测物的质量有关;二极管阵列检测器可以同时记录待测物在规定波长范围内的吸收光谱,故可用于待测物的光谱鉴定和色谱峰的纯度检查。

紫外、荧光、电化学和示差折光检测器的响应值与待测溶液的浓度在一定范围内呈线性关系,但蒸发光散射检测器响应值与待测溶液的浓度通常并不呈线性关系,必要时需对响应值进行数学转换后进行计算。

不同的检测器,对流动相的要求不同。如采用紫外检测器,所用流动相应至少符合紫外 - 可见分光光度法项下对溶剂的要求;采用低波长检测时,还应考虑有机相中有机溶剂的截止使用波长,并选用色谱级有机溶剂。蒸发光散射检测器和质谱检测器通常不允许使用含不挥发盐组分的流动相。

(3)流动相

由于 C_{18} 链在水相环境中不易保持伸展状态,故对于十八烷基硅烷键合硅胶为固定相的反相色谱系统,流动相中有机溶剂的比例通常应不低于 5%,否则 C_{18} 链的随机卷曲将导致组分保留值变化,造成色谱系统不稳定。

各品种项下规定的条件除固定相种类、流动相组成、检测器类型不得改变外,其余如色谱柱内径、长度、固定相牌号、载体粒度、流动相流速、混合流动相各组成的比例、柱温、进样量、检测器的灵敏度等，均可适当改变，以适应具体的色谱系统并达到系统适用性试验的要求。但对某些品种，必须用特定牌号的填充剂方能满足分离要求者，可在该品种项下注明。

2. 系统适用性试验

色谱系统的适用性试验通常包括理论板数、分离度、重复性和拖尾因子等四个指标。其中，分离度和重复性是系统适用性试验中更具实用意义的参数。

按各品种项下要求对色谱系统进行适用性试验，即用规定的对照品对色谱系统进行试验，应符合要求。如达不到要求，可对色谱分离条件作适当的调整。

(1)色谱柱的理论板数(n)

在规定的色谱条件下，注入供试品溶液或各品种项下规定的内标物质溶液，记录色谱图，量出供试品主成分峰或内标物质峰的保留时间 t_R(以分钟或长度计，下同，但应取相同单位)和半高峰宽($W_{h/2}$)，按 $n=5.54(t_R/W_{h/2})^2$ 计算色谱柱的理论板数。

(2)分离度(R)

无论是定性鉴别还是定量分析，均要求待测峰与其他峰、内标峰或特定的杂质对照峰之间有较好的分离度。分离度的计算公式为：

$$R=\frac{2(t_{R2}+t_{R1})}{W_1+W_2}$$

式中 t_{R2} 为相邻两峰中后一峰的保留时间；

t_{R1} 为相邻两峰中前一峰的保留时间；

W_1 及 W_2 为此相邻两峰的峰宽(如图6)。

除另有规定外，定量分析时分离度应大于1.5。

(3)重复性

取各品种项下的对照溶液，连续进样5次，除另有规定外，其峰面积测量值的相对标准偏差应不大于2.0%。也可按各品种校正因子测定项下，配制相当于80%、100%和120%的对照品溶液，加入规定量的内标溶液，配成3种不同浓度的溶液，分别至少进样2次，计算平均校正因子。其相对标准偏差应不大于2.0%。

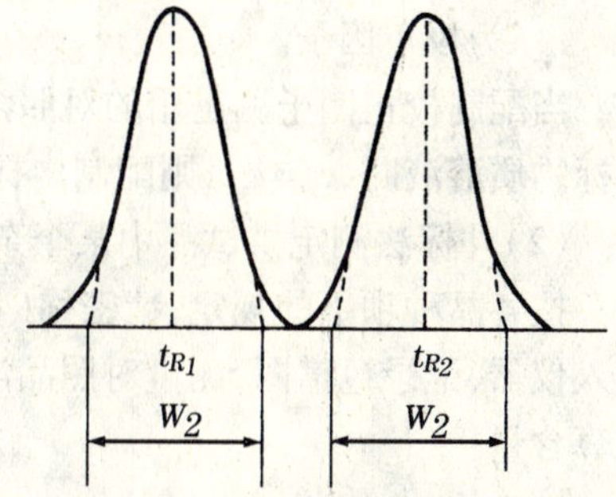

图6 分离度示意图

(4)拖尾因子(T)

为保证分离效果和测量精度，应检查待测峰的拖尾因子是否符合各品种项下的规定。拖尾因子计算公式为：

$$T=\frac{W_{0.05h}}{2d_1}$$

式中 $W_{0.05h}$ 为5%峰高处的峰宽；

d_1 为峰顶点至峰前沿之间的距离(如图7)。

除另有规定外，峰高法定量时 T 应在0.95~1.05之间。峰面积法测定时，T 值偏离过大，也会影响小峰的检测和定量的准确度。

3. 测定法

(1)内标法加校正因子测定供试品中某个杂质或主成分含量

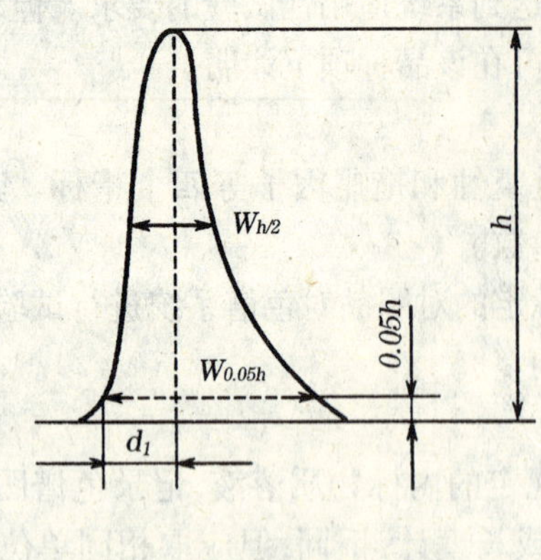

图7　拖尾因子示意图

按各品种项下的规定，精密称（量）取对照品和内标物质，分别配成溶液，精密量取各溶液，配成校正因子测定用的对照溶液。取一定量注入仪器，记录色谱图。测量对照品和内标物质的峰面积或峰高，按下式计算校正因子：

$$校正因子(f)=\frac{A_s/c_s}{A_R/c_R}$$

式中　A_s 为内标物质的峰面积或峰高；

A_R 为对照品的峰面积或峰高；

c_s 为内标物质的浓度；

c_R 为对照品的浓度。

再取各品种项下含有内标物质的供试品溶液，注入仪器，记录色谱图，测量供试品中待测成分（或其杂质）和内标物质的峰面积或峰高，按下式计算含量：

$$含量(c_x)=f\cdot\frac{A_x}{A_s/c_s}$$

式中　A_x 为供试品（或其杂质）峰面积或峰高；

c_x 为供试品（或其杂质）的浓度；

$A_s{}^1$ 为内标物质的峰面积或峰高；

$c_s{}'$ 为内标物质的浓度；

f 为校正因子。

当配制校正因子测定用的对照溶液和含有内标物质的供试品溶液，使用等量同一浓度的内标物质溶液时，$c_s=c_s{}'$，则配制内标物质溶液不必精密称（量）取。

（2）外标法测定供试品中某个杂质或主成分含量

按各品种项下的规定，精密称（量）取对照品和供试品，配制成溶液，分别精密取一定量，注入仪器，记录色谱图，测量对照品溶液和供试品溶液中待测成分的峰面积（或峰高），按下式计算含量：

$$含量(c_x)=c_R\frac{A_x}{A_R}$$

式中各符号意义同上。

由于微量注射器不易精确控制进样量，当采用外标法测定供试品中某杂质或主成分含量时，以定量环或自动进样器进样为好。

（3）加校正因子的主成分自身对照法

测定杂质含量时，可采用加校正因子的主成分自身对照法。在建立方法时，按各品种项下的规定，精密称（量）取杂质对照品和待测成分对照品各适量，配制测定杂质校正因子的溶液，进样，记录色谱图，按上述（1）法计算杂质的校正因子。此校正因子可直接载入各品种项下，用于校正杂质的实测峰面积。这些需作校正计算的杂质，通常以主成分为参照采用相对保留时间定位，其数值一并载入各品种项下。

测定杂质含量时，按各品种项下规定的杂质限度，将供试品溶液稀释成与杂质限度相当的溶液作为对照溶液，进样，调节检测灵敏度（以噪音水平可接受为限）或进样量（以柱子不过载为限），使对照溶液的主成分色谱峰的峰高约达满量程的10%～25%或其峰面积能准确积分[通常含量低于0.5%的杂质，峰面积的相对标准偏差（RSD）应小于10%；含量在0.5%～2%的杂质，峰面积的RSD应小于5%；含量大于2%的杂质，峰面积的RSD应小于2%]。然后，取供试品溶液和对照品溶液适量，分别进样，供试品溶液的记录时间，除另有规定外，应为主成分色谱峰保留时间的2倍，测量供试品溶液色谱图上各杂质的峰面积，分别乘以相应的校正因子后与对照溶液主成分的峰面积比较，依法计算各杂质含量。

（4）不加校正因子的主成分自身对照法

当没有杂质对照品时，也可采用不加校正因子的主成分自身对照法。同上述（3）法配制对照溶液并调节检测灵敏度后，取供试品溶液和对照溶液适量，分别进样，前者的记录时间，除另有规定外，应为主成分色谱峰保留时间的2倍，测量供试品溶液色谱图上各杂质的峰面积并与对照溶液主成分的峰面积比较，计算杂质含量。

若供试品所含的部分杂质未与溶剂峰完全分离，则按规定先记录供试品溶液的色谱图Ⅰ，再记录等体积纯溶剂的色谱图Ⅱ。色谱图Ⅰ上杂质峰的总面积（包括溶剂峰），减去色谱图Ⅱ上的溶剂峰面积，即为总杂质峰的校正面积。然后依法计算。

（5）面积归一化法

由于峰面积归一化法测定误差大，因此，本法通常只能用于粗略考察供试品中的杂质含量。除另有规定外，一般不宜用于微量杂质的检查。方法是测量各杂质峰的面积和色谱图上除溶剂峰以外的总色谱峰面积，计算各峰面积及其之和占总峰面积的百分率。

附录Ⅴ－C　气相色谱法

气相色谱法系采用气体为流动相（载气）流经装有填充剂的色谱柱进行分离测定的色谱方法。物质或其衍生物气化后，被载气带入色谱柱进行分离，各组分先后进入检测器，用记录仪、积分仪或数据处理系统记录色谱信号。

1. 对仪器的一般要求

所用的仪器为气相色谱仪，气相色谱仪由载气源、进样部分、色谱柱、柱温箱、检测器和数据处理系统组成。进样部分、色谱柱和检测器的温度均在控制状态。

（1）载气源

气相色谱法的流动相为气体，称为载气，氦、氮和氢可用作载气，可由高压钢瓶或高纯度气体发生器提供，经过适当的减压装置，以一定的流速经过进样器和色谱柱；根据供试品的性质和检测器种类选择载气，除另有规定外，常用载气为氮气。

（2）进样部分

进样方式一般可采用溶液直接进样或顶空进样。

溶液直接进样采用微量注射器、微量进样阀或有分流装置的气化室进样；采用溶液直接进样时，进样口温度应高于柱温30～50℃；进样量一般不超过数微升；柱径越细，进样量应越少，采用毛细管柱时，一般应分流以免过载。

顶空进样适用于固体和液体供试品中挥发性组分的分离和测定。将固态或液态的供试品制成供试液后，置于密闭小瓶中，在恒温控制的加热室中加热至供试品中挥发性组分在非气态和气态达至平衡后，由进样器自动吸取一定体积的顶空气注入色谱柱中。

(3)色谱柱

色谱柱为填充柱或毛细管柱。填充柱的材质为不锈钢或玻璃，内径为 2 ~ 4 mm，柱长为 2 ~ 4 m，内装吸附剂、高分子多孔小球或涂渍固定液的载体，粒径为 0.25 ~ 0.18 mm、0.18 ~ 0.15 mm或 0.15 ~ 0.125 mm。常用载体为经酸洗并硅烷化处理的硅藻土或高分子多孔小球，常用固定液有甲基聚硅氧烷、聚乙二醇等。毛细管柱的材质为玻璃或石英，内壁或载体经涂渍或交联固定液，内径一般为 0.25 mm、0.32 mm 或 0.53 mm，柱长 5 ~ 60 m，固定液膜厚 0.1 ~ 5.0 μm，常用的固定液有甲基聚硅氧烷、不同比例组成的苯基甲基聚硅氧烷、聚乙二醇等。

新填充柱和毛细管柱在使用前需老化以除去残留溶剂及低分子量的聚合物，色谱柱如长期未用，使用前应老化处理，使基线稳定。

(4)柱温箱

由于柱温箱温度的波动会影响色谱分析结果的重现性，因此柱温箱控温精度应在 ±1℃，且温度波动小于每小时 0.1℃。温度控制系统分为恒温和程序升温两种。

(5)检测器

适合气相色谱法的检测器有火焰离子化检测器(FID)、热导检测器(TCD)、氮磷检测器(NPD)、火焰光度检测器(FPD)、电子捕获检测器(EcD)、质谱检测器(MS)等。火焰离子化检测器对碳氢化合物响应良好，适合检测大多数的药物；氮磷检测器对含氮、磷元素的化合物灵敏度高；火焰光度检测器对含磷、硫元素的化合物灵敏度高；电子捕获检测器适于含卤素的化合物；质谱检测器还能给出供试品某个成分相应的结构信息，可用于结构确证。除另有规定外，一般用火焰离子化检测器，用氢气作为燃气，空气作为助燃气。在使用火焰离子化检测器时，检测器温度一般应高于柱温，并不得低于 150℃，以免水汽凝结，通常为 250 ~ 350℃。

(6)数据处理系统

可分为记录仪、积分仪以及计算机工作站等。

各品种项下规定的色谱条件，除检测器种类、固定液品种及特殊指定的色谱柱材料不得改变外，其余如色谱柱内径、长度、载体牌号、粒度、固定液涂布浓度、载气流速、柱温、进样量、检测器的灵敏度等，均可适当改变，以适应具体品种并符合系统适用性试验的要求。一般色谱图约于 30 分钟内记录完毕。

2. 系统适用性试验

除另有规定外，应照“高效液相色谱法”项下的规定。

3. 测定法

(1)内标法加校正因子测定供试品中某个杂质或主成分含量

(2)外标法测定供试品中某个杂质或主成分含量

(3)面积归一化法

上述(1) ~ (3)法的具体内容均同高效液相色谱法项下相应的规定。

(4)标准溶液加入法测定供试品中某个杂质或主成分含量

精密称(量)取某个杂质或待测成分对照品适量，配制成适当浓度的对照品溶液，取一定量，精密加入到供试品溶液中，根据外标法或内标法测定杂质或主成分含量，再扣除加入的对照品溶液含量，即得供试液溶液中某个杂质和主成分含量。

也可按下述公式进行计算，加入对照品溶液前后校正因子应相同，即：

$$\frac{A_{is}}{A_x}=\frac{c_x+\triangle c_x}{c_x}$$

则待测组分的浓度 cx 可通过如下公式进行计算：

$$c_x=\frac{\triangle c_x}{(A_{is}/A_x)-1}$$

式中　c_x 为供试品中组分 x 的浓度；

A_x 为供试品中组分 x 的色谱峰面积；

$\triangle c_x$ 为所加入的已知浓度的待测组分对照品的浓度；

A_{is} 为加入对照品后组分 x 的色谱峰面积。

气相色谱法定量分析，当采用手工进样时，由于留针时间和室温等对进样量的影响，使进样量不易精确控制，故最好采用内标法定量；而采用自动进样器时，由于进样重复性的提高，在保证进样误差的前提下，也可采用外标法定量。当采用顶空进样技术时，由于供试品和对照品处于不完全相同的基质中，故可采用标准溶液加入法以消除基质效应的影响；当标准溶液加入法与其他定量方法结果不一致时，应以标准加入法结果为准。

附录Ⅵ　分光光度法

分光光度法是通过测定被测物质在特定波长处或一定波长范围内的吸光度，对该物质进行定性和定量分析的方法。

常用的波长范围为：①200～400 nm 的紫外光区；②400～760 nm 的可见光区；③2.5～25 μm（按波数计为4 000～400 cm^{-1}）的红外光区。所用仪器为紫外分光光度计、可见分光光度计（或比色计）、红外分光光度计或原子吸收分光光度计。为保证测量的精密度和准确度，所有仪器应按照国家计量检定规程或本附录规定，定期进行校正检定。

单色光辐射穿过被测物质溶液时，被该物质吸收的量与该物质的浓度和液层的厚度（光路长度）成正比，其关系如下式：

$$A = \lg \frac{1}{T} = ELC$$

式中　A 为吸光度；

T 为透光率；

E 为吸收系数，采用的表示方法是（$E_{1cm}^{1\%}$），其物理意义为当溶液浓度为1%（g/ml），液层厚度为1 cm时的吸光度数值；

C 为100 ml溶液中所含被测物质的重量（按干燥品或无水物计算），g；

L 为液层厚度，cm。

物质对光的选择性吸收波长，以及相应的吸收系数是该物质的物理常数。当已知某纯物质在一定条件下的吸收系数后，可用同样条件将该供试品配成溶液，测定其吸光度，即可由上式计算出供试品中该物质的含量。在可见光区，除某些物质对光有吸收外，很多物质本身并没有吸收，但可在一定条件下加入显色试剂或经过处理使其显色后再测定，故又称比色分析。

附录Ⅵ－A　紫外－可见分光光度法

仪器的校正和检定

1. 波长

由于环境因素对机械部分的影响，仪器的波长经常会略有变动，因此除应定期对所用的仪器进行全面校正检定外，还应于测定前校正测定波长。常用汞灯中的较强谱线237.83 nm，253.65 nm，275.28 nm，296.73 nm，313.16 nm，334.15 nm，365.02 nm，404.66 nm，435.83 nm，546.07 nm与576.96 nm，或用仪器中氘灯的486.02 nm与656.10 nm谱线进行校正，钬玻璃在波长279.4 nm，287.5 nm，333.7 nm，360.9 nm，418.5 nm，460.0 nm，484.5 nm，536.2 nm与637.5 nm处有尖锐吸收峰，也可作波长校正用，但因来源不同或随着时间的推移会有微小的变化，使用时应注意。

2. 吸光度的准确度

可用重铬酸钾的硫酸溶液检定。取在120℃干燥至恒重的基准重铬酸钾约60 mg，精密称定，用0.005 mol/L硫酸溶液溶解并稀释至1 000 ml，在规定的波长处测定并计算其吸收系数，并与规定的吸收系数比较，应符合表16的规定。

表16　对吸收系数的规定

波长/nm	235(最小)	257(最大)	313(最小)	350(最大)
吸收系数($E_{1cm}^{1\%}$)的规定值	124.5	144.0	48.62	106.6
吸收系数($E_{1cm}^{1\%}$)的许可范围	123.0～126.0	142.8～146.2	47.0～50.3	105.5～108.5

3. 杂散光的检查

可按表17所列的试剂和浓度，配制成水溶液，置1 cm石英吸收池中，在规定的波长处测定透光率，应符合表17中的规定。

表17　对透光率的规定

试剂	浓度%(g/ml)	测定用波长(nm)	透光率%
碘化钠	1.00	220	<0.8
亚硝酸钠	5.00	340	<0.8

对溶剂的要求

含有杂原子的有机溶剂，通常均具有很强的末端吸收因此，当作溶剂使用时，它们的使用范围均不能小于截止使用波长。例如甲醇、乙醇的截止使用波长为205 nm。另外，当溶剂不纯时，也可能增加干扰吸收。因此，在测定供试品前，应先检查所用的溶剂在供试品所用的波长附近是否符合要求，即将溶剂置1 cm石英吸收池中，以空气为空白(即空白光路中不置任何物质)测定其吸光度。溶剂和吸收池的吸光度，在220～240 nm范围内不得超过0.40，在241～250 nm范围内不得超过0.20，在251～300 nm范围内不得超过0.10，在300 nm以上时不得超过0.05。

测定法

测定时，除另有规定外，应以配制供试品溶液的同批溶剂为空白对照，采用1cm的石英吸收池，在规定的吸收峰波长±2 nm以内测试几个点的吸光度，或由仪器在规定波长附近自动扫描测定，以核对供试品的吸收峰波长位置是否正确。

除另有规定外，吸收峰波长应在该品种项下规定的波长±2 nm以内，并以吸光度最大的波长作为测定波长。一般供试品溶液的吸光度读数，以在0.3～0.7之间的误差较小。仪器的狭缝波带宽度应小于供试品吸收带的半宽度的1/10，否则测得的吸光度会偏低；狭缝宽度的选择，应以减小狭缝宽度时供试品的吸光度不再增大为准。由于吸收池和溶剂本身可能有空白吸收，因此测定供试品的吸光度后应减去空白读数，或由仪器自动扣除空白读数后再计算含量。

当溶液的pH值对测定结果有影响时，应将供试品溶液和对照品溶液的pH值调成一致。

1. 鉴别和检查：分别按各品种项下规定的方法进行。

2. 含量测定：一般有以下几种。

(1)对照品比较法

按各品种项下的方法,分别配制供试品溶液和对照品溶液,对照品溶液中所含被测成分的量应为供试品溶液中被测成分规定量的100% ±10%,所用溶剂也应完全一致,在规定的波长处测定供试品溶液和对照品溶液的吸光度后,按下式计算供试品中被测溶液的浓度:

$$c_x = (A_x/A_R)c_R$$

式中　c_x 为供试品溶液的浓度;

A_x 为供试品溶液的吸光度;

c_R为对照品溶液的浓度;

A_R为对照品溶液的吸光度。

(2)吸收系数法

按各品种项下的方法配制供试品溶液,在规定的波长处测定其吸光度,再以该品种在规定条件下的吸收系数计算含量。用本法测定时,吸收系数通常应大于100,并注意仪器的校正和检定。

(3)计算分光光度法

计算分光光度法有多种,使用时均应按各品种项下规定的方法进行。当吸光度处在吸收曲线的陡然上升或下降的部位测定时,波长的微小变化可能对测定结果造成显著影响,故对照品和供试品的测试条件应尽可能一致。计算分光光度法一般不宜用作含量测定。

(4)比色法

供试品本身在紫外-可见区没有强吸收,或在紫外区虽有吸收但为了避免干扰或提高灵敏度,可加入适当的显色剂显色后测定,这种方法为比色法。

用比色法测定时,由于显色时影响显色深浅的因素较多,应取供试品与对照品或标准品同时操作。除另有规定外,比色法所用的空白系指用同体积的溶剂代替对照品或供试品溶液,然后依次加入等量的相应试剂,并用同样方法处理。在规定的波长处测定对照品和供试品溶液的吸光度后,按上述(1)法计算供试品浓度。

当吸光度和浓度关系不呈良好线性时,应取数份梯度量的对照品溶液,用溶剂补充至同一体积,显色后测定各份溶液的吸光度,然后以吸光度与相应的浓度绘制标准曲线,再根据供试品的吸光度在标准曲线上查得其相应的浓度,并求出其含量。

附录Ⅵ-B　红外分光光度法

[仪器及其校正]

可使用傅里叶变换红外光谱仪或色散型红外分光光度计。用聚苯乙烯薄膜(厚度约为0.04 mm)校正仪器,绘制其光谱图,用3 027 cm^{-1},2 851 cm^{-1},1 601 cm^{-1},1 028 cm^{-1},907 cm^{-1}处的吸收峰对仪器的波数进行校正。傅里叶变换红外光谱仪在3 000 cm^{-1}附近的波数误差应不大于±5 cm^{-1},在1 000 cm^{-1}附近的波数误差应不大于±1 cm^{-1}。

仪器的分辨率要求在3 110~2 850 cm^{-1}范围内应能清晰地分辨出7个峰,峰2851 cm^{-1}与谷2 870 cm^{-1}之间的分辨深度不小于18%透光率,峰1 583 cm^{-1}与谷1 589 cm^{-1}之间的分辨深度不小于12%透光率。仪器的标称分辨率,除另有规定外,应不低于2 cm^{-1}。

供试品的制备及测定

1. 原料药鉴别

除另有规定外，应按照国家药典委员会编订的《药品红外光谱集》各卷所收载各光谱图所规定的制备方法制备。具体操作技术可参见《药品红外光谱集》的说明。

2. 制剂鉴别

品种项下应明确规定供试品的处理方法。如处理后辅料无干扰，则可直接与原料药的标准光谱进行对比；如辅料仍存在不同程度的干扰，则可参照原料药的标准光谱在指纹区内选择3～5个辅料无干扰的待测成分的特征吸收峰，列出它们的波数位置作为鉴别的依据，实测谱带的波数误差应小于规定波数的0.5%。

3. 晶型、异构体限度检查或含量测定

供试品制备和具体测定方法均按各品种项下有关规定操作。

[**注意事项**]

1. 各品种项下规定"应与对照的图谱（光谱集××图）一致"，系指《药品红外光谱集》第一卷（1995年版）、第二卷（2000年版）和第三卷（2005年版）的图谱。同一化合物的图谱若在不同卷上均有收载时，则以后卷所收的图谱为准。

2. 具有多晶现象的固体药品，由于供测定的供试品晶型可能不同，导致绘制的光谱图与《药品红外光谱集》所收载的光谱图不一致。遇此情况，应按该药品光谱图中备注的方法或各品种项下规定的方法进行预处理后再绘制比对。如未规定药用晶型与合适的预处理方法，则可使用对照品，并采用适当的溶剂对供试品与对照品在相同条件下同时进行重结晶后，再依法测定比对。如已规定药用晶型的，则应采用相应药用晶型的对照品依法比对。

3. 由于各种型号的仪器性能不同，供试品制备时研磨程度的差异或吸水程度不同等原因，均会影响光谱的形状。因此，进行光谱比对时，应考虑各种因素可能造成的影响。

附录Ⅶ　制剂检查

附录Ⅶ－A　溶出度测定法

溶出度系指药物从片剂、胶囊剂或颗粒剂等固体制剂在规定条件下溶出的速率和程度。凡检查溶出度的制剂，不再进行崩解时限的检查。

第一法

仪器装置

(1)转篮：分篮体与篮轴两部分，均为不锈钢金属材料(所用材料不应有吸附反应或干扰试验中供试品有效成分的测定)制成，其形状尺寸如图8所示。篮体A由不锈钢丝编织的方孔筛网(丝径0.25 mm，网孔0.40 mm)焊接而成，呈圆柱形，转篮内径为20.2 ±1.0 mm，上下两端都有金属封边。篮轴B的直径为9.75 ±0.35 mm，轴的末端连一金属片，作为转篮的盖；盖上有一通气孔(孔径2.0 mm)；盖边系两层，上层直径与转篮外径相同，下层直径与转篮内径相同；盖上的三个弹簧片与中心呈120°角。

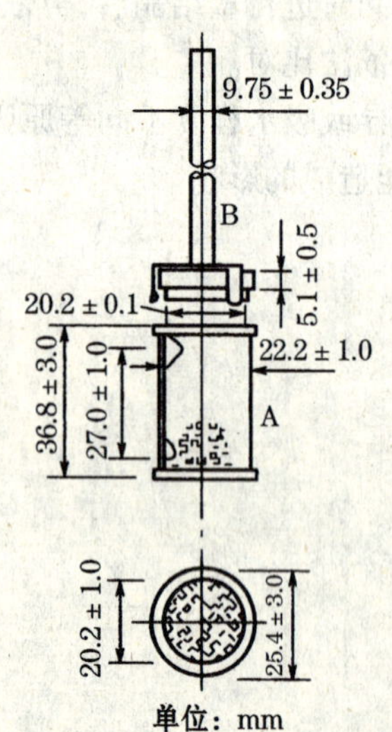

图8　溶出度测定转篮示意图

(2)溶出杯：由硬质玻璃或其他惰性材料制成的透明或棕色的、底部为半球形的1 000 ml杯状容器，内径为102 ±4 mm，高为168 ±8 mm；溶出杯配有适宜的盖子，防止溶液蒸发；盖上有适当的孔，中心孔为篮轴的位置，其他孔供取样或测量温度用。溶出杯置适当的恒温水浴中。

(3)篮轴与电动机相连，由速度调节装置控制电动机的转速，使篮轴的转速在各品种项下规定转速的 ±4% 范围之内。运转时整套装置应保持平稳，均不能产生明显的晃动或振动(包括装置所处的环境)。转篮旋转时与溶出杯的垂直轴在任一点的偏离均不得大于2 mm，且摆动幅度不得偏离轴心1.0 mm。

(4)仪器一般配有6套测定装置，可一次测定供试品6片(粒、袋)。

测定法

测定前，应对仪器装置进行必要的调试，使转篮底部距溶出杯的内底部25 mm ±2 mm。除另有规定外，分别量取经脱气处理的溶出介质900 ml，置各溶出杯内，加温，待溶出介质温度恒定在37℃ ±5℃后，取供试品6片(粒、袋)，分别投入6个干燥的转篮内，按照各品种项下的规定调节电动机转速，待其平稳后，将转篮降入溶出杯中，自供试品接触溶出介质起，立即计时；至规定的取样时间，吸取溶出液适量(取样位置应在转篮顶端至液面的中点，距溶出杯内壁10 mm处；在多次取样时，所量取溶出介质的体积之和应在溶出介质的 ±1% 之内，如超过总体积的1%时，应及时补充溶出介质，或在计算时加以校正)，立即用适当的微孔滤膜(滤孔应不大于0.8 μm,并使用惰性材料制成的滤器,以免吸附活性成分或干扰分析测定)滤过,自取样至滤过应在30秒钟内完成。取澄清滤液,照该品种项下规定的方法测定,计算每片(粒、袋)的溶出量。

结果判定:符合下述条件之一者,可判为符合规定:

(1)6片(粒、袋)中,每片(粒、袋)的溶出量按标示量计算,均不低于规定限度(Q);

(2)6片(粒、袋)中,如有1~2片(粒、袋)低于Q,但不低于Q-10%,且其平均溶出量不低于Q;

(3)6片(粒、袋)中,有1~2片(粒、袋)低于Q,其中仅有1片(粒、袋)低于Q-10%,但不低于Q-20%,且其平均溶出量不低于Q时,应另取6片(粒、袋)复试;初、复试的12片(粒、袋)中有1~3片(粒、袋)低于Q,其中仅有1片(粒、袋)低于Q-10%,但不低于Q-20%,且其平均溶出量不低于Q。

以上结果判断中所示的10%、20%是指相对于标示量的百分率(%)。

第二法

仪器装置　除将转篮换成搅拌桨外,其他装置和要求与第一法相同。搅拌桨由不锈钢金属材料(同第一法)制成,搅拌桨的下端及桨叶部分可使用涂有合适的惰性物质的材料(如聚四氟乙烯),其形状尺寸如图9所示。桨杆旋转时与溶出杯的垂直轴在任一点的偏差均不得大于2 mm;搅拌桨旋转时A、B两点的摆动幅度不得超过0.5 mm。

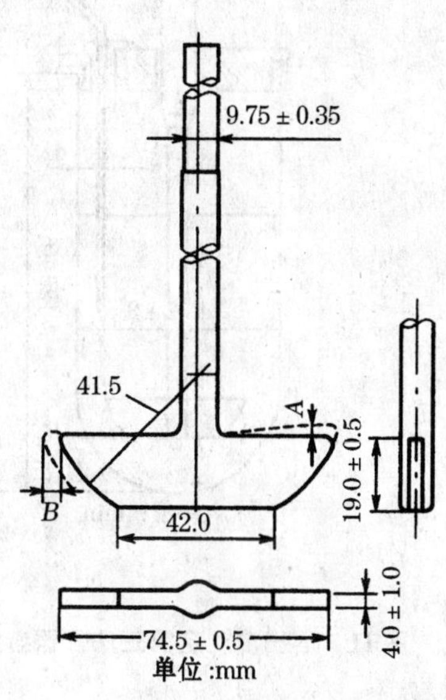

图9　溶出度测定第二法仪器装置示意图

测定法　测定前,应对仪器装置进行必要的调试,使桨叶底部距溶出杯的内底部25 mm±2 mm。除另有规定外,分别量取经脱气处理的溶出介质900 ml,置各溶出杯内,加温,待溶出介质温度恒定在37℃±0.5℃,按照各品种项下的规定调节电动机转速,待其平稳后,取供试品6片(袋、粒),分别投入6个溶出杯内(除另有规定外,如片剂或胶囊剂浮于液面,应先装入沉降篮内,其形状尺寸如图10所示),自供试品接触溶出介质起,立即计时;至规定的取样时间,吸取溶出液适量(取样位置应在桨叶顶端至液面的中点,距溶出杯内壁10mm处;在多次取样时,操作同第一法),立即用适当的微孔滤膜(同第一法)滤过,自取样至滤过应在30秒钟内完成。取澄清滤液,照品种项下规定的方法测定,计算每片(袋、粒)的溶出量。

结果判定　同第一法。

第三法

仪器装置　如图11。

(1)搅拌桨　其形状尺寸如图12所示,由不锈钢金属材料(同第一法)制成;桨杆上部直径为9.75±0.35 mm,桨杆下部直径为6.0±0.2 mm;桨杆旋转时与溶出杯的垂直轴在任一点的偏差均不得大于2 mm;搅拌桨旋转时A、B两点的摆动幅度不得超过0.5 mm。

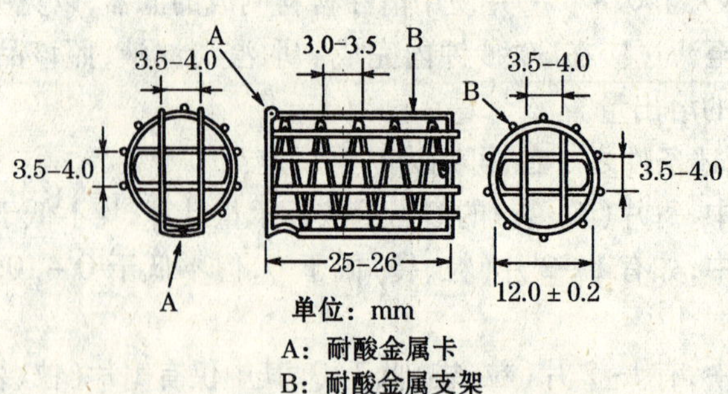

图 10　溶出度测定第二法沉降篮示意图

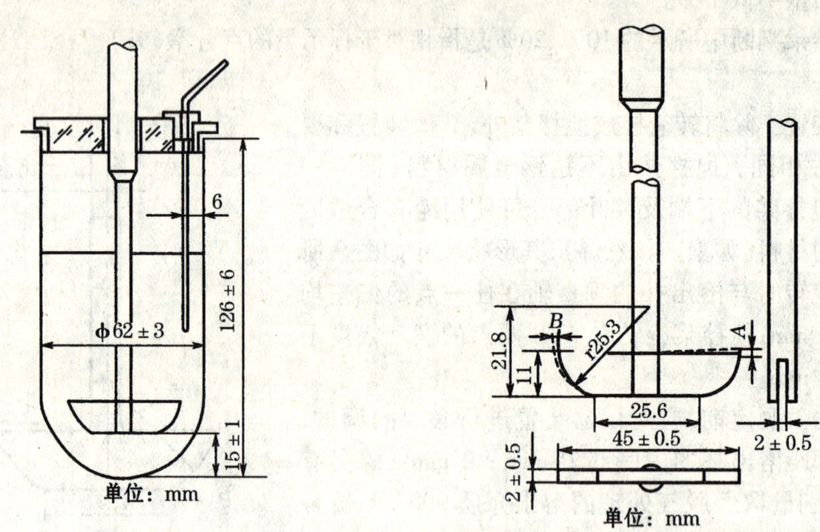

图 11　溶出度测定第三法仪器装置示意图　　图 12　溶出度测定第三法搅拌桨示意图

(2)溶出杯　由硬质玻璃或其他惰性材料制成的透明或棕色的、底部为半球形的 250 ml 杯状容器,内径为 62 ±3 mm,高为 126 ±6 mm,其他要求同第一法(2)。

(3)桨杆与电动机相连,转速应在各品种项下规定转速的 ±1 转范围内。其他要求同第二法。

测定法

测定前,应对仪器装置进行必要的调试,使桨叶底部距溶出杯的内底部 15 ±2mm。除另有规定外,分别量取经脱气处理的溶出介质 100 ~250 ml,置各溶出杯内(用于胶囊剂测定时,如胶囊上浮,可用一小段耐腐蚀的细金属丝轻绕于胶囊外壳)。以下操作同第二法。取样位置应在桨叶顶端至液面的中点,距溶出杯内壁 6 mm 处。

结果判定　同第一法。

溶出条件和注意事项

(1)溶出度仪的校正:除仪器的各项机械性能应符合上述规定外,还应用校正片校正仪器,按照校正片说明书操作,试验结果应符合校正片的规定。

(2)溶出介质:应使用各品种项下规定的溶出介质,并应新鲜制备和经脱气处理[溶解的气体在试验过程中可能形成气泡,从而影响试验结果,因此溶解的气体应在试验之前除去。脱气方法:取溶出介质,在缓慢搅拌下加热至约41℃,并在真空条件下不断搅拌5分钟以上;或煮沸15分钟(约5 000 ml);或超声、抽滤等其他有效的除气方法];如果溶出介质为缓冲液,调节pH值至规定pH值±0.05之内。

(3)取样时间:应按照品种各论中规定的取样时间取样,自6杯中完成取样的时间应在1分钟内。

(4)如胶囊壳对分析有干扰,应取不少于6粒胶囊,尽可能完全地除尽内容物,置同一溶出杯内,用该品种项下规定体积的溶出介质溶解空胶囊壳,并按该品种项下的分析方法测定每个空胶囊的空白值,作必要的校正。如校正值大于标示量的25%,试验无效。如校正值不大于标示量的2%,可忽略不计。

(5)除另有规定外,取样时间为45分钟,限度(Q)为标示量的70%。

(6)测定时,除另有规定外,每个溶出杯中只允许投入供试品1片(粒、袋),不得多投。

附录Ⅷ 药品质量标准分析方法验证指导原则

药品质量标准分析方法验证的目的是证明采用的方法适合于相应检测要求。在建立药品质量标准时,分析方法需经验证;在药品生产工艺变更、制剂的组分变更、原分析方法进行修订时,则质量标准分析方法也需进行验证。方法验证理由、过程和结果均应记载在药品质量标准起草说明或修订说明中。

需验证的分析项目有:鉴别试验、杂质定量检查或限度检查、原料药或制剂中有效成分含量测定,以及制剂中其他成分(如防腐剂等)的测定。药品溶出度、释放度等检查中,其溶出量等的测试方法也应做必要验证。

验证内容有:准确度、精密度(包括重复性、中间精密度和重现性)、专属性、检测限、定量限、线性、范围和耐用性。视具体方法拟订验证的内容。表18中列出的分析项目和相应的验证内容可供参考。

方法验证内容如下。

一、准确度

准确度系指用该方法测定的结果与真实值或参考值接近的程度,一般用回收率(%)表示。准确度应在规定的范围内测试。

1. 含量测定方法的准确度

原料药可用已知纯度的对照品或供试品进行测定,或用本法所得结果与已知准确度的另一个方法测定的结果进行比较。

制剂可用含已知量被测物的各组分混合物进行测定。如不能得到制剂的全部组分,可向制剂中加入已知量的被测物进行测定,或用本法所得结果与已知准确度的另一个方法测定结果进行比较。

如该分析方法已经测试并求出了精密度、线性和专属性,在准确度也可推算出来的情况下,这一项可不必再做。

2. 杂质定量测定的准确度

可向原料药或制剂中加入已知量杂质进行测定。如不能得到杂质或降解产物,可用本法测定结果与另一成熟的方法进行比较,如药典标准方法或经过验证的方法。在不能测得杂质或降解产物的响应因子或不能测得对原料药的相对响应因子的情况下,可用原料药的响应因子。应明确表明单个杂质和杂质总量相当于主成分的重量比(%)或面积比(%)。

3. 数据要求

在规定范围内,至少用9个测定结果进行评价。例如,设计3个不同浓度,每个浓度各分别制备3份供试品溶液,进行测定。应报告已知加入量的回收率(%),或测定结果平均值与真实值之差及其相对标准偏差或可信限。

二、精密度

精密度系指在规定的测试条件下,同一个均匀供试品,经多次取样测定所得结果之间的接近程度。精密度一般用偏差、标准偏差或相对标准偏差表示。

在相同条件下,由同一个分析人员测定所得结果的精密度称为重复性;在同一个实验室,不同时间由不同分析人员用不同设备测定结果之间的精密度,称为中间精密度;在不同实验室由不同分析人员测定结果之间的精密度,称为重现性。

含量测定和杂质的定量测定应考虑方法的精密度。

1. 重复性

在规定范围内,至少用9个测定结果进行评价。例如,设计3个不同浓度,每个浓度各分别制备3份供试品溶液,进行测定,或将相当于100%浓度水平的供试品溶液,用至少测定6次的结果进行评价。

2. 中间精密度

为考察随机变动因素对精密度的影响,应设计方案进行中间精密度试验。变动因素为不同日期、不同分析人员、不同设备。

3. 重现性

法定标准采用的分析方法,应进行重现性试验。例如,建立药典分析方法时,通过协同检验得出重现性结果。协同检验的目的、过程和重现性结果均应记载在起草说明中。应注意重现性试验用的样品本身的质量均匀性和贮存运输中的环境影响因素,以免影响重现性结果。

4. 数据要求

均应报告标准偏差、相对标准偏差和可信限。

三、专属性

专属性系指在其他成分(如杂质、降解产物、辅料等)可能存在下,采用的方法能正确测定出被测物的特性。鉴别反应、杂质检查和含量测定方法,均应考察其专属性。如方法不够专属,应采用多个方法予以补充。

1. 鉴别反应

应能与可能共存的物质或结构相似化合物区分。不含被测成分的供试品,以及结构相似或组分中的有关化合物,应均呈负反应。

2. 含量测定和杂质测定

色谱法和其他分离方法,应附代表性图谱,以说明方法的专属性,并应标明诸成分在图中的位置,色谱法中的分离度应符合要求。

在杂质可获得的情况下,对于含量测定,试样中可加入杂质或辅料,考察测定结果是否受干扰,并可与未加杂质或辅料的试样比较测定结果。对于杂质测定,也可向试样中加入一定量的杂质,考察杂质之间能否得到分离。

在杂质或降解产物不能获得的情况下,可将含有杂质或降解产物的试样进行测定,与另一个经验证了的方法或药典方法比较结果。用强光照射、高温、高湿、酸(碱)水解或氧化的方法进行加速破坏,以研究可能的降解产物和降解途径。含量测定方法应比对二法的结果,杂质检查应比对检出的杂质个数,必要时可采用光二极管阵列检测和质谱检测,进行峰纯度检查。

四、检测限

检测限系指试样中被测物能被检测出的最低量。药品的鉴别试验和杂质检查方法，均应通过测试确定方法的检测限。

常用的方法如下。

1. 非仪器分析目视法

用已知浓度的被测物，试验出能被可靠地检测出的最低浓度或量。

2. 信噪比法

用于能显示基线噪声的分析方法，即把已知低浓度试样测出的信号与空白样品测出的信号进行比较，算出能被可靠地检测出的最低浓度或量。一般以信噪比为3∶1或2∶1时相应浓度或注入仪器的量确定检测限。

3. 数据要求

应附测试图谱，说明测试过程和检测限结果。

五、定量限

定量限系指试样中被测物能被定量测定的最低量，其测定结果应具一定准确度和精密度。杂质和降解产物用定量测定方法研究时，应确定方法的定量限。

常用信噪比法确定定量限。一般以信噪比为10∶1时相应浓度或注入仪器的量确定定量限。

六、线　性

线性系指在设计的范围内，测试结果与试样中被测物浓度直接呈正比关系的程度。

应在规定的范围内测定线性关系。可用一贮备液经精密稀释，或分别精密称样，制备一系列供试样品的方法进行测定，至少制备5份供试样品。以测得的响应信号作为被测物浓度的函数作图，观察是否呈线性，再用最小二乘法进行线性回归。

必要时，响应信号可经数学转换，再进行线性回归计算。

数据要求：应列出回归方程、相关系数和线性图。

七、范　围

范围系指能达到一定精密度、准确度和线性，测试方法适用的高低限浓度或量的区间。

范围应根据分析方法的具体应用和线性、准确度、精密度结果和要求确定。原料药和制剂含量测定，范围应为测试浓度的80%～120%；制剂含量均匀度检查，范围应为测试浓度的70%～130%，根据剂型特点，如气雾剂和喷雾剂，范围可适当放宽；溶出度或释放度中的溶出量测定，范围应为限度的±20%，如规定了限度范围，则应为下限的－20%至上限的＋20%；杂质测定，范围应根据初步实测，拟订为规定限度的±20%。如果含量测定与杂质检查同时进行，用百分归一化法，则线性范围应为杂质规定限度的－20%至含量限度（或上限）的＋20%。

八、耐用性

耐用性系指在测定条件有小的变动时，测定结果不受影响的承受程度，为使方法可用于提供常规检验依据。开始研究分析方法时,就应考虑其耐用性。如果测试条件要求苛刻,则应在方法中写明。典型的变动因素有:被测溶液的稳定性、样品的提取次数、时间等。液相色谱法中典型的变动因素有:流动相的组成和 pH 值、不同厂牌或不同批号的同类型色谱柱、柱温、流速等。气相色谱法变动因素有:不同厂牌或批号的色谱柱、固定相、不同类型的担体、柱温、进样口和检测器温度等。

经试验,应说明小的变动能否通过设计的系统适用性试验,以确保方法有效。

表 18　检验项目和验证内容

项目	鉴别	杂质测定		含量测定及溶出量测定
		限度	定量	
准确度	−	−	+	+
精密度				
重复性	−	−	+	+
中间精密度	−	−	+①	+①
专属性②	+	+	+	+
检测限	−	+	−③	−
定量限	−	−	+	−
线性	−	−	+	+
范围	−	−	+	+
耐用性	+	+	+	+

①已有重现性验证,不需验证中间精密度。②如一种方法不够专属,可用其他分析方法予以补充。③视具体情况予以验证。

参考文献

1　中华人民共和国药典(2005 年版). 北京:化学工业出版社, 2005

2　中国药品检验标准操作规范(2005 年版). 北京:化学工业出版社,2005

3　安登魁主编. 药物分析(第三版). 北京:人民卫生出版社,1993

4　刘文英主编. 药物分析(第五版). 北京:人民卫生出版社,2003

5　李发美主编. 分析化学. 北京:人民卫生出版社,2004

6　蔡美芳主编. 药物分析. 北京:中国医药科技出版社,1996

7　于治国,陈秀洁主编. 药物分析. 北京:科学技术文献出版社,2005

8　姚彤炜编著. 药物分析实验与药物分析习题集. 杭州:浙江大学出版社,2003

9　李梦龙主编. 化学数据速查手册. 北京:化学工业出版社,2003

实验一　氯化钠原料药的质量分析药品检验原始记录

检验日期＿＿＿＿＿＿＿＿　温度＿＿＿＿＿＿　相对湿度＿＿＿＿

检品名称　氯化钠原料药　剂型＿＿＿＿＿＿　规　格＿＿＿＿

生产厂家＿＿＿＿＿＿＿＿　批号＿＿＿＿＿＿　效　期＿＿＿＿

检验依据＿＿＿＿＿＿＿＿＿＿＿＿＿＿＿＿＿＿　检验目的＿＿＿＿

［鉴别］

(1) 钠盐

标准规定：

现象：　结论：

(2) 氯化物

（方法一）

标准规定：

现象：　结论：

（方法二）

标准规定：

现象：　结论：

［检查］

(1) 酸碱度

标准规定：

现象：　结论：

(2) 溶液的澄清度

标准规定：

现象：　结论：

(3) 碘化物

标准规定：

现象：　结论：

(4) 硫酸盐

标准规定：

检验人：　校对人：　共　页　第　页

药品检验原始记录附页

现象：　　　　　　　　　　　　　　　　结论：

(5) 钡盐

标准规定：

现象：　　　　　　　　　　　　　　　　结论：

(6) 钙盐

标准规定：

现象：　　　　　　　　　　　　　　　　结论：

(7) 镁盐

标准规定：

现象：　　　　　　　　　　　　　　　　结论：

(8) 钾盐

标准规定：

现象：　　　　　　　　　　　　　　　　结论：

(9) 干燥失重

标准规定：

扁形称量瓶恒重

加供试品后重

130℃恒重

计算

结论：

(10) 铁盐

标准规定：

现象：　　　　　　　　　　　　　　　　结论：

(11) 重金属

标准规定：

现象：　　　　　　　　　　　　　　　　结论：

检验人：　　　　　　校对人：　　　　　　共　　页　　第　　页

药品检验原始记录附页

(12)砷盐

标准规定:

现象: 结论:

[含量测定]

滴定液 F 值: T 值: 滴定管: 色 ml

	供试品 1	供试品 2	供试品 3
称量(mg/g)			
滴定体积(ml)			
含量(%)计算			

含量(%)平均值: 精密度:

标准规定:本品按干燥品计算,含氯化钠(NaCl)不得少于 99.5%。

结论:

检验人: 校对人: 共 页 第 页

药品检验报告

检品名称	氯化钠原料药		
生产单位			
剂型		规格	
批号		有效期	
包装		检品数量	
检验目的		检验项目	
检验日期		报告日期	
检验依据			

检验项目	**标准规定**	**检验结果**
[鉴别]		
(1)化学反应(钠盐)	应呈正反应	
(2)化学反应1(氯化物)	应呈正反应	
化学反应2(氯化物)	应呈正反应	
[检查]		
酸碱度	应符合规定	
溶液的澄清度	应符合规定	
碘化物	应符合规定	
硫酸盐	应符合规定	
钡盐	应符合规定	
钙盐	应符合规定	
镁盐	应符合规定	
钾盐	应符合规定	
干燥失重	不得过0.5%	
铁盐	应符合规定	
重金属	应符合规定	
砷盐	应符合规定	
[含量测定]	本品按干燥品计算含氯化钠(NaCl)不得少于99.5%	

检验结论:本品按________________________检验,

结果____________。

检验人:　　　　校对人:　　　　共　页　第　页

实验二　氧瓶燃烧法测定碘苯酯原料药含量药品检验原始记录

检验日期________　温度________　相对湿度________

检品名称　碘苯酯原料药　剂型________　规　格________

生产厂家________　批号________　效　期________

检验依据________　检验目的________

［含量测定］

滴定液 *F* 值：　*T* 值：　滴定管：　色　ml

	空白实验	供试品 1	供试品 2	供试品 3
称量（mg/g）				
滴定体积（ml）				

含量（%）计算

含量（%）平均值：　精密度：

标准规定：本品含碘苯酯（$C_{19}H_{29}IO_2$）不得少于 97.0%。

结论：

检验人：　校对人：　共　页　第　页

药品检验报告

检品名称	碘苯酯原料药		
生产单位			
剂型		规格	
批号		有效期	
包装		检品数量	
检验目的		检验项目	
检验日期		报告日期	
检验依据			

检验项目	标准规定	检验结果
[含量测定]	本品含碘苯酯($C_{19}H_{29}IO_2$) 不得少于97.0%	

检验结论:本品按________________________检验,

结果______________。

检验人:　　　　校对人:　　　　共　页　第　页

实验三　司可巴比妥钠胶囊的鉴别与含量测定药品检验原始记录

检验日期________　温度________　相对湿度________
检品名称司可巴比妥钠胶囊　剂型________　规　格________
生产厂家________　批号________　效　期________
检验依据________　检验目的________

[鉴别]

(1)钠盐

标准规定：

现象：　结论：

(2)丙二酰脲类

与银盐的反应

标准规定：

现象：　结论：

与铜盐的反应

标准规定：

现象：　结论：

[含量测定]

测定液 *F* 值：　*T* 值：　滴定管：　色　ml

	20 粒胶囊重量	平均装量	理论称取量
称量及计算			

	空白实验	供试品 1	供试品 2	供试品 3
称量(mg/g)				

检验人：　校对人：　共　页　第　页

药品检验原始记录附页

	空白实验	供试品 1	供试品 2	供试品 3
滴定体积(ml)				

标示量(%)计算:

标示量(%)平均值:　　　　　　　　　　精密度:

标准规定:本品含司可巴比妥钠($C_{12}H_{17}N_2NaO_3$)应为标示量的90.0% ~110.0%。

结论:

检验人:　　　　　　　　　　校对人:　　　　　　　　共　　页　　第　　页

药品检验报告

检品名称	司可巴比妥钠胶囊		
生产单位			
剂型		规格	
批号		有效期	
包装		检品数量	
检验目的		检验项目	
检验日期		报告日期	
检验依据			

检验项目	标准规定	检验结果
[鉴别]		
(1)化学反应(钠盐)	应呈正反应	
(2)化学反应(丙二酰脲类)		
与银盐反应	应呈正反应	
与铜盐反应	应呈正反应	

[含量测定]　本品含司可巴比妥钠($C_{12}H_{17}N_2NaO_3$)

应为标示量的90.0% ~110.0%

检验结论:本品按____________________检验,

结果____________。

检验人:　　校对人:　　共　页　第　页

实验四　注射用苯巴比妥钠的鉴别与含量测定药品检验原始记录

检验日期________　　温度________　　相对湿度________

检品名称注射用苯巴比妥钠　　剂型________　　规　格________

生产厂家________　　批号________　　效　期________

检验依据________　　检验目的________

［鉴别］

(1)熔点测定

标准规定：

测定结果：　　结论：

(2)硫酸－亚硝酸钠反应

标准规定：

现象：　　结论：

(3)甲醛－硫酸反应

标准规定：

现象：　　结论：

(4)丙二酰脲类

与银盐的反应

标准规定：

现象：　　结论：

与铜盐的反应

标准规定：

现象：　　结论：

(5)钠盐

标准规定：

现象：　　结论：

检验人：　　校对人：　　共　　页　　第　　页

药品检验原始记录附页

[含量测定]

滴定液 F 值：　　　　T 值：　　　　滴定管：　　色　　ml

5 瓶(支)注射剂　　　平均装量　　　理论称取量

称量及计算

	供试品 1	供试品 2	供试品 3
称量(mg/g)			

	供试品 1	供试品 2	供试品 3
滴定体积(ml)			

标示量(%)计算：

标示量(%)平均值：　　　　精密度：

标准规定：按干燥品计算，含 $C_{12}H_{11}N_2NaO_3$ 不得少于 98.5%；按平均装量计算，含苯巴比妥钠($C_{12}H_{11}N_2NaO_3$)应为标示量的 93.0% ~107.0%。

结论：

检验人：　　　　校对人：　　　　共　　页　　第　　页

药品检验报告

检品名称	注射用苯巴比妥钠		
生产单位			
剂型		规格	
批号		有效期	
包装		检品数量	
检验目的		检验项目	
检验日期		报告日期	
检验依据			

检验项目	标准规定	检验结果
[鉴别]		
(1)熔点测定	105℃干燥后,应为174～178℃	
(2)硫酸－亚硝酸钠反应	应呈正反应	
(3)甲醛－硫酸反应	应呈正反应	
(4)化学反应(丙二酰脲类)		
与银盐反应	应呈正反应	
与铜盐反应	应呈正反应	
(5)钠盐	应呈正反应	
[含量测定]	本品按干燥品计算,含 $C_{12}H_{11}N_2NaO_3$ 不得少于98.5%;按平均装量计算,含苯巴比妥钠($C_{12}H_{11}N_2NaO_3$)应为标示量的93.0%～107.0%	

检验结论:本品按____________________检验,

结果____________。

检验人: 校对人: 共 页 第 页

实验五　阿司匹林肠溶片的鉴别、检查与含量测定药品检验原始记录

检验日期________　温度________　相对湿度________

检品名称 阿司匹林肠溶片 　剂型________　规　格________

生产厂家________　批号________　效　期________

检验依据________　检验目的________

[鉴别]

三氯化铁反应

标准规定：

测定结果：　结论：

[检查]

游离水杨酸

标准规定：

现象：　结论：

[含量测定]

测定液 *F* 值：　*T* 值：　滴定管：　色　ml

	空白实验	供试品 1	供试品 2	供试品 3
滴定体积(ml)				

标示量(%)计算

检验人：　校对人：　共　页　第　页

药品检验原始记录附页

标示量(%)计算:

标示量(%)平均值:　　　　　　　　精密度:

标准规定:本品含阿司匹林($C_9H_8O_4$)应为标示量的95.0%～105.0%。

结论:

检验人:　　　　　　校对人:　　　　　　共　　页　　第　　页

药品检验报告

检品名称	阿司匹林肠溶片		
生产单位			
剂型		规格	
批号		有效期	
包装		检品数量	
检验目的		检验项目	
检验日期		报告日期	
检验依据			

检验项目	标准规定	检验结果
[鉴别]		
三氯化铁反应	应呈正反应	
[检查]		
游离水杨酸	应符合规定	
[含量测定]	本品含阿司匹林($C_9H_8O_4$)应为标示量的95.0% ~105.0%	

检验结论:本品按____________________________检验,

结果__________________。

检验人:　　　　校对人:　　　　共　　页　　第　　页

实验六　药用辅料苯甲酸钠的质量分析药品检验原始记录

检验日期＿＿＿＿＿＿＿＿　温度＿＿＿＿＿＿　相对湿度＿＿＿＿

检品名称＿药用辅料苯甲酸钠＿　剂型＿＿＿＿＿＿　规　格＿＿＿＿

生产厂家＿＿＿＿＿＿＿＿　批号＿＿＿＿＿＿　效　期＿＿＿＿

检验依据＿＿＿＿＿＿＿＿＿＿＿＿＿＿＿＿　检验目的＿＿＿＿

[鉴别]

(1)钠盐

标准规定：

现象：　　　　　　　　　　　　　　　　结论：

(2)苯甲酸盐

与三氯化铁的反应

标准规定：

现象：　　　　　　　　　　　　　　　　结论：

分解产物的反应

标准规定：

现象：　　　　　　　　　　　　　　　　结论：

[检查]

(1)酸碱度

标准规定：

现象：　　　　　　　　　　　　　　　　结论：

(2)干燥失重

标准规定：

扁形称量瓶恒重

加供试品后重

130℃恒重

检验人：　　　　　　校对人：　　　　　　共　　页　　第　　页

药品检验原始记录附页

计算

结论：

(3)重金属

标准规定：

现象：　　　　　　　　　　　　　　　　　　　　　结论：

(4)砷盐

标准规定：

现象：　　　　　　　　　　　　　　　　　　　　　结论：

[含量测定]

滴定液 *F* 值：　　　　　　　　*T* 值：　　　　　　　　滴定管：　　色　　ml

	供试品 1	供试品 2	供试品 3
称量(mg/g)			
滴定体积(ml)			

含量(%)计算：

含量(%)平均值：　　　　　　　　　　精密度：

标准规定：本品按干燥品计算，含 $C_7H_5NaO_2$ 不得少于 99.0%。

结论：

检验人：　　　　　　　　　校对人：　　　　　　　共　　页　　第　　页

药品检验报告

检品名称	药用辅料苯甲酸钠		
生产单位			
剂型		规格	
批号		有效期	
包装		检品数量	
检验目的		检验项目	
检验日期		报告日期	
检验依据			

检验项目	标准规定	检验结果
[鉴别]		
(1)钠盐	应呈正反应	
(2)苯甲酸盐		
与三氯化铁的反应	应呈正反应	
分解产物的反应	应呈正反应	
[检查]		
酸碱度	应符合规定	
干燥失重	不得过1.5%	
重金属	应符合规定	
砷盐	应符合规定	
[含量测定]	本品按干燥品计算 $C_7H_5NaO_2$ 不得少于99.0%	

检验结论:本品按____________________检验,

结果__________。

检验人:　　　　校对人:　　　　共　页　第　页

实验七　注射用盐酸普鲁卡因的鉴别与含量测定药品检验原始记录

检验日期________　温度________　相对湿度________

检品名称注射用盐酸普鲁卡因　剂型________　规　格________

生产厂家________　批号________　效　期________

检验依据________　检验目的________

［鉴别］

(1)水解产物的反应

标准规定：

测定结果：　结论：

(2)氯化物

(方法一)

标准规定：

现象：　结论：

(方法二)

标准规定：

现象：　结论：

(3)芳香第一胺类

标准规定：

现象：　结论：

［含量测定］

滴定液 *F* 值：　*T* 值：　滴定管：　色　ml

5 瓶(支)注射剂　平均装量　理论称取量

称量及计算

	供试品 1 (内指示剂法)	供试品 2 (外指示剂法)	供试品 3 (永停滴定法)
称量(mg/g)			

检验人：　校对人：　共　页　第　页

药品检验原始记录附页

	供试品 1 （内指示剂法）	供试品 2 （外指示剂法）	供试品 3 （永停滴定法）
滴定体积(ml)			
标示量(%)计算			

标示量(%)平均值：　　　　　　　　　　　　精密度：

标准规定：按平均装量计算，含盐酸普鲁卡因($C_{13}H_{20}N_2O_2 \cdot HCl$)应为标示量的95.0% ~ 105.0%。

结论：

检验人：　　　　　　　　　　校对人：　　　　　　　　共　　页　　第　　页

药品检验报告

检品名称	注射用盐酸普鲁卡因		
生产单位			
剂型		规格	
批号		有效期	
包装		检品数量	
检验目的		检验项目	
检验日期		报告日期	
检验依据			

检验项目	标准规定	检验结果
[鉴别]		
(1)水解产物的反应	应呈正反应	
(2)氯化物 1	应呈正反应	
氯化物 2	应呈正反应	
(3)芳香第一胺类	应呈正反应	
[含量测定]	本品按平均装量计算 含盐酸普鲁卡因($C_{13}H_{20}N_2O_2 \cdot HCl$) 应为标示量的 95.0% ~105.0%	

检验结论:本品按________________________________检验,

结果________________。

检验人: 校对人: 共 页 第 页

实验八　对乙酰氨基酚血药浓度测定回归方程的建立药品检验原始记录

报告题目 对乙酰氨基酚血药浓度测定回归方程的建立

实验仪器________________ 检测器____________ 色谱柱__________

对照品来源______________ 对照品批号________ 温湿度__________

流动相：　　　　　　　　　　　　　　　　　　流速：

检测波长：　　　　　　　　　　　　　　　　　柱温：

1. 空白血浆样品的制备

2. 称量对乙酰氨基酚对照品______mg→25 ml 容量瓶，得浓度______mg/ml 母液

3. 分别精密吸取上述母液________________________________→10 ml 容量瓶
得对照品容液浓度分别为________________________________mg/ml

4. 取以肝素抗凝的血浆 1 ml 7 份，分别加入前述各浓度对乙酰氨基酚对照品溶液100 μg/ml
则血浆中药物浓度(c)分别为________________________________ μg/ml

5. 进样，记录峰面积(A)

血药浓度(c)	第一次进样 A	第二次进样 A	第三次进样 A	A 平均值
1)____ μg/ml	________	________	________	________
2)____ μg/ml	________	________	________	________
3)____ μg/ml	________	________	________	________
4)____ μg/ml	________	________	________	________
5)____ μg/ml	________	________	________	________
6)____ μg/ml	________	________	________	________
7)____ μg/ml	________	________	________	________

6. 以血药浓度(c)对峰面积(A)平均值线性回归，方程为________________________
相关系数为________________。

检验人：　　　　　　　　校对人：　　　　　　　　日期：　　年　　月　　日

实验九　异烟肼原料药及制剂的质量分析药品检验原始记录

检验日期________　温度________　相对湿度________

检品名称 异烟肼原料药　剂型________　规　格________

生产厂家________　批号________　效　期________

检验依据________　检验目的________

[鉴别]

(1)衍生物熔点测定

标准规定:

测定结果:　结论:

(2)银镜反应

现象:

测定结果:　结论:

(3)红外光谱法

标准规定:

测定结果:　结论:

[检查]

(1)酸碱度

测定仪器:　缓冲液:

标准规定:

测定结果:　结论:

(2)游离肼

对照品来源:　对照品批号:

称量供试品______mg→__容量瓶,再________,最终浓度________

称量对照品______mg→__容量瓶,再________,最终浓度________

取供试品溶液______μl 与对照品溶液____μl 点样,展开,晾干,显色

	对照品	供试品
斑点(有无、颜色)		
R_f 值		

检验人:　校对人:　共　页　第　页

药品检验原始记录附页

标准测定：

结论：

[含量测定]

滴定液 *F* 值：　　　　　　*T* 值：　　　　　　滴定管：　　色　　ml

	供试品 1	供试品 2	供试品 3
称量(mg/g)			
滴定体积(ml)			

含量(%)计算：

含量(%)平均值：　　　　　　精密度：

标准规定：本品按干燥品计算，含 $C_6H_7N_3O$ 不得少于99.0%。

结论：

检验人：　　　　　　校对人：　　　　　　共　页　第　页

药品检验报告

检品名称	异烟肼原料药		
生产单位			
剂型		规格	
批号		有效期	
包装		检品数量	
检验目的		检验项目	
检验日期		报告日期	
检验依据			

检验项目	标准规定	检验结果
[鉴别]		
(1) 衍生物熔点测定	105℃干燥后,熔点为 228～231℃,熔融时同时分解	
(2) 银镜反应	应呈正反应	
(3) 红外光谱法	应符合规定	
[检查]		
(1)酸碱度	pH 值应为6.0～8.0	
(2)游离肼	应符合规定	
[含量测定]	本品按干燥品计算 含 $C_6H_7N_3O$ 不得少于99.0%	

检验结论:本品按____________________检验,

结果____________________。

检验人: 校对人: 共 页 第 页

实验九　异烟肼原料药及制剂的质量分析药品检验原始记录

检验日期＿＿＿＿＿＿＿＿　温度＿＿＿＿＿＿　相对湿度＿＿＿＿

检品名称＿异烟肼片剂＿＿　剂型＿＿＿＿＿＿　规　格＿＿＿＿

生产厂家＿＿＿＿＿＿＿＿　批号＿＿＿＿＿＿　效　期＿＿＿＿

检验依据＿＿＿＿＿＿＿＿＿＿＿＿＿＿＿＿＿＿　检验目的＿＿＿＿

[鉴别]

银镜反应

现象：

测定结果：　　　　　　　　　　　　　　　　　结论：

[检查]

溶出度

测定仪器：

计算公式

	第一片	第二片	第三片	第四片	第五片	第六片
测得吸收度：						
求得溶出量：						

标准规定：

测定结果：

结论：

[含量测定]

滴定液 F 值：　　　　T 值：　　　　滴定管：　　色　　ml

检验人：　　　　　　　　校对人：　　　　　　共　　页　　第　　页

药品检验原始记录附页

	20 片重量	平均片重	理论称取量
称量及计算			

	供试品 1	供试品 2	供试品 3
称量(mg/g)			
滴定体积(ml)			

标示量(%)计算:

标示量(%)平均值: 精密度:

标准规定:本品含异烟肼($C_6H_7N_3O$)应为标示量的 95.0% ~105.0%。

结论:

检验人: 校对人: 共 页 第 页

药品检验报告

检品名称	异烟肼片剂		
生产单位			
剂型		规格	
批号		有效期	
包装		检品数量	
检验目的		检验项目	
检验日期		报告日期	
检验依据			

检验项目　　标准规定　　检验结果

［鉴别］

银镜反应　　应呈正反应

［检查］

溶出度　　应符合规定

［含量测定］　　本品含异烟肼（$C_6H_7N_3O$）

应为标示量的95.0%～105.0%

检验结论：本品按____________________检验，

结果____________________。

检验人：　　校对人：　　共　页　第　页

实验十　硫酸阿托品注射液的鉴别与含量测定药品检验原始记录

检验日期________　温度________　相对湿度________

检品名称硫酸阿托品注射液　剂型________　规　格________

生产厂家________　批号________　效　期________

检验依据________________　检验目的________

[鉴别]

(1)托烷生物碱类

标准规定:

测定结果:　结论:

(2)硫酸盐

标准规定:

现象:　结论:

[含量测定]

测定仪器:

对照品来源:　对照品批号:

量取对照品________ml→______容量瓶,再____________,最终浓度________

	对照品溶液	供试品 1	供试品 2	供试品 3
测得吸收度:				

计算公式:

检验人:　校对人:　共　页　第　页

药品检验原始记录附页

标示量(%)计算:

标示量(%)平均值:　　　　　　　　　　　　精密度:

标准规定:本品含硫酸阿托品[$(C_{17}H_{23}NO_3)_2 \cdot H_2SO_4 \cdot H_2O$]应为标示量的90.0%~110.0%。

结论:

检验人:　　　　　　　　校对人:　　　　　　　　共　页　第　页

药品检验报告

检品名称	硫酸阿托品注射液		
生产单位			
剂型		规格	
批号		有效期	
包装		检品数量	
检验目的		检验项目	
检验日期		报告日期	
检验依据			

检验项目	标准规定	检验结果
［鉴别］		
（1）托烷生物碱类	应呈正反应	
（2）硫酸盐	应呈正反应	
［含量测定］	本品含硫酸阿托品 ［$(C_{17}H_{23}NO_3)_2 \cdot H_2SO_4 \cdot H_2O$］ 应为标示量的90.0%～110.0%	

检验结论：本品按______________________________检验，

结果______________________________。

检验人：　　　　校对人：　　　　共　　页　第　　页

实验十一　诺氟沙星胶囊的鉴别与含量测定药品检验原始记录

检验日期________________　温度____________　相对湿度________

检品名称__诺氟沙星胶囊__　剂型____________　规　　格________

生产厂家________________　批号____________　效　　期________

检验依据______________________________________　检验目的________

[鉴别]

(1)化学方法

标准规定:

现象:　　　　　　　　　　　　　　结论:

(2)薄层色谱法

对照品来源:　　　　　　　　　　　对照品批号:

称量供试品________mg→______容量瓶,再________________,最终浓度____________

称量供试品________mg→______容量瓶,再________________,最终浓度____________

取供试品溶液________μl 与对照品溶液______μl 点样,展开,晾干,显色

	对照品	供试品
斑点(有无、颜色)		
R_f 值		

标准规定:

结论:

[含量测定]

化学方法——非水滴定法

滴定液 F 值:　　　　T 值:　　　　滴定管:　　色　　ml

	20 粒胶囊重量	平均装量	理论称取量
称量及计算			

检验人:　　　　　　　　校对人:　　　　　　　　共　　页　　第　　页

药品检验原始记录附页

	空白实验	供试品 1	供试品 2	供试品 3
称量(mg/g)				
滴定体积(ml)				

标示量(%)计算:

标示量(%)平均值:　　　　精密度:

标准规定:本品含诺氟沙星($C_{16}H_{18}FN_3O_3$)应为标示量的90.0%～110.0%。

结论:

检验人:　　　　校对人:　　　　共　页　第　页

药品检验原始记录附页

高效液相色谱法

1 实验条件

实验仪器: 色谱柱:

检测器: 检测波长:

流动相: 流速:

对照品来源: 对照品批号:

2 系统适用性试验

标准规定:理论板数按诺氟沙星峰计算不低于2000。

测定结果:

标准规定:诺氟沙星峰与相邻杂质峰的分离度应大于1.5。

测定结果:

3 测定

3.1 称量

	20粒胶囊重量	平均装量	理论称取量
称量及计算			

	诺氟沙星对照品	药物细粉1	药物细粉2
称量(mg/g)			

3.2 配液

3.2.1 称量诺氟沙星对照品__________mg → ________ ml 容量瓶,再________________ ________________,最终浓度 C_R__________________ μg/ml

3.2.2 称量药物细粉__________mg → __________ ml 容量瓶,再________________ ______________,最终浓度 c'_X__________、__________ μg/ml

检验人: 校对人: 共 页 第 页

药品检验原始记录附页

3.3 进样,记录峰面积(A)

取供试品溶液 ________ μl 与对照品溶液 ________ μl 进样

	第一次进样 A	第二次进样 A	第三次进样 A	A 平均值
对照品(R)				
供试品 1(X)				
供试品 2(X)				

4 计算

计算公式:________ 含量(c_x) $= c_R \dfrac{A_x}{A_R}$ 标示量% $= \dfrac{c_x}{c'_x} \times 100\%$

标示量(%)计算:

标示量(%)平均值: 精密度:

标准规定:本品含诺氟沙星($C_{16}H_{18}FN_3O_3$)应为标示量的 90.0% ~110.0%。

结论:

检验人: 校对人: 共 页 第 页

药品检验报告

检品名称	诺氟沙星胶囊		
生产单位			
剂型		规格	
批号		有效期	
包装		检品数量	
检验目的		检验项目	
检验日期		报告日期	
检验依据			

检验项目	标准规定	检验结果
[鉴别]		
(1)化学反应	应呈正反应	
(2) 薄层色谱法	应符合规定	
[含量测定]	本品含诺氟沙星($C_{16}H_{18}FN_3O_3$) 应为标示量的90.0% ~110.0%	

检验结论:本品按____________________ 检验,

结果____________________ 。

检验人:　　　　校对人:　　　　共　页　第　页

实验十二　维生素 AD 滴剂中维生素 A 的鉴别与含量测定药品检验原始记录

检验日期________　温度________　相对湿度________
检品名称 维生素 AD 滴剂　剂型________　规　格________
生产厂家________　批号________　效　期________
检验依据________________　检验目的________

[鉴别]

三氯化锑反应

标准规定:

现象:　　　　结论:

[含量测定]

测定仪器

	供试品 1	供试品 2	供试品 3
称量(mg/g)			

称量供试品 1 ________→______ml 容量瓶,再____________,最终浓度________

称量供试品 2 ________→______ml 容量瓶,再____________,最终浓度________

称量供试品 3 ________→______ml 容量瓶,再____________,最终浓度________

	供试品 1	供试品 2	供试品 3
测得吸收度:			

标示量(%)计算:

检验人:　　校对人:　　共　页　第　页

药品检验原始记录附页

标示量(%)计算:

标示量(%)平均值:　　　　　　　　精密度:

标准规定:本品含维生素 A 应为标示量的 90.0% ~120.0%。

结论:

检验人:　　　　　　　　校对人:　　　　　　　　共　　页　　第　　页

药品检验报告

检品名称	维生素 AD 滴剂		
生产单位			
剂型		规格	
批号		有效期	
包装		检品数量	
检验目的		检验项目	
检验日期		报告日期	
检验依据			

检验项目	标准规定	检验结果
[鉴别]		
三氯化锑反应	应呈正反应	
[含量测定]	本品含维生素 A 应为 标示量的 90.0% ~120.0%	

检验结论:本品按______________________________检验,

结果______________________________。

检验人: 校对人: 共 页 第 页

实验十三　维生素 B_1原料药及注射液的含量测定药品检验原始记录

检验日期________ 温度________ 相对湿度________

检品名称 维生素 B_1 原料药 剂型________ 规　格________

生产厂家________ 批号________ 效　期________

检验依据________ 检验目的________

［鉴别］

滴定液 *F* 值:　　*T* 值:　　滴定管:　色　ml

	空白实验	供试品 1	供试品 2	供试品 3
称量(mg/g)				
滴定体积(ml)				

含量(%)计算:

含量(%)平均值:　　精密度:

标准规定:本品按干燥品计算,含 $C_{12}H_{17}ClN_4OS \cdot HCl$ 不得少于99.0%。

结论:

检验人:　　校对人:　　共　页　第　页

药品检验报告

检品名称	维生素 B_1 原料药		
生产单位			
剂型		规格	
批号		有效期	
包装		检品数量	
检验目的		检验项目	
检验日期		报告日期	
检验依据			

检验项目	标准规定	检验结果
[含量测定]	本品按干燥品计算， 含 $C_{12}H_{17}ClN_4OS \cdot HCl$ 不得少于99.0%	

检验结论:本品按____________________检验，

结果____________________。

检验人:　　校对人:　　共　页　第　页

药品检验原始记录

检验日期________________ 温度____________ 相对湿度________

检品名称维生素 B_1 注射液 剂型____________ 规　　格________

生产厂家________________ 批号____________ 效　　期________

检验依据____ 检验目的________

［含量测定］

测定仪器：

量取对照品________ml→____容量瓶，再______________，最终浓度__________

供试品 1　　供试品 2　　供试品 3

测得吸收度：

标示量（%）计算：

标示量（%）平均值：　　　　精密度：

标准规定：本品含维生素 B_1（$C_{12}H_{17}ClN_4OS \cdot HCl$）应为标示量的 93.0% ~107.0%。

结论：

检验人：　　　　校对人：　　　　共　　页　　第　　页

药品检验报告

检品名称	维生素 B_1 注射液		
生产单位			
剂型		规格	
批号		有效期	
包装		检品数量	
检验目的		检验项目	
检验日期		报告日期	
检验依据			

检验项目	标准规定	检验结果
［含量测定］	本品含维生素 B_1 （$C_{12}H_{17}ClN_4OS \cdot HCl$）应为标示量的93.0% ~107.0%	

检验结论:本品按________________________________检验,

结果________________________________。

检验人: 校对人: 共 页 第 页

实验十四　维生素 C 颗粒的鉴别与含量测定药品检验原始记录

检验日期__________　温度__________　相对湿度________

检品名称　维生素 C 颗粒　剂型__________　规　格________

生产厂家__________　批号__________　效　期________

检验依据____________________　检验目的________

[鉴别]

(1)与硝酸银反应

标准规定:

现象:　　　　结论:

(2)与 2,6-二氯靛酚反应

标准规定:

现象:　　　　结论:

[含量测定]

滴定液 *F* 值:　　　*T* 值:　　　滴定管:　　色　　ml

10 袋颗粒剂　　　平均装量　　　理论称取量

称量及计算

	供试品 1	供试品 2	供试品 3
称量(mg/g)			

检验人:　　　　校对人:　　　　共　　页　　第　　页

药品检验原始记录附页

	供试品 1	供试品 2	供试品 3
滴定体积(ml)			

标示量(%)计算:

标示量(%)平均值:　　　　　　　　　　精密度:

标准规定:本品含维生素 C($C_6H_8O_6$)应为标示量的 93.0% ~107.0%。

结论:

检验人:　　　　　　校对人:　　　　　　共　页　第　页

药品检验报告

检品名称	维生素 C 颗粒		
生产单位			
剂型		规格	
批号		有效期	
包装		检品数量	
检验目的		检验项目	
检验日期		报告日期	
检验依据			

检验项目	标准规定	检验结果
[鉴别]		
(1) 与硝酸银反应	应呈正反应	
(2) 与2,6-二氯靛酚反应	应呈正反应	
[含量测定]	本品含维生素 C($C_6H_8O_6$) 应为标示量的93.0%~107.0%	

检验结论:本品按______________________检验,

结果______________________。

检验人:　　　　校对人:　　　　共　页　第　页

实验十五　维生素 E 胶丸的含量测定药品检验原始记录

检验日期____________　温度__________　相对湿度______

检品名称　维生素 E 胶丸　剂型__________　规　格______

生产厂家____________　批号__________　效　期______

检验依据______________________________　检验目的______

[含量测定]

1. 实验条件

实验仪器:　　色谱柱:

固定相:　　柱温:

对照品来源:　　对照品批号:

2. 系统适用性试验

标准规定:按维生素 E 峰计算不低于 500(填充柱)或 5000(毛细管柱)。

测定结果:

标准规定:维生素 E 峰与内标物质峰的分离度应大于 1.5。

测定结果:

3. 校正因子的测定

称量正三十二烷 ______ mg → ______ ml 容量瓶,再 ____________ ,最终浓度 c_s ______ μg/ml,作为内标溶液称量维生素 E 对照品 ______ mg →置棕色具塞瓶,精密加内标溶液 10 ml,对照品浓度 c_R ______ μg/ml,取 ______ μl 进样,记录峰面积(A)

	第一次进样 A	第二次进样 A	第三次进样 A	A 平均值
内标物(S)				
对照品(R)				

计算公式:校正因子(f) $=\dfrac{A_s/c_s}{A_R/c_R}$

检验人:　　校对人:　　共　页　第　页

药品检验原始记录附页

校正因子计算

4. 供试品测定

	20 粒胶丸重量	平均装量	理论称取量
称量及计算			

	供试品 1	供试品 2	供试品 3
称量(mg/g)			

供试品浓度 c_x ________、________、________μg/ml，取________μl 进样，记录峰面积(A)

	第一次进样 A	第二次进样 A	第三次进样 A	A 平均值
内标物(S)				
供试品 1(X)				
供试品 2(X)				
供试品 3(X)				

5. 计算

计算公式：　含量(c_x) $= f \cdot \dfrac{A_x}{A_s/c_s}$　　标示量% $= \dfrac{c_x}{c_{x配}} \times 100\%$

检验人：　　校对人：　　共　页　第　页

药品检验原始记录附页

标示量(%)计算:

标示量(%)平均值: 精密度:

标准规定:本品含合成型或天然型维生素 E($C_{31}H_{52}O_3$)应为标示量的90.0% ~110.0%。

结论:

检验人: 校对人: 共 页 第 页

药品检验报告

检品名称	维生素E胶丸		
生产单位			
剂型		规格	
批号		有效期	
包装		检品数量	
检验目的		检验项目	
检验日期		报告日期	
检验依据			

检验项目	标准规定	检验结果
[含量测定]	本品含合成型或天然型维生素E（$C_{31}H_{52}O_3$）应为标示量的90.0%～110.0%	

检验结论：本品按____________________检验，

结果__________。

检验人：　　　　校对人：　　　　共　页　第　页

实验十六　黄体酮原料药的质量分析药品检验原始记录

检验日期＿＿＿＿＿＿　温度＿＿＿＿＿＿　相对湿度＿＿＿＿＿＿

检品名称　黄体酮原料药　剂型＿＿＿＿＿＿　规　格＿＿＿＿＿＿

生产厂家＿＿＿＿＿＿　批号＿＿＿＿＿＿　效　期＿＿＿＿＿＿

检验依据＿＿＿＿＿＿＿＿＿＿＿＿　检验目的＿＿＿＿＿＿

[鉴别]

(1)酮基的反应

标准规定:

现象:　结论:

(2)甲酮基的反应

标准规定:

现象:　结论:

[检查]

有关物质

色谱条件:参见[含量测定]

标准规定:

测定结果:供试品溶液色谱图有杂质峰＿＿＿＿＿个,其峰面积为＿＿＿＿＿,对照溶液主峰面积为＿＿＿＿＿,供试品溶液杂质峰面积 于对照溶液主峰面积的3/4。

结论:

[含量测定]

1. 实验条件

实验仪器:　色谱柱:

检测器:　检测波长:

流动相:　流速:

对照品来源:　对照品批号:

2. 系统适用性试验

标准规定:理论板数按黄体酮峰计算不低于1000。

测定结果:

检验人:　校对人:　共　页　第　页

药品检验原始记录附页

标准规定：黄体酮峰与内标物质峰的分离度应大于1.5。

测定结果：

3. 校正因子的测定

称量己烯雌酚________mg →________ml 容量瓶，作为内标溶液；称量黄体酮对照品________mg →________ ml 容量瓶，作为对照品溶液；精密量取内标溶液________ml 与对照品溶液________ml →________ml 容量瓶，取________μl 进样，记录峰面积(A)

则内标最终浓度 c_s________ μg/ml，对照品最终浓度 c_R________ μg/ml

	第一次进样 A	第二次进样 A	第三次进样 A	A 平均值
内标物(S)				
对照品(R)				

计算公式：校正因子(f) $=\dfrac{A_s/c_s}{A_R/c_R}$

校正因子计算

4. 供试品测定

	供试品 1	供试品 2	供试品 3
称量(mg/g)			

作为供试品溶液，精密量取内标溶液________ml 与供试品溶液________ml →________ml 容量瓶，取________μl 进样，记录峰面积(A)，则内标最终浓度 c_s________μg/ml 供试品最终浓度 c_x ______、______、______μg/ml

检验人：　　　　校对人：　　　　共　　页　　第　　页

药品检验原始记录附页

	第一次进样 A	第二次进样 A	第三次进样 A	A 平均值
内标物(S)				
供试品 1(X)				
供试品 2(X)				
供试品 3(X)				

5. 计算

计算公式：　含量(c_x) $=f \cdot \frac{A_x}{A_s/c_s}$　　标示量% $=\frac{c_x}{c_{x配}} \times 100\%$

标示量(%)计算：

标示量(%)平均值：　　精密度：

标准规定：本品按干燥品计算，含 $C_{21}H_{30}O_2$ 应为98.0% ~103.0%。

结论：

检验人：　　校对人：　　共　页　第　页

药品检验报告

检品名称	黄体酮原料药		
生产单位			
剂型		规格	
批号		有效期	
包装		检品数量	
检验目的		检验项目	
检验日期		报告日期	
检验依据			

检验项目	标准规定	检验结果
[鉴别]		
(1)酮基的反应	应呈正反应	
(2)甲酮基的反应	应呈正反应	
[检查]		
有关物质	应符合规定	
[含量测定]	本品按干燥品计算,含 $C_{21}H_{30}O_2$ 应为98.0% ~103.0%	

检验结论:本品按____________________检验,

结果____________。

检验人: 校对人: 共 页 第 页

实验十七　复方磺胺嘧啶片的含量测定药品检验原始记录

检验日期________________　　温度____________　　相对湿度________

检品名称__复方磺胺嘧啶片__　　剂型____________　　规　　格________

生产厂家________________　　批号____________　　效　　期________

检验依据______________________________________　　检验目的________

［含量测定］

测定仪器：

1. 磺胺嘧啶

	20片重量	平均片重	理论称取量
称量及计算			

	对照品	供试品1	供试品2	供试品3
称量(mg/g)				

	对照品	供试品1	供试品2	供试品3
测得吸收度：				

含量计算：

检验人：　　　　　　　　校对人：　　　　　　　　共　　页　　第　　页

药品检验原始记录附页

含量平均值：　　　　　　　　　　　　精密度：

标准规定：本品每片中含磺胺嘧啶（$C_{10}H_{10}N_4O_2S$）应为0.360～0.440 g。

结论：

2．甲氧苄啶

	供试品1	供试品2	供试品3
称量（mg/g）			

	甲氧苄啶对照品	磺胺嘧啶对照品
称量（mg/g）		

测得吸收度（A）

	$A_{\lambda 1}$	$A_{\lambda 2}$	$\triangle A$
供试品1			
供试品2			
供试品3			
甲氧苄啶对照品			

检验人：　　　　　　　　校对人：　　　　　　　　共　　页　　第　　页

药品检验原始记录附页

含量计算：

含量平均值：　　　　　　　　　　　　　　　精密度：

标准规定:本品每片中含甲氧苄啶($C_{14}H_{18}N_4O_3$)应为45.0~55.0 mg。

结论：

检验人：　　　　　　　　　　校对人：　　　　　　　　　　共　　页　　第　　页

药品检验报告

检品名称	复方磺胺嘧啶片		
生产单位			
剂型		规格	
批号		有效期	
包装		检品数量	
检验目的		检验项目	
检验日期		报告日期	
检验依据			

检验项目　　　　标准规定　　　　检验结果

[含量测定]

本品每片中含磺胺嘧啶

($C_{10}H_{10}N_4O_2S$)应为0.360～0.440 g

本品每片中含甲氧苄啶

($C_{14}H_{18}N_4O_3$)应为45.0～55.0 mg

检验结论:本品按________________________检验,

结果______________。

检验人:　　　　校对人:　　　　共　页　第　页

实验十八　葡萄糖注射液的医院药房快速检验药品检验原始记录

检验日期＿＿＿＿＿＿　温度＿＿＿＿＿　相对湿度＿＿＿＿

检品名称葡萄糖注射液(10%)　剂型＿＿＿＿＿　规　格＿＿＿＿

生产厂家＿＿＿＿＿＿　批号＿＿＿＿＿　效　期＿＿＿＿

检验依据＿＿＿＿＿＿＿＿＿＿＿＿＿　检验目的＿＿＿＿

[鉴别]

(1)Fehling 反应

标准规定:

现象:　结论:

[含量测定]

滴定液 *F* 值:1.000　*T* 值:99.08 mg/ml　滴定管:　色　ml

	供试品 1	供试品 2	供试品 3
滴定体积(ml)			

标准规定:本品含葡萄糖($C_6H_{12}O_6 \cdot H_2O$)应为标示量的95.0%～105.0%。即合格供试品消耗的硫代硫酸钠滴定液(0.1 mol/L)应为4.70～5.20 ml。

结论:

检验人:　校对人:　共　页　第　页

药品检验报告

检品名称	葡萄糖注射液(100%)		
生产单位			
剂型		规格	
批号		有效期	
包装		检品数量	
检验目的		检验项目	
检验日期		报告日期	
检验依据			

检验项目	标准规定	检验结果
[鉴别]		
Fehling 反应	应呈正反应	
[含量测定]	本品含葡萄糖($C_6H_{12}O_6 \cdot H_2O$) 应为标示量的95.0%~105.0% 即合格供试品消耗硫代硫酸钠滴定 液(0.1 mol/L)应为4.70~5.20 ml	

检验结论:本品按________________________检验,

结果______________。

检验人:　　　　校对人:　　　　共　　页　　第　　页